科学家学术成长资料采集工程

中国科学院院士传记丛书

守觉传

行出真知

尹晓冬 付 森 李艳平◎著

上海虹口　毕业于上海同济大学　主持研制成功我国第一只　开发出集成电路自动制版技术，　当选中国科学院学部委员　任中国科学院半导体研究所所长　创建多维空间仿生信息学　创建高维仿生信息学及
锗合金扩散高频晶体管　制成了大规模集成电路掩膜版　　　　　　　　　　　　　　　　　　　　　　　　　　　　　　　　　　　其应用实验室

老科学家学术成长资料采集工程

中国科学院院士传记 丛书

躬行出真知

王守觉 传

尹晓冬　付森　李艳平◎著

中国科学技术出版社

上海交通大学出版社

图书在版编目（CIP）数据

躬行出真知：王守觉传 / 尹晓冬，付森，李艳平著.
—北京：中国科学技术出版社，2016.6
（老科学家学术成长资料采集工程丛书）
ISBN 978-7-5046-6919-3

Ⅰ. ①躬… Ⅱ. ①尹… ②付… ③李… Ⅲ. ①王守觉
（1925-2016）-传记 Ⅳ. ① K826.16

中国版本图书馆 CIP 数据核字 (2016) 第 131389 号

责任编辑	李 红 冯 翔	
责任校对	刘洪岩	
责任印制	张建农	
版式设计	中文天地	

出　　版	中国科学技术出版社　上海交通大学出版社	
发　　行	科学普及出版社发行部	
地　　址	北京市海淀区中关村南大街 16 号	
邮　　编	100081	
发行电话	010-62173865	
传　　真	010-62179148	
网　　址	http://www.cspbooks.com.cn	

开　　本	787mm×1092mm　1/16	
字　　数	270 千字	
印　　张	17.75	
彩　　插	2	
版　　次	2016 年 12 月第 1 版	
印　　次	2016 年 12 月第 1 次印刷	
印　　刷	北京华联印刷有限公司	
书　　号	ISBN 978-7-5046-6919-3 / G・198	
定　　价	52.00 元	

（凡购买本社图书，如有缺页、倒页、脱页者，本社发行部负责调换）

老科学家学术成长资料采集工程
领导小组专家委员会

主　任：杜祥琬

委　员：（以姓氏拼音为序）

巴德年　　陈佳洱　　胡启恒　　李振声

王礼恒　　王春法　　张　勤

老科学家学术成长资料采集工程
丛书组织机构

特邀顾问（以姓氏拼音为序）

樊洪业　　方　新　　齐　让　　谢克昌

编　委　会

主　编：王春法　　张　藜

编　委：（以姓氏拼音为序）

艾素珍　　董庆九　　胡化凯　　黄竞跃　　韩建民

廖育群　　吕瑞花　　刘晓勘　　林兆谦　　秦德继

任福君　　苏　青　　王扬宗　　夏　强　　杨建荣

张柏春　　张大庆　　张　剑　　张九辰　　周德进

编委会办公室

主　任：许向阳　　张利洁

副主任：许　慧　　刘佩英

成　员：（以姓氏拼音为序）

崔宇红　　董亚峥　　冯　勤　　何素兴　　韩　颖

李　梅　　罗兴波　　刘　洋　　刘如溪　　沈林苣

王晓琴　　王传超　　徐　婕　　肖　潇　　言　挺

余　君　　张海新　　张佳静

老科学家学术成长资料采集工程简介

　　老科学家学术成长资料采集工程（以下简称"采集工程"）是根据国务院领导同志的指示精神，由国家科教领导小组于 2010 年正式启动，中国科协牵头，联合中组部、教育部、科技部、工信部、财政部、文化部、国资委、解放军总政治部、中国科学院、中国工程院、国家自然科学基金委员会等 11 部委共同实施的一项抢救性工程，旨在通过实物采集、口述访谈、录音录像等方法，把反映老科学家学术成长历程的关键事件、重要节点、师承关系等各方面的资料保存下来，为深入研究科技人才成长规律，宣传优秀科技人物提供第一手资料和原始素材。按照国务院批准的《老科学家学术成长资料采集工程实施方案》，采集工程一期拟完成 300 位老科学家学术成长资料的采集工作。

　　采集工程是一项开创性工作。为确保采集工作规范科学，启动之初即成立了由中国科协主要领导任组长、12 个部委分管领导任成员的领导小组，负责采集工程的宏观指导和重要政策措施制定，同时成立领导小组专家委员会负责采集原则确定、采集名单审定和学术咨询，委托中国科学技术史学会承担具体组织和业务指导工作，建立专门的馆藏基地确保采集资料的永久性收藏和提供使用，并研究制定了《采集工作流程》、《采集工作规范》等一系列基础文件，作为采集人员的工作指南。截止 2014 年年底，已启动 304 位老科学家的学术成长资料采集工作，获得手稿、书信等实物原件资料 52093 件，数字化资料 137471 件，视频资料 183878 分钟，音频资料 224825 分钟，具有重要的史料价值。

采集工程的成果目前主要有三种体现形式，一是建设一套系统的"老科学家学术成长资料数据库"（本丛书简称"采集工程数据库"），提供学术研究和弘扬科学精神、宣传科学家之用；二是编辑制作科学家专题资料片系列，以视频形式播出；三是研究撰写客观反映老科学家学术成长经历的研究报告，以学术传记的形式，与中国科学院、中国工程院联合出版。随着采集工程的不断拓展和深入，将有更多形式的采集成果问世，为社会公众了解老科学家的感人事迹，探索科技人才成长规律，研究中国科技事业的发展历程提供客观翔实的史料支撑。

总序一

中国科学技术协会主席　韩启德

　　老科学家是共和国建设的重要参与者，也是新中国科技发展历史的亲历者和见证者，他们的学术成长历程生动反映了近现代中国科技事业与科技教育的进展，本身就是新中国科技发展历史的重要组成部分。针对近年来老科学家相继辞世、学术成长资料大量散失的突出问题，中国科协于2009 年向国务院提出抢救老科学家学术成长资料的建议，受到国务院领导同志的高度重视和充分肯定，并明确责成中国科协牵头，联合相关部门共同组织实施。根据国务院批复的《老科学家学术成长资料采集工程实施方案》，中国科协联合中组部、教育部、科技部、工业和信息化部、财政部、文化部、国资委、解放军总政治部、中国科学院、中国工程院、国家自然科学基金委员会等 11 部委共同组成领导小组，从 2010 年开始组织实施老科学家学术成长资料采集工程。

　　老科学家学术成长资料采集是一项系统工程，通过文献与口述资料的搜集和整理、录音录像、实物采集等形式，把反映老科学家求学历程、师承关系、科研活动、学术成就等学术成长中关键节点和重要事件的口述资料、实物资料和音像资料完整系统地保存下来，对于充实新中国科技发展的历史文献，理清我国科技界学术传承脉络，探索我国科技发展规律和科技人才成长规律，弘扬我国科技工作者求真务实、无私奉献的精神，在全社会营造爱科学、学科学、用科学的良好氛围，是一件很有意义的事情。采集工程把重点放在年龄在 80 岁以上、学术成长经历丰富的两院院士，以及虽然不是两院院士、但在我国科技事业发展中作出突出贡献的老科技工作者，充分体现了党和国家对老科学家的关心和爱护。

自 2010 年启动实施以来，采集工程以对历史负责、对国家负责、对科技事业负责的精神，开展了一系列工作，获得大量反映老科学家学术成长历程的文字资料、实物资料和音视频资料，其中有一些资料具有很高的史料价值和学术价值，弥足珍贵。

以传记丛书的形式把采集工程的成果展现给社会公众，是采集工程的目标之一，也是社会各界的共同期待。在我看来，这些传记丛书大都是在充分挖掘档案和书信等各种文献资料、与口述访谈相互印证校核、严密考证的基础之上形成的，内中还有许多很有价值的照片、手稿影印件等珍贵图片，基本做到了图文并茂，语言生动，既体现了历史的鲜活，又立体化地刻画了人物，较好地实现了真实性、专业性、可读性的有机统一。通过这套传记丛书，学者能够获得更加丰富扎实的文献依据，公众能够更加系统深入地了解老一辈科学家的成就、贡献、经历和品格，青少年可以更真实地了解科学家、了解科技活动，进而充分激发对科学家职业的浓厚兴趣。

借此机会，向所有接受采集的老科学家及其亲属朋友，向参与采集工程的工作人员和单位，表示衷心感谢。真诚希望这套丛书能够得到学术界的认可和读者的喜爱，希望采集工程能够得到更广泛的关注和支持。我期待并相信，随着时间的流逝，采集工程的成果将以更加丰富多样的形式呈现给社会公众，采集工程的意义也将越来越彰显于天下。

是为序。

总序二

中国科学院院长　白春礼

　　由国家科教领导小组直接启动，中国科学技术协会和中国科学院等12个部门和单位共同组织实施的老科学家学术成长资料采集工程，是国务院交办的一项重要任务，也是中国科技界的一件大事。值此采集工程传记丛书出版之际，我向采集工程的顺利实施表示热烈祝贺，向参与采集工程的老科学家和工作人员表示衷心感谢！

　　按照国务院批准实施的《老科学家学术成长资料采集工程实施方案》，开展这一工作的主要目的就是要通过录音录像、实物采集等多种方式，把反映老科学家学术成长历史的重要资料保存下来，丰富新中国科技发展的历史资料，推动形成新中国的学术传统，激发科技工作者的创新热情和创造活力，在全社会营造爱科学、学科学、用科学的良好氛围。通过实施采集工程，系统搜集、整理反映这些老科学家学术成长历程的关键事件、重要节点、学术传承关系等的各类文献、实物和音视频资料，并结合不同时期的社会发展和国际相关学科领域的发展背景加以梳理和研究，不仅有利于深入了解新中国科学发展的进程特别是老科学家所在学科的发展脉络，而且有利于发现老科学家成长成才中的关键人物、关键事件、关键因素，探索和把握高层次人才培养规律和创新人才成长规律，更有利于理清我国科技界学术传承脉络，深入了解我国科学传统的形成过程，在全社会范围内宣传弘扬老科学家的科学思想、卓越贡献和高尚品质，推动社会主义科学文化和创新文化建设。从这个意义上说，采集工程不仅是一项文化工程，更是一项严肃认真的学术建设工作。

中国科学院是科技事业的国家队，也是凝聚和团结广大院士的大家庭。早在1955年，中国科学院选举产生了第一批学部委员，1993年国务院决定中国科学院学部委员改称中国科学院院士。半个多世纪以来，从学部委员到院士，经历了一个艰难的制度化进程，在我国科学事业发展史上书写了浓墨重彩的一笔。在目前已接受采集的老科学家中，有很大一部分即是上个世纪80、90年代当选的中国科学院学部委员、院士，其中既有学科领域的奠基人和开拓者，也有作出过重大科学成就的著名科学家，更有毕生在专门学科领域默默耕耘的一流学者。作为声誉卓著的学术带头人，他们以发展科技、服务国家、造福人民为己任，求真务实、开拓创新，为我国经济建设、社会发展、科技进步和国家安全作出了重要贡献；作为杰出的科学教育家，他们着力培养、大力提携青年人才，在弘扬科学精神、倡树科学理念方面书写了可歌可泣的光辉篇章。他们的学术成就和成长经历既是新中国科技发展的一个缩影，也是国家和社会的宝贵财富。通过采集工程为老科学家树碑立传，不仅对老科学家们的成就和贡献是一份肯定和安慰，也使我们多年的夙愿得偿！

鲁迅说过，"跨过那站着的前人"。过去的辉煌历史是老一辈科学家铸就的，新的历史篇章需要我们来谱写。衷心希望广大科技工作者能够通过"采集工程"的这套老科学家传记丛书和院士丛书等类似著作，深入具体地了解和学习老一辈科学家学术成长历程中的感人事迹和优秀品质；继承和弘扬老一辈科学家求真务实、勇于创新的科学精神，不畏艰险、勇攀高峰的探索精神，团结协作、淡泊名利的团队精神，报效祖国、服务社会的奉献精神，在推动科技发展和创新型国家建设的广阔道路上取得更辉煌的成绩。

总序三

中国工程院院长　周　济

由中国科协联合相关部门共同组织实施的老科学家学术成长资料采集工程，是一项经国务院批准开展的弘扬老一辈科技专家崇高精神、加强科学道德建设的重要工作，也是我国科技界的共同责任。中国工程院作为采集工程领导小组的成员单位，能够直接参与此项工作，深感责任重大、意义非凡。

在新的历史时期，科学技术作为第一生产力，已经日益成为经济社会发展的主要驱动力。科技工作者作为先进生产力的开拓者和先进文化的传播者，在推动科学技术进步和科技事业发展方面发挥着关键的决定的作用。

新中国成立以来，特别是改革开放30多年来，我们国家的工程科技取得了伟大的历史性成就，为祖国的现代化事业作出了巨大的历史性贡献。两弹一星、三峡工程、高速铁路、载人航天、杂交水稻、载人深潜、超级计算机……一项项重大工程为社会主义事业的蓬勃发展和祖国富强书写了浓墨重彩的篇章。

这些伟大的重大工程成就，凝聚和倾注了以钱学森、朱光亚、周光召、侯祥麟、袁隆平等为代表的一代又一代科技专家们的心血和智慧。他们克服重重困难，攻克无数技术难关，潜心开展科技研究，致力推动创新发展，为实现我国工程科技水平大幅提升和国家综合实力显著增强作出了杰出贡献。他们热爱祖国，忠于人民，自觉把个人事业融入到国家建设大局之中，为实现国家富强而不断奋斗；他们求真务实，勇于创新，用科技为中华民族的伟大复兴铸就了辉煌；他们治学严谨，鞠躬尽瘁，具有崇高的科学精神和科学道德，是我们后代学习的楷模。科学家们的一生是一本珍贵的教科书，他们坚定的理想信念和淡泊名利的崇高品格是中华民族自强不息精神的宝贵财富，永远值得后人铭记和敬仰。

通过实施采集工程，把反映老科学家学术成长经历的重要文字资料、实物资料和音像资料保存下来，把他们卓越的技术成就和可贵的精神品质记录下来，并编辑出版他们的学术传记，对于进一步宣传他们为我国科技发展和民族进步作出的不朽功勋，引导青年科技工作者学习继承他们的可贵精神和优秀品质，不断攀登世界科技高峰，推动在全社会弘扬科学精神，营造爱科学、讲科学、学科学、用科学的良好氛围，无疑有着十分重要的意义。

中国工程院是我国工程科技界的最高荣誉性、咨询性学术机构，集中了一大批成就卓著、德高望重的老科技专家。以各种形式把他们的学术成长经历留存下来，为后人提供启迪，为社会提供借鉴，为共和国的科技发展留下一份珍贵资料。这是我们的愿望和责任，也是科技界和全社会的共同期待。

王守觉

王守觉与采集小组成员（后排左起付森、季莹、李艳平、翟立鹏）

王守觉与采集小组组长尹晓冬合影

序

　　我出生在军阀混战的年代。从小就受到当时社会少年思潮的影响，在心里充满着矛盾和思虑。一方面是中国"地大物博"、"五千年文明古国"的民族自豪感，而另一方面是看到外滩公园门口挂的"华人与狗禁止入内"以及日寇侵华对苏州用飞机低飞扫射，而我国没有反击之力的种种事实；"为什么？"与"怎么改变它？"就成为占据我脑海的主要问题。为什么我国科技落后？为什么我们念的书里都是洋人的名字、洋人的学问？中国人的聪明智慧都到哪里去了？这使我从小形成喜欢自己思考的习惯。再加身体不好，高中三年时间没有上学，自己在实践中学习知识，感到从实践中总结出来的知识对自己更加深刻有用。进入大学以后觉得学习很轻松，而考试总是名列前茅，更增强了自己思考问题的信心。

　　新中国成立后，看到毛泽东在革命实践中提高革命理论，总结出"实践论"、"矛盾论"等伟大的理论著作，让我茅塞顿开。党中央号召"破除迷信"、"解放思想"更使我敢于思考勇于实践，对我一生六十多年的科学研究工作得益匪浅。

　　我参加祖国建设工作已六十多年。这六十多年里可以分成两个主要阶段：从大学毕业到我六十岁从半导体研究所所长行政岗位上退下来这三十六年是第一阶段。这一阶段我主要是按照国家建设计划的要求，跟踪国外半导体电子技术为我国经济建设服务；早年被评为上海市劳模和全国先进工作者，相继得了不少国家与部委级的奖励，并被选为中科院院士（学部委员）。第二阶段是我从所长岗位退下来以后的近三十年。我从信息科技的客观发展规律出发，试图从国外信息科学中的相对薄弱领域（人工智能有关基础领域）做出突破性的工作，从而实现要外国人来学习中国科学理论的梦想。

我的第二阶段科研工作的历程是从神经计算机硬件研究开始，经过了不断延伸与深入的发展，过程如下：神经计算机硬件研究→人工神经网络软件与算法研究→人工神经网络的高维空间几何分析方法→高维空间点分布分析与模式识别→仿生模式识别→高维仿生信息学→浮动网格的计算机图形学……

在这个发展过程中，从高维空间几何分析提出了人工神经网络的SLAM模型学习算法以后，相继提出了仿生模式识别和更为广义的高维仿生信息学新基础理论，并在企业与地方的经济支持下发展了超低数据量（48字节）人脸识别技术，以及浮动网格的人脸与表情自动生成技术等实用技术。

我的第二阶段三十年来的工作，领域覆盖面宽而比较分散，偏离国外的通用方向愈来愈大。但这三十年来的工作说明了以下二点：（1）中国人是聪明能干的，任何新领域只要按照毛泽东同志"实践论"和"矛盾论"所阐明的规律性，破除对洋人权威的迷信，刻苦拼搏，总能在五年左右时间内，走到学科的最前面，获得接近或超过国际上的最好效果。（2）由于近代数百年来中国在科学技术方面落后的这一现实，使中国民间和社会上根深蒂固地形成一种崇洋思想，潜移默化地影响着几乎每一位中国人。这就对中国超越"洋拐棍"限制的工作，设置了不可逾越的障碍。

记得1984年我被中科院作为中美两国科学院杰出学者互访计划派往美国，在几所大学做学术交流报告。会后有中国人问我"你在美国待了多少年？在哪个学校念的书？"，真叫我哭笑不得。

感谢中国科协设立"老科学家学术成长资料采集工程"项目。感谢这本传记的以尹晓冬领衔的执笔人。我的科研活动传记第一阶段工作很好写，很明确，但第二阶段工作很难写，因为不少工作都是开着口的（即开放性的，未最终确定），有待于进一步的系统化与完善化。而学术著作出版物总要落后于实际工作发展好几年。科学发展是无止境的，人的生命是有尽头的，希望我第二阶段的科研工作能够成为年轻人超越世界最高峰的一段梯子，在科学方面实现中国梦，也实现我的梦。

王守觉 于苏州东山
2013年10月24日

目 录

图片目录

导 言

　　王守觉（1925—），江苏省苏州市人，半导体器件与电子学家、信息科学家，中国半导体器件与微电子技术的奠基人之一，半导体人工神经网络和多维空间仿生信息学的开拓者。中国科学院院士。他从事科研工作60 余年来，在半导体电子学、人工智能及信息科学领域做出了重要贡献。1958 年，研制成功我国第一只锗合金扩散高频晶体管，并应用于当时国防工业急需的晶体管高速计算机。1963 年，利用硅平面工艺制成硅平面晶体管，为我国研制应用于国防领域的微型计算机奠定了基础。1974 年，用自制的图形发生器开发出集成电路自动制版技术，制成了大规模集成电路掩膜版，解决了制约集成电路发展的关键性问题。1976 年，提出了一种新的高速集成逻辑电路——多元逻辑电路，大幅提高了电路运算速度。1990 年，开始致力于半导体人工神经网络、模式识别的基础理论与应用研究，后在此基础上创建了多维空间仿生信息学，使神经网络对实物对象的识别能力达到了世界先进水平。

　　2010 年，根据国务院领导同志的指示精神，由国家教科领导小组启动了"老科学家学术成长资料采集工程"（采集工程），我们于 2012 年有幸承担了"王守觉院士学术成长资料采集"课题。

　　目前，关于王守觉的传记资料和介绍性文章散见于各种学术著作、新闻报道和访谈性文章中，其中《中国现代科学技术专家传略》《东山教授》《东山名彦》等书籍中关于王守觉院士的条目均有重要参考价值，它们从不同侧面介绍了王守觉院士早期的学习、工作情况，但由于这些文章都篇幅有限，对他科研经历和成果的介绍主要集中在 1980 年前。在很多杂志中可以见到王守觉近年科研进展的报道，如《开创多维空间仿生信息学——中国科学院院士王守觉》《我的院士之路——著名半导体与信息学家王守觉自述》等。

本传记以王守觉院士的学术成长经历为主线。王守觉 1956 年进入中科院应用物理所半导体研究室，1960 年，以该室和 109 厂为基础成立中国科学院半导体研究所。半导体所成立后，王守觉长期担任半导体所二室即器件研究室主任，1983—1985 年任半导体研究所所长。他经历了中国半导体科学技术的创建和发展时期，是这个时期中国半导体科学技术发展的重要领军人物之一。近三十年来，王守觉院士的研究工作集中在多元逻辑电路、半导体人工神经网络、多维空间仿生信息学三个领域。多元逻辑电路是由王守觉院士首先提出来的一种高速电路，属于电子学领域，它很好地解决了当时困扰世界科技领域的集成电路的成本、速度和工艺之间的矛盾，研制出成本低、速度高、工艺简的集成电路，并应用到国防科技领域，效果达到国际先进水平。之后，王守觉院士所从事的半导体人工神经网络、多维空间仿生信息学都属于人工智能范畴。人工智能是一门研究如何构造智能机器（智能计算机）或智能系统，使它模拟、延伸、扩展人类智能的科学。它起初作为计算机科学的一个分支，于 20 世纪 70 年代被称为世界三大尖端技术（空间技术、能源技术、人工智能）之一，到了 21 世纪同样被列为三大尖端技术（基因工程、纳米科学、人工智能）之一。

本传记以时间为脉络，将传主的生平分十一章记叙，即家世与家风、曲折求学路、初展创新才华、研制半导体器件、开拓集成电路领域、研制多元逻辑电路、人工神经网络研究、创建多维空间仿生信息学、研究生培养、科学合作、电子学会工作。第一至第五章的内容，基于已有的传记和报道，同时使用了同济大学档案馆、上海档案馆、中科院档案馆的档案资料，以及大量访谈资料，这部分内容生动地反映了传主求学和科研工作前期的学术成长经历和研究特点。第六、七、八章，首次详细梳理了传主近三十年的学术经历和成果，得到了传主的首肯。这部分是传主学术经历不可缺少的组成内容，也反映了传主不断开拓新领域，勤于实践的研究特点。第九、十、十一章记述王守觉在学生的培养、电子学会和科学合作方面的工作。结语是作者对传主学术成长经历的特点和关键性因素的初步思考总结。

纵观传主的科研生涯，他的研究方向多次发生变化，学术成果分布在半导体、电子学、人工智能等多个学科领域。在六十余年科研经历中，他始终坚持在科研第一线工作，带头开辟新领域。王守觉的学术经历也较为独特，1980 年当选学部委员时，他是为数不多的没有留学经历，也没有硕士、博士学位的当选者之一。近三十余年，他不是选择国际上的热门研究课题，而是着眼于国际上研究薄弱的领域，发现国际上还没有解决好的问题，希望在这些问题的解决过程中走出一条中国人自己的学术道路。王守觉坚信实践出真知，他从源头上做起，从概念上创新，希望在若干年后，中国人也能在一些领域里形成有影响的学术思想，可以在教科书里显现中国人创造的科学技术内容。

本书以"躬行出真知"为题，突出王守觉重视实践，在解决各种问题中增长才干的学术经历特点，反映他躬行践履，不断开拓进取的精神，倡导中国先哲古人早已认识到的做学问途径——"纸上得来终觉浅，绝知此事要躬行。"

我们特别感激王守觉院士对采集工作给予的大力支持。2010 年 3 月，采集小组成员在苏州工业园区中国科学院苏州纳米技术与纳米仿生研究所（简称中科院苏州纳米所或纳米所）第一次访谈王守觉院士。他谈到王家多位学术名人的生动故事，也回顾了自己的科研经历。他精神矍铄，性格爽朗，谈话中思维缜密，谈吐风趣。这次访谈给我们留下了深刻印象。2011 年夏季，为采集工程中"王守觉院士学术成长资料采集"立项，我们再赴苏州征求他的意见，这一次他给我们提出了一个希望"要反映我近三十年来的工作"。他认为当时已有的他的各种传记资料，都只集中在他1980 年评院士以前的成果，他说，那些都是三十年以前的事情了。访谈中，他还把自己近三十年的工作做了简单梳理。此后，我们的采集工作全面展开，在两年多的时间中，王守觉院士给了我们极大的支持。他多次接受访谈录音、录像，提供与他学术经历有关的照片、论文、报刊报道等史料，联系以往的学生和合作者座谈，他的夫人于美琦女士也为我们提供了面面俱到的便利与帮助。传记写作过程中，王守觉院士审阅了研究报告初稿并提出具体修改意见，并亲自为本书做序。

2012 年，经王守觉院士授权，采集小组整理了王守觉院士在中科院半导体研究所的办公室。收集到王守觉院士近十余年发表学术论文抽印本、科研成果鉴定书复印件、书信等。王守觉院士将这些资料全部捐赠给采集工程，现已移交采集工程馆藏基地。

2013 年 6 月 9 日，中国科学院半导体所、中国科学院微电子研究所、中国科学院苏州纳米与仿生技术研究所、江苏省纳米产业技术创新战略联盟、西安电子科技大学等单位在苏州联合举办"王守觉院士创新学术思想座谈研讨会暨九十大寿庆典活动"①。参加这个活动使我们有机会结识了更多的王院士的老同事、老朋友，听他们回顾学术经历，畅谈学术和人生感悟，我们对王院士的认识也由于增加了细节而变得生动。20 世纪 50 年代就与王院士在中科院共事过的陈星弼院士等，在活动期间接受了我们的访谈，为我们更全面地了解王守觉院士提供了机会。

小组的采集工作及本书的写作，得到多方的帮助和支持。首先感谢王守觉院士工作单位——中国科学院半导体研究所、中国科学院苏州纳米技术与纳米仿生研究所给予我们的大力支持。中国科学院半导体研究所原党委办公室主任何春藩先生，王守觉院士的秘书杨晓薇女士，多次为收集资料、查找档案等提供帮助；中科院苏州纳米研究所的杨辉所长、陈立桅副所长接受了访谈；原半导体研究所研究人员庄文君等多位老先生也接受了访谈；采集小组工作的重点是王守觉院士近三十年的学术经历，他这一时期的学生和合作者石寅、柳培忠、肖泉、孙华、陈旭、安东、李新宇、覃鸿等，都接受了访谈。感谢苏州大学张橙华教授在我们数次苏州之行中给

---

① 苏州风俗，过生日"做九不做十"，而且还是虚岁，意思是在虚岁 59、69、79、89 等逢九做大生日。

予的热情帮助。感谢中央电视台的刘东方老师，他多次随采集小组拍摄访谈视频资料，其中曾两次专程赴苏州进行多日拍摄。感谢何泽慧院士学术成长经历采集小组组长刘晓副研究员，我们有很多交流合作；感谢北京市科协在采集过程中提供的支持；感谢上海图书馆、上海市档案馆、同济大学档案馆、中国科学院档案馆等为我们查找文献资料提供的帮助。

本书初稿曾送戴念祖、王士平、何春藩、张橙华、刘树勇等先生审阅，感谢他们提出的宝贵意见。

第一章
家世与家风

王守觉 1925[①] 年 6 月 27 日出生于上海，祖籍江苏省苏州市。王家是苏州书香名门，有良好的家学传统，人才辈出，父辈和同辈亦是星光璀璨，闪烁于中国近现代科技史的浩瀚银河中。王守觉的性格特征、学习方法、工作特点等很大程度上受到了家庭的影响。

出 身 名 门

王守觉的祖上——苏州东山莫釐王氏是当地的名门望族，宋朝时随皇室南迁定居苏州东山，到了明初成为典型商业家族，但一直保持着"诗书传家久"的传统，到明代中期后逐渐转为文化世家。明代中期的王鏊[②]联捷乡会二试高中探花，开启了王家科第长盛不衰的序幕，使王家跻身江

---

① 户口登记误为 1926 年。

② 王鏊（1450-1524），字济之，号守溪，晚年又号拙叟，学者称震泽先生。成化十年（1474 年）乡试和次年会试皆为第一，殿试一甲第三名，授翰林院编修。明正德年间官至少傅、户部尚书、文渊阁大学士、武英殿大学士。著有《姑苏志》《震泽集》《震泽编》《震泽长语纪闻》《守溪文集》等。

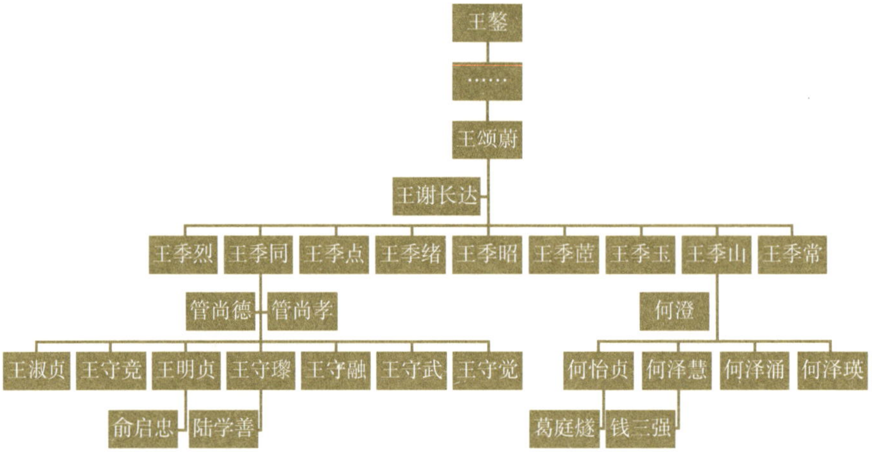

图 1–1 王守觉家世谱系略图

南科举世家的行列。明清两代王家名人辈出，涌现出了如王禹声[1]、王世琛[2]、王芑孙[3]、王颂蔚等名家。通过几代人的努力，逐渐形成了独特的家风和家学，到了晚清，随着时局的动荡，王家子弟又以求真务实、明道救世的家族传统为支点，投身科技，涌现出大批对中国近现代科学技术颇具影响的人才[4]。

王守觉的祖父王颂蔚（1848—1895）是晚清著名历史学家、文学家，王鏊第 13 代孙，早年师从冯桂芬[5]，20 岁时参与编写《苏州府志》，

---

① 王禹声（1524–1601），字遵考，号闻溪。万历进士，累官承天知府。时太监陈奉为武昌税使，肆为苛虐，两次激起兵变。他因维护士民利益，厄制税使，被罢官。一生雅好史学，著有《郢事纪略》一卷。

② 王世琛（1680–1729），字宝传，号艮甫。康熙五十一年（1712 年）“壬辰科”殿试第一名，被授予翰林院修撰，历官传讲学士。雍正四年（1726 年）出任山东学政。善书画，著有《桥巢小稿》。

③ 王芑孙（1755–1817），字念丰，号惕甫。十二岁能写文章，乾隆五十三年（1788 年）召试举人，官华亭教谕。曾任松江府知府。书法直逼刘墉。著有《碑版广例》《楞伽山房集》《渊雅堂集》。

④ 李艳平、康静、尹晓冬：《硅芯筑梦：王守武传》。北京：中国科学技术出版社，2014 年，第 8 页。

⑤ 冯桂芬（1809–1874），字景亭，江苏吴县人。晚清杰出的改良思想家之一，其思想上接林则徐、魏源，下启康有为、梁启超。

与叶昌炽①、袁宝璜②合称"苏州三才子"。光绪六年（1880年）中进士，曾任户部主事、军机章京等职。撰有《周礼义疏》及《明史考证捃逸》若干卷。王颂蔚不仅有扎实的国学基础，而且崇尚实学，他曾希望士人"学习测量、化学、光学……"并"咨商制造"。王颂蔚还不拘一格为国家选拔人才，光绪十八年（1892年）曾力荐科举试卷未按照程式书写的蔡元培（1868—1940）为进士③。

王守觉的祖母王谢长达（1848—1934），出身官宦世家，是苏州的女权运动先驱、教育家、社会活动家。她自幼在父兄的教诲下通过家中的藏书通晓古今大事。婚后随丈夫常年居住北京，使得她逐渐开阔了视野，深刻体会到了国家的贫病交困。丈夫去世后，王谢长达携子女返回苏州，在抚育子女、操持家务之余，她先是在苏州成立放足会，带头并积极推动妇女放足，后又投身女子教育，于1905年与地方士人筹集资金，创立振华女校。该校起初惨淡经营、勉力维持，后经多方努力终于名噪一方，成为江苏省最负声望的女校，显示了王谢长达超乎寻常的见识和能力。1915年，王谢长达又发起成立了江苏女子公益团，并任团长，对江苏地方的公益事业多有建树。

王颂蔚夫妇共育有四子五女，他们对子女身教言传，使他们志存高远，并创造条件使子女接受良好的教育，受到中西文化滋养的子女们个个学有专长，走到了世界科学技术前沿。其中四个儿子曾被称为"王氏四杰"（图1-2），他们分别是长子王季烈、次子王季同、三子王季点、幼子王季绪，他们均驰骋于数理工程领域，为近代科学在我国的发展贡献了力量。

王季烈（1873—1952），字晋余，号君九，别号螾庐，清末民初物理教育家。光绪廿年（1894年）中举，后到上海江南制造局翻译馆与英国人傅兰雅合作翻译了《通物电光》，他首先主张将physics译名为"物理"。1905—1911年，任学部专门司郎中，主管高等教育与派遣留学生事务，兼任京师译学馆理化教员，一度担任该馆监督（校长）。曾任商务印

---

① 叶昌炽（1849-1931），清末官吏、金石学家、学者、藏书家。

② 袁宝璜（1848前后-?），字渭渔，清代文臣。

③ 杨维忠、金本福:《东山教授》。扬州：广陵书社，2010年，第1-3页。

图1-2 1935年1月王季烈（左三）、王季同（左二）、王季点（左四）、王季绪（左一）摄于苏州（王义格提供）

书馆理科编辑，翻译了《最新理化示教》与《最新化学》、《近世化学教科书》、《高等小学理科教科书》，编写了民国初年的《共和国教科书·物理》、《共和国教科书·化学》。还主持编印了《物理学语汇》，并在北京创办五城学堂。并著有《螾庐曲谈》、《正俗曲谱》、《度曲要旨》、《集成曲谱》等昆曲书籍，校订过《元明孤本杂剧》，被誉为中国近代昆曲三大家之一。

王季同，王守觉之父，下节详述。

王季点（1879—1966），字异三，号琴希。1902—1906年留学日本，毕业于东京工业大学应用化学科。赴日前在江南制造局翻译馆编译了《中学矿物界教科书》、《制羃金法》等书。自编《便蒙丛书》、《小学理科初集》，又助其兄季烈学日语，并校对季烈编译的《通物光电》、《物理学》等书。归国后任京师大学堂格致科提调（教授）、农工商部主事、北平工业实验所技正兼代所长。1922年，与李乔苹等人发起组织筹备成立中华化学工业会。他热心于"实业救国"，曾在京、津、丹东等处创办火柴公司及北京玉泉酿酒公司等企业，自任董事长，参与技术指导。

王季绪（1882—1967），字公仿，号緤庐。我国最早的机械工程专家之一。早年就读于同文馆，后留学日本东京高等理工大学预科，1908年入英国剑桥大学，1912年获得硕士学位。归国后，先后执教于北京大学、北平工业学院，任教授。1931年后任北洋工学院教授、教务长、机械系主任，曾代理北平大学校长。其间还兼职黄河委员会委员、中国工程师学会理事。1931年，"九·一八"事变后，为抗议国民党当局逮捕北洋大学进步学生，他通电全国，呼吁国民政府出兵抗日，并同进步师生一起进行绝食斗争。1935 年，与刘仙洲等人联名发起成立中国机械工程学会。1937 年"七·七事变"后，王季绪严词拒绝与日伪合作，回到苏州老家隐居。抗战胜利后，1946 年应聘出任东山莫釐中学首任校长。1949 年后，接受北洋大学聘请，任机械系教授。

王颂蔚夫妇的五个女儿分别是长女王季昭、次女王季茞、三女王季玉、四女王季山、幼女王季常，这"五朵金花"亦巾帼不让须眉，在中国乃至世界的科技教育史上都留下了她们的足迹。

长女王季昭（1876—？）经过端方[①] 的考试选拔后于 1908 年和杨荫榆等一起赴日留学，1912 年赴美留学，回国后在苏州助其母在振华女中任教。

次女王季茞（？—1979）是中国第一位女化学博士。曾入苏州景海女塾学习，后留学日本，入西京同志社学习。1907 年考取官费赴美留学，与胡彬夏一起入美国胡桃山女校（Walnut Hill）预科学习。1910 年进入美国威尔士利大学学习，1914 年获得学士学位后进入芝加哥大学，1915 年获得化学硕士学位。1918 年获得芝加哥大学博士学位。毕业后先后在芝加哥大学、芝加哥的迈克尔·瑞斯医院化学室、辛辛那提大学和辛辛那提儿童医院、西北大学医学院等研究机构工作[②]。

三女王季玉（1885—1967），1906—1910 年在苏州景海女塾读书，后赴日本入活水女子学校，1912 年毕业后赴美，考入麻省蒙特豪里尤克女子大学，1916 年获文学硕士学位，旋又考入伊利诺大学，攻读植物学，1917 年获硕士学位。同年回国，她谢绝了各地的高薪邀请，进入振华女校协助母亲管理校务，后担任振华女校教导主任。1926 年接任振华女校校长。1949 年后，曾任江苏省、苏州市人民代表，苏州市人民委员会委员、市妇

[①] 端方（1861–1911），托忒克氏，字午桥，号陶斋，满洲正白旗人。清末大臣，金石学家。光绪八年（1882 年）中举人，历督湖广、两江、闽浙，宣统元年调直隶总督，后被弹劾罢官。著有《陶斋吉金录》、《端忠敏公奏稿》等。端方鼓励学子出洋留学，被誉为开明人士，"奋发有为，于内政外交尤有心得"。

[②] 康静、李艳平：中国第一位女化学博士——王季茞。《中国科技史杂志》，2012 年第 33 卷第 2 期，第 167–175 页。

联副主席等职。1958 年起，先后在南京中国科学院植物研究所、杭州药物试验场从事研究工作。

四女王季山（1887—1949），一生相夫持家。她与丈夫何澄（1880—1946 年）共育有五子三女，八个子女后来皆攻自然科学，且均有所成。何怡贞①、何泽慧②、何泽瑛③以科苑"何氏三姊妹"著称，她们的五个兄弟也不逊色。

幼女王季常（1890—1974），清华大学毕业，文学家，善书画，曾在振华女中教书，后嫁入苏州著名金融世家程氏。受其母及姊王季玉的影响，她于 1933 年创办私立安定初级商科职业中学。著有《小渊雅堂骈体文存》、《百花精舍诗存》。

不仅如此，与莫釐王氏家族联姻的也有很多是名门望族，如灵石何氏、苏州程氏、绍兴俞氏等（图 1-3）。在王守觉的同辈中也涌现了众多学术人才，其中著名的科学家有：何怡贞、葛庭燧④、何泽慧、钱三强⑤、

---

① 何怡贞（1910-2008），山西灵石人，王季山之女，物理学家。1930 年毕业于金陵女子文理学院数理系，1933 年获美国马萨诸塞州蒙脱霍育克学院物理化学硕士学位。1937 年获美国密歇根大学物理系哲学博士学位。新中国后，历任燕京大学教授、中国科学院金属研究所、固体物理研究所研究员。专长光谱学与光谱分析，在发射光谱的分析中尤有成就。

② 何泽慧（1914-2011），山西灵石人，王季山之女，生于江苏苏州，物理学家，中国科学院院士。系中国著名原子核物理学家钱三强的夫人。1946 年起在法国巴黎法兰西学院核化学实验室从事研究工作。曾和钱三强等合作发现了铀核裂变的新方式——三分裂和四分裂现象。她领导的研究小组在 20 世纪 50 年代成功研制出性能达到国际先进水平的原子核乳胶，为开拓中国中子物理与裂变物理实验领域和中国的科教事业作出了重要贡献。

③ 何泽瑛（1923-），山西灵石人，王季山之女，生于苏州，1948 年毕业于东吴大学生物系，后入台湾大学研究院、协和医学院生物系学习，毕业后进入中科院上海生物研究所工作，后又转入中科院南京植物研究所从事种子学、植物形态学方面的研究，是我国植物学领域颇有成就的学者。

④ 葛庭燧（1913-2000），山东蓬莱人，金属物理学家。1937 年获清华大学理学士学位，1943 年获美国伯克利加州大学物理学博士学位，早年在美国参与过著名的"曼哈顿计划"，后归国担任中国科学院金属研究所副所长、固体物理研究所研究员、名誉所长，主要从事固体内耗、晶体缺陷和金属力学性质研究，是国际上滞弹性内耗研究领域创始人之一。

⑤ 钱三强（1913-1992），浙江绍兴人，原名钱秉穹，核物理学家，中国科学院院士。父亲钱玄同是中国近代著名的语言文字学家。他是第二代居里夫妇的学生，又与妻子何泽慧一同被西方称为"中国的居里夫妇"，他是中国发展核武器的组织协调者和总设计师，中国"两弹一星"元勋。

图1-3 1931年元旦王守竞新婚回苏州时王家合影（来源：王义格提供）

中间为王谢长达，前排左起何泽诚、王守武、王守觉、何泽源、何泽瑛、何泽庆、王守融、王守元、何泽勇；后排左起何泽慧、王季常、何怡贞、管尚孝、王守璩、费令宜，后排右起何泽明、何澄、王季同、王守竞、王季山、王季玉

何泽涌[①]、何泽瑛、俞启忠[②]、陆学善[③]等，另外还有董同龢[④]、程毅

————————————

① 何泽涌（1919-），山西灵石人，王季山、何澄之子，生于苏州，1937年就读浙江大学化工系，1939年赴日本庆应大学医学部学医，1944年回国，先后在山西女子医学校、山西川至医专、山西医学院，解放军第四军医大学，南京铁道医院任教。主要从事解剖学、组织学、胚胎学的教学与研究。著有《组织学与胚胎学》《组织学与胚胎学进展》《人体发生学》。

② 俞启忠（1913-1999），浙江山阴人，1946年5月毕业于西南联合大学教育学系，后留学美国，回国后在昆明师范学院任教研室主任、教授，1948年与王明贞结婚后再度赴美。1955年回国在农业部任教授。

③ 陆学善（1905-1981），物理学家，浙江湖州人。1928年毕业于东南大学。1933年清华大学研究生院毕业。1936年获英国曼彻斯特大学物理学博士学位，回国后历任北平研究院镭学研究所研究员及晶体学研究室主任，中国科学院应用物理研究所（1958年更名物理研究所）研究员及副所长、代所长、顾问，中国物理学会常务理事兼秘书长，中国物理学会上海分会理事长等职。主要从事晶体物理学和X射线晶体学的研究与教学工作。

④ 董同龢（1911-1963），江苏如皋人，生于云南昆明，音韵学家。1932年考入清华大学中文系。他是著名语言学家赵元任的助手。1939年，与王季绪之女王守京结婚。著有《上古音韵表稿》《中国语音史》，与赵元任先生等合撰之《湖北方言调查报告》等，译著有《高本汉诗经注释》等。

中 ① 等著名人文学者。

如此众多的科学家和教育家出现在同一家族中，在诸多科学家世家中也十分鲜见。王氏家族顺应清末民初西学东渐的潮流，出现了王谢长达、王季烈、王季同等一批领先时代潮流的人物，他们或倡导女权、创办学校，或译介西方科技著作，或留学后执教于我国大学理工科，致力于培养科技人才，为中国近代科技起步贡献了力量。他们的行为在家族中为后辈树立了榜样，也为后辈择学、择校、择师等方面提供了比一般家庭更多的人际资源和信息资源，使得家族科技人才层出不穷。

父母双亲

图 1-4　1946 年王守觉父母王季同、管尚孝合影（王义格提供）

王守觉的父亲王季同（1875—1948）（图 1-4 右），又名季锴，字孟晋，号小徐，江苏苏州东山人。他自幼聪慧过人，在数学上颇有天分，他不应科举，经自学而精通数理、电机、化学诸科，16 岁时便有数学著作《泛倍数衍》和《勾股补解》问世，颇得当时前辈学者好评。光绪廿一年（1895 年）毕业于北京同文馆后留任算学教习。光绪廿八（1902 年）年出版《积较补解》《九容公式》等著作，是我国早期介绍西方数学的重要书籍。蔡元培称："小徐先生有数学的天才；二十岁左右，即有关于数学的著作，为

---

① 程毅中（1930–），王季常的嗣孙，笔名程弘。江苏苏州人。1955 年毕业于北京大学中文系。历任西安石油学校语文教师，中华书局助理编辑、编辑、编辑室主任、副总编辑，编审。中央文史研究馆馆员。享受政府特殊津贴。著有专著《宋元话本》、《古小说简目》、《唐代小说史》、《宋元小说研究》、《中国诗体流变》、《古代小说史料简论》、《古籍整理浅谈》等，整理古籍《玄怪录》、《古体小说钞》、《宋元小说家话本》等。

前辈所推许。"[1] 自光绪二十八年（1902年）起，王季同与叶瀚[2]、吴敬恒[3]、蒋维乔[4] 等担任蔡元培为总理的爱国学社教员，并兼爱国女学课程。翌年随蔡元培组织拒俄同志会，主编《俄事警闻》。1905年，何海秋[5] 介绍蔡元培入同盟会，并介绍入其中的秘密小组。随后，蔡元培介绍王季同等加入此小组"筹制炸弹"。

宣统元年（1909年），王季同被派赴英国任清政府驻欧洲留学生督署随员，后转入英吉利电器公司及德国西门子电机厂学习。宣统三年（1911年）在英国《爱尔兰皇家学会会刊》上发表有关"四维函数求微方法"的论文，这是迄今所知中国学者最早在国际学术刊物上发表的现代数学论文[6]。

王季同1911年年底回国后，曾受蔡元培之邀从事教育部组织、学制改革，以及学校登记等事，后在上海创办大效机器厂，1916年发明电气变流方法，1919年用进口机床和图纸，制成内燃机。但由于经营不善，于1924年停业。嗣后，王季同在吴淞中国铁工厂任顾问总工程师，又任镇江电厂工程师。

---

① 蔡元培：蔡序。见：王季同，《佛法与科学之比较》。上海：世界新闻社，1932年，第I页。

② 叶瀚（1861-1936），字浩吾，浙江仁和人。维新派人士，谋求教育救国，提倡学习科学、外语，赞成变法，在清末社会影响较大。他是仁和县增广生员，后赴上海格致书院学习，曾到日本留学，学习师范教育。曾创办启秀编译局。曾供职于《中外日报》，担任日文翻译。译著有《泰西教育史》、《新撰亚细亚洲大地志》、《世界通史》、《地质学教科书》，曾校《洛阳伽蓝记》，自传有《块余生自记》，著作多收录于《晚学庐丛稿》。

③ 吴敬恒（1865-1953），原名脁，学名吴纪灵（又称寄龄），字稚晖，出生在江苏武进。中国近代资产阶级思想家、政治家、教育家、书法家，中央研究院院士。1902年加入上海爱国学社，曾参与《苏报》工作。1905年在法国参加中国同盟会，出版《新世纪》报，鼓吹无政府主义。1924年起任国民党中央监察委员、国民政府委员等职。

④ 蒋维乔（1873-1958），字竹庄，江苏武进人。著名教育家、哲学家、佛学家、养生家。他7岁入私塾，20岁中秀才，经过科举考试，进入常州府学。光绪二十一年（1895年）秋起，先后入江阴南菁书院和常州致用精舍继续深造，弃八股文，研究"西学"。后受该校理化教师钟观光影响决心致力教育的改革。

⑤ 何海秋（1892-?），名基鸿，河北蒿城人。1929年前后，曾任北京大学法律系及政治系教授兼系主任、第三院院长和北京大学教务长等职。

⑥ 李兆华：《近代数学教育史稿》。济南：山东教育出版社，2005年，第82页。

1927年蔡元培就任大学院院长后，聘请王季同、胡刚复[①]等数十人为中央研究院筹备委员，王季同担任工程组的筹备工作。1928年，王季同任国民政府中央研究院工学研究所专任研究员，即开展螺旋弹簧新公式的研究工作。次年，出席日本东京万国工业会议、世界动力协会东京会议，并宣读了"螺旋形弹簧之新公式"一文。王季同是中央研究院工程研究所创办初期的重要人物。1934年4月，《中央研究院工程研究所集刊》第2期刊登了王季同的论文"关于分解电网络之新方法"，该文产生了很大的学术影响。20世纪30年代中国学者顾毓琇、丁西林（丁燮林）、蔡金涛等对王季同的方法进行了改进和推广。20世纪60年代，国际学术界形成了以王季同姓名命名的代数方法——王氏代数，并使之成为解决电网络问题的一种拓扑方法。此后王氏代数又成为图论、哈密顿圈研究等领域中的一种有用工具，而且其影响一直延续到80年代[②]。

晚年王季同研究佛学，著有《佛法与科学之比较》、《佛法省要》等。还曾应章太炎之邀到苏州章氏国学讲习会讲授因明学，并于1937年出版了《因明入正理论摸象》[③]。

王季同先娶元和县贡生管申季长女管尚德为妻，1906年管尚德因难产而病故，续娶管申季六女管尚孝（1887—1969）（图1-4，左），王季同两任妻子共生有子女12人，其中未成年夭折和因病早逝五人，长成者七人[④]。

[①] 胡刚复（1892-1966），原名文生，又名光复，江苏无锡县人，生于江苏桃源县。物理学家、教育家，中国近代物理学事业奠基人之一。将X射线标识谱、吸收谱和原子序数之间的实验规律扩展到25号至34号元素，并测定了X射线频率和光电子速度的关系，对X射线学的发展做出了重要的贡献。在南京高等师范学校（后改为东南大学）及大同大学等校创建了物理实验室，培养了吴有训、严济慈、赵忠尧、施汝为、钱临照、余瑞璜等著名物理学家。

[②] 郭金海：王季同的电网络分析新方法及其学术影响。《中国科技史料》，2003年第24卷第4期，第312-319页。

[③] 郭金海：华尔和胡德关于螺旋弹簧新公式的研究及王季同回应。《自然科学史研究》，2005年第24卷第4期，第330-344页。

[④] 王守觉访谈，2012年10月17日，苏州。资料存于采集工程数据库。

姊 妹 兄 弟

　　父亲王季同的光辉经历和成就以及生活中的言传身教，对王守觉姊妹兄弟七人都产生了深远的影响，培养了他们要为国家做事的责任感，勤于学习和思考，积极实践的态度和习惯，以及大胆创新的胆识和信心，七人在求学及工作后俱卓荦不凡。

　　长姐王淑贞（1899—1991），1917年入苏州女医学堂。1918年考取清华庚子赔款奖学金赴美留学，先后就读于巴尔的摩高等女子大学、芝加哥大学、霍普金斯大学医学院，获医学博士学位。1926年回国后，长期在上海从医执教，历任上海西门妇孺医院妇产科主任，兼上海女子医学院教授、妇产科医院院长、妇产科研究所所长。主编了我国第一部高等医学院校统一教材《妇产科学》和《现代妇产科理论与实践》等书[1]。她是我国妇产科学奠基人之一，与林巧稚齐名，有"南王北林"之誉。

　　长兄王守竞（1904—1984），1917年入苏州中学，后入苏州工业专科学校土木科、清华学校学习，1924年赴美留学入康奈尔大学，仅一年获得物理学硕士学位。1925年入哈佛大学欧洲文学系，1926年获文学硕士。1926年秋，入哥伦比亚大学物理研究所。1927年王守竞成功地把量子力学应用于氢分子现象，1928年获博士学位，他和周培源、吴大猷是中国最早的三位理论物理学博士[2]。他是中国第一位研究量子力学并卓有成就的学者，是物理学界一位杰出的人才，1927—1928年发表的三篇量子力学论文，在国际学术界产生影响。1929年归国，受聘浙江大学教授、物理系主任。1931年任北京大学物理系主任，为该系奠定了科研基础。1933年受聘资源委员会，参与资源委员会创办飞机发动机厂工作。抗战开始后，王守竞负责资源委员会昆明中央机器厂的筹建工作，后任该厂总经理多年。

---

　　[1] 熊月之：《上海名人名事名物大观》。上海：上海人民出版社，2005年，第22页。
　　[2] 吴大猷述，黄伟彦、叶铭汉、戴念祖整理，柳怀祖编：《早期中国物理学发展之回忆》。上海：上海科学技术出版社，2006年，第84-88页。

1945 年出任国民政府驻美物资供应委员会主任委员。1951 年，转入麻省理工学院林肯实验室工作 20 年，从事太空、军事系统研究 ①。

图 1-5　王守武（左）、王明贞（中）和王守觉（右）摄于 20 世纪 90 年代（来源：王守觉提供）

二姐王明贞（1906—2010）（图 1-5，中），我国著名的也是最早的女物理学家之一。1916 年入振华女校。1928—1932 年在北平燕京大学物理系学习，获得学士、硕士学位，后执教于南京金陵女子大学教授数学、物理课程。1938 年赴美密歇根大学攻读理论物理。1942 年获得博士学位，导师是乌伦贝克 ②。1943—1945 年，王明贞在美国麻省理工学院雷达实验室任理论组研究员，与乌伦贝克合作，研究噪声理论。1945 年，王明贞与乌伦贝克合作在《近代物理评论》上发表了一篇关于布朗运动理论的文章，该文一直被认为是研究布朗运动的最主要的参考文献之一，到 2004 年，已被国际科学界引用了 1351 次。王明贞于 1946 年年底回国，1947 年应聘云南大学数理系教授，1948 年与云南师范学院教授俞启忠结婚。1949 年 8 月他们夫妇由滇赴美，王明贞到诺屈丹姆大学物理系工作。1952 年年底，他们提出回国申请，因她的研究课题可供军事应用，受移民局阻挠，于 1955 年 6 月始得回国，受聘清华大学，在物理教研室任教授至 1976 年退休 ③。1968 年，已 62 岁的老教授王明贞被"四人帮"迫害入狱，5 年 8 个月后，王明贞得以释放，拨乱反正以后，国家恢复了她应有的待遇与名誉。

三姐王守璨（1912—1997 年），1932 年入清华大学。1935 年初赴英国，

---

① 余少川：《中国机械工业的拓荒者王守竞》。昆明：云南大学出版社，1999 年，第 225-234 页。

② 乌伦贝克（George Eugene Uhlenbeck，1900-1988），物理学家。1927 年获莱顿大学博士学位，曾执教密执根大学，"二战"期间在麻省理工学院从事雷达研究工作。1961 年后在纽约洛克菲勒学院工作。当他还在莱顿大学读书时，就作出了生平最重要的贡献，与古德斯密特论证了原子中电子的第四个量子数可方便地理解为粒子的自旋，并进一步指出电子自旋单位是其它量子单位的一半。

③ 王明贞：转瞬九十载。《物理》，2006 年第 35 卷第 3 期，第 174-182 页。

在英国与陆学善结婚后，到《曼彻斯特导报》报社当助理编辑，从事翻译工作。1937年七七事变前，他们夫妇一起归国，王守璩先在高中教书，后在家中做翻译工作。1942年以后，日寇进入租界，王守璩和陆学善夫妇回到苏州，在老家种地三年。抗战胜利后，王守璩到振华女中帮助王季玉做复校、办学工作，并教授英语[1]。1950年后，王守璩随陆学善居住在北京，主要从事物理著作翻译，译有《实验晶体物理学》、《征服了的电子》、《物理实验室应用技术》(与陆学善合译)等。

二哥王守融(1917—1966)，16岁以优异成绩考入清华大学机械工程系攻读航空工程，1937年毕业后留校任教。日本帝国主义全面侵华后，随清华大学南迁昆明，曾发表多篇有关飞机性能及结构方面颇有价值的学术论文。1940年，在昆明中央机器厂任工程师，兼七分厂厂长。1945年后赴美国和加拿大等地考察，后在加拿大帝国机器厂任工程师。1948年回国后，担任资源委员会下属的上海机器厂厂长兼总工程师一职。1949年8月被聘为南开大学机械工程系教授。1952年随院系调整而任天津大学机械工程系教授、教研室主任、系副主任等职，并负责创建了我国第一个精密机械仪器专业和后来的精密仪器工程系，是精密机械与仪表仪器学科开拓者之一，培养了一批高级专门人才[2]。"文化大革命"初被强加以"资产阶级学术权威"等罪名，遭游街批斗，其妻为俄语教师亦遭迫害，辗转为周总理所悉，下令加以保护，但夫妇俩已在数日前含冤离世。

三哥王守武(1919—2014)(图1-5，左)，半导体器件物理学家，中国科学院院士。我国半导体事业的开拓者和奠基人之一。1941年毕业于同济大学机电系。1945年赴美国普渡大学留学，分别于1946年和1949年获硕士和博士学位，后在该校任助理教授一年。1950年回国后，创建了我国第一个半导体研究室，组织并参加了我国第一台锗单晶炉的研制、第一根锗单晶的拉制、第一只锗晶体管的研制和第一根硅单晶的拉制。1958年筹建了我国第一个晶体管工厂。1960年中国科学院半导体研究所成立，王守

---

[1] 王守璩：王守璩女士谈王季同及其子女。见：王守泰等口述，张柏春整理，《民国时期机电技术》。长沙：湖南教育出版社，2009年，第69-72页。

[2] 杨维忠、金本福：《东山教授》。扬州：广陵书社，2010年，第42-43页。

武被任命为主管业务的副所长。1963 年起致力于砷化镓激光器的研究工作，他利用光学知识创造了简易的定晶向法，为我国第一个砷化镓激光器的研制成功做出了贡献。1978 年起，他带领科技人员研究用国产的工艺设备和原材料，提高大规模集成电路的成品率 [①] 。1979 年获全国劳动模范称号。1980 年当选为中国科学院学部委员（院士）。1983 年兼任国务院电子振兴领导小组集成电路顾问组组长。1986 年中国科学院微电子中心成立，任名誉主任。

"老幺"王守觉即本书传主。

家 风 熏 陶

王守觉的父辈人才济济，他的姊妹兄弟们也是个个杰出，他们成才的原因有哪些？人们经常会向王家人提出这样的问题。

王季烈四子王守泰说："王守竞搞物理、搞机械有两个原因：一个是爱国，一个是家庭影响。最根本的是受我祖母王谢长达的影响。我们都受她的影响。""我祖母很有魄力，非常开明。戊戌变法后，把子女培养起来，甚至送出国。"[②] 可见家风的传承和领军人物的作用是其家族长盛不衰的灵魂，这样延续相传，使王家代代人才辈出。

王守觉和他的姊妹兄弟们的成长，则深受父亲王季同的言传身教。王季同崇尚真才实学，勇于追求科学，大胆实践实业救国之路。他曾教育孩子们，钱财、官职都是身外之物，人死了就没有了，惟有学问是真理，可以永远存在下去。他常以他们的祖上王鏊的例子教育子女，"王鏊曾连中三元，殿试时本是状元，因遭主考官嫉恨而被贬为探花，最后他还是当上

① 钱文藻、何仁甫：《两院院士·中国科学院院士》。北京：人民日报出版社，2002 年，第 434 页。

② 王守泰等口述，张柏春整理：《民国时期机电技术》。长沙：湖南教育出版社，2009 年，第 14-15 页。

了宰相。老家苏州东山镇陆巷古村中的三座古牌楼就是为王鏊而修，当年那些陷害他的人都不在了，可是《古文观止》里王鏊的文章《亲政》都还留着。”①

王守觉曾把父亲的教育方法特点总结为一“三句半”：一是言教不如身教；二是多说不如多看（观察孩子）；三是尊重自我发展；最后半句是——少管。关于这一“三句半”的具体含义，王守觉曾解释道“第一句言教不如身教，因为大人都喜欢唠叨，小孩是最不愿意唠叨的，所以大人唠叨半天没用，言教不如身教，大人自己怎么做子女自然会学的；第二句多说不如多看，就是大人要孩子这样，要孩子那样，不如观察他朝哪个方向发展，他做的怎么样，他做了如果你认为有偏差了，你想办法慢慢对他有些影响，不要唠叨，唠叨唠叨小孩烦了起不了正的，反而起反作用；第三句是尊重孩子自我发展，因为每个小孩都有自己的想法，要尊重小孩的自我发展，不要说是想一定要他当个钢琴家，他要不喜欢钢琴怎么办呢，一定要当个科学家，他不喜欢他愿意打球那你怎么办，所以对小孩啊要尊重自我发展，大人对小孩望子成龙心切结果管天管地，管的小孩很反感，把他的积极性、把他的聪明智慧都给管掉了，所以最后半句是‘少管’”②。

除了父母的教育以外，在王守觉这一代，大姐王淑贞和大哥王守竞起到了很好的表率作用。在求学过程中，王家的兄弟姐妹互相帮助。王明贞高中毕业后，王淑贞从美国来信，鼓励她继续求学，并愿意为她承担一些费用。王守璨上大学得到王守竞的支持③。

在整个中华民族历经苦难、探索强国之路的过程中，王家以王颂蔚、王季烈、王守竞等为代表的三代人，做出了突出的贡献。他们是中国近代科学事业的开拓者，是各自学科领域中学识渊博的专家学者，他们是具有强烈社会责任感和献身精神，关心社会、忧心民族命运的知识分子的代

---

① 李晋闽：《拓荒者的足迹》。北京：科学出版社，2010年，第55页。

② 王守觉访谈，2011年10月1日，北京。资料存于采集工程数据库。

③ 王守璨：王守璨女士谈王季同及其子女。见：王守泰等口述，张柏春整理，《民国时期机电技术》。长沙：湖南教育出版社，2009年，第69-72页。

表。王颂蔚以国家强盛为己任，他开明果敢，敢于直言，但面对国势衰微、外强欺辱，他愤懑、无奈，也在深思其中的教训。王守觉的父辈或选择科学救国的道路，筚路蓝缕勇敢前行，成为某个学科的早期拓荒者；或献身教育培养人才；或大胆创办工业企业，探索实业救国的途径。王守觉一代得到家族精神文化财富和实践经验的启迪，受到父辈们榜样的激励，使他们有了追求的方向和走向世界并有所作为的信心。

第二章
曲折求学路

王守觉的求学道路十分曲折。刚读完初一，学校学习就被日寇的侵华炮火打断，在辗转逃难、因病停学中，他主要靠自学完成了高中阶段的学习。1942年，考入同济大学后，虽学习成绩一直十分优秀，但由于应征参加青年军一年余，7年后，至1949年7月才毕业。

家 庭 教 育

1925年6月27日，王守觉出生在上海虹口天通庵，原名王守平，1942年后改现名王守觉。王守觉自幼聪慧，深得父母宠爱。在王守觉早期成长过程中，对他影响最大的人是父亲王季同。

王季同为人严肃，对子女也很严厉。王守觉出生时，父亲已经50岁了，也许是因为年纪大了，他对小儿子王守觉多了几分慈爱，父亲的默许给了他更多的自由。

王守觉出生时，他的大姐王淑贞、大哥王守竞都已赴美留学，很快二姐、二哥和三哥也分别考入燕京大学和清华大学，离开上海到北平读书。

王守觉幼年时期，家里和他一起读书的只有四哥王守武和大他三岁的小哥哥（原名王守觉，后改名王守元，1923年出生，抗战后期20岁左右时因肺病去世）。在王守觉幼时的记忆中，他总是和哥哥们一起，几乎没有同龄的玩伴。

王季同在教育子女方面有着自己的一套理论和做法。他鼓励孩子们自学，强调解决问题。他曾说："上学无异于浪费时间，即使已经掌握了所学知识，仍然还要正襟危坐，洗耳恭听。至于自研之中不明之处，他们自可问我。"子女到了上学的年龄，母亲把他们一个个送进学校时，王季同虽没有阻拦，但他对子女选择什么学校、是否留学和要不要获得高学历等都不放在心上。王季同的三女儿，王守觉的三姐王守璩曾说："我大哥王守竞从苏州工业学校毕业时虚岁15岁，想考清华学校。他向我母亲要了两元钱，考取了这所学校。实际上，我父亲并不想让我大哥考学，而愿意让他进工厂。"①

王季同十分重视培养孩子们的才干。他希望孩子们通过实践获得知识②，鼓励孩子动手实践。王家有各种钳工、电工的简单工具，还有漆包线等工厂里用下来的材料，几个孩子很小都学会用台虎钳、锉刀、手锯、錾子，以及电动工具台钻等，他们用这些工具在家里修修弄弄，都会配钥匙、修锁等。王季同也曾大胆让十来岁孩子们担任家里的"电工"，安装电灯。在王季同看来，孩子们做这件事没有什么问题，只要他们能爬得上梯子。

王季同十分重视数学教育，孩子幼年时他就常出些数理小问题，启发他们思考，培养学习兴趣，对学习也非常严格。有一次，王守觉的数学考了99分，进门正撞着父亲，父亲把试卷拿去看了许久，然后指着99分的成绩单说："你数学怎么会不是100分呢？这么严谨的东西。"父亲问得很奇怪，好像数学不得满分是件不可思议的事情③。

---

① 王守璩：王守璩女士谈王季同及其子女。见：王守泰等口述，张柏春整理，《民国时期机电技术》。长沙：湖南教育出版社，2009年，第69-72页。

② 王守觉访谈，2011年3月31日，苏州。资料存于采集工程数据库。

③ 杨维忠编著：《东山名彦：苏州东山历代人物传》。苏州：古吴轩出版社，2007年，第569-570页。

王季同对不同年龄段的孩子在学习上有不同要求。子女们想出去玩时，经常的情况是：小于 10 岁的，要写一张大楷；大一点的，则要解释报纸上的一段内容给他听。有时他也会让孩子们做物理或数学题 [1]。

王季同对孩子们要求很严格，要求孩子们品行要好，做事情要认真。王守觉说，做事认真这可能是祖传下来的，做事情要么不做，要做就把它做到最好。我的祖母、父亲是这样，我的姑姑，就是当过苏州振华中学校长的王季玉，也是做事情特别认真 [2]。

有时王季同对待子女的方法有些简单粗暴。每当孩子们争吵、相互责备时，母亲总是设法调解，但王季同却说："谁有精力去裁决谁对谁错，我来给他们每人屁股上五十下，不要再争了！"

受家里人影响，王守觉从小对父亲有些敬畏。他还清楚记得听家里人讲的父亲的故事。一次，王家苏州老房子的卧室房顶出现了一条蛇，家人慌乱无策，父亲用某种化学药品，轻易就将蛇熏走了。王季同常在家中做实验，也曾发生过着火冒烟的小事故。

小学和中学时期

1930 年，母亲把 5 岁的王守觉送入离家不远的上海巨鹿路采福里小学就读。三年后，1934 年，父亲王季同从中央研究院退休，王家举家迁回苏州十全街居住。王守觉四年级起便在离家很进的彭氏小学就读。彭家是苏州名门，康熙雍正两朝出过彭定求、彭启丰祖孙两位状元。清末彭家把私塾改为彭氏小学，教师是从外面聘请来的。王守觉就读的班级有 20 多人 [3]。王守觉在这里完成了系统的小学教育，小学阶段是他一生中最顺利的求学经历。

---

[1] 余少川:《中国机械工业的拓荒者王守竞》。昆明：云南大学出版社，1999 年，第 9–13 页。

[2] 王守觉访谈，2011 年 9 月 21 日，北京。资料存在采集工程数据库。

[3] 王守觉访谈，2012 年 6 月 19 日，苏州。存地同上。

图 2-1 小学时的王守觉

1936 年，11 岁的王守觉进入苏州东吴大学附中读初中。一年后，王守觉刚读完初一，1937 年 7 月，日本悍然发动全面侵华战争，淞沪抗战后，上海失守，战火很快威胁到苏州。已经 63 岁的王季同带着全家离开了即将沦陷的家乡，开始了逃难的生活。当时苏州不通铁路，轮船也很少，一家人只好租了一艘木船，一桨一桨划到镇江。坐在船上，透过船仓顶棚的缝隙看着外面的天空，听着远处隆隆的炮声，王守觉心里充满了愤怒。七十年后，王守觉在苏州中学的一次报告中说："我十二岁的时候遇上日本侵华战争，亲眼目睹，由于我们中国的科学技术落后，挨打。我那个时候也在苏州，我初中一年级是在苏州念的。那个时候日本的飞机也很落后，是双翼，就是两个翅膀的飞机。可以看到，双翼的飞机飞得很低很低，用机枪向下扫射。当时中国有少数的高射炮，但只局限于在南京、上海有此装备，咱们苏州没有。它就在那里扫射，我们就干着急，没有办法。所以，科学技术落后，就要挨打。"①

从镇江一家人又搭乘小货轮、扒火车、步行走路，走走停停、停停走走，经南京、武汉和长沙，11 月，辗转到达湖南湘潭，投奔正在此筹建中央机器厂的大哥王守竞。

王守竞 1936 年受命国民政府资源委员会筹建中央机器制造厂，任筹委会主任委员。资源委员会还同时奉命筹办中央钢铁厂、中央电工器材厂，三厂协同建设，共同勘选厂址。考虑到日本帝国主义军事势力已由东北进入关内，威胁北京、天津，经初步规划重工业基地准备选在湖南、江西，以保安全。1936 年底，王守竞会同中央电工器材厂筹委会主任恽震、中央钢铁厂筹委会主任程义法，前往湘潭，在公路干线旁共同选定三厂厂址。该地水路交通便利，易于原料、燃料及产品的运输。国家开

---

① 王守觉：不做存储器要做 CPU。见：袁卫星主编，《窗外的声音——新教育实验学校报告选》。福州：福建教育出版社，2007 年，第 137-155 页。

始重工业建设，兴办机器制造厂，对积弱积贫的中国来说，无疑是件大事。对盼望国家富强，一直梦想走出实业救国道路的王季同来说，这无疑让他充满了希望。厂址选定后，王守竞满怀壮志飞赴美国，按计划与美方厂商洽谈技术合作，选购机器设备，聘请外籍技师。七七事变爆发后，王守竞于是年10月自美返国，将筹委会自南京迁至湘潭，就近指挥。由于战争首先在华北和上海等地进行，离湘潭尚远，建厂工作仍按计划紧张进行。

王守竞设法把父母和两个年幼的弟弟接到湘潭不久，12月13日南京失守，战事突变。日寇溯江而上，华中变为前线，湘潭上空很快出现敌机盘旋侦查，资源委员会筹建中的三厂被迫准备迁移[①]，王家也再次踏上逃难的旅程。他们离开湘潭到广州，又从广州到香港，再绕道越南海防、老街，经过半年多的周折，终于在1938年年中逃到昆明[②]。同年，王守竞及其领导的中央机器制造厂筹委会人员也来到昆明。

1938—1942年，王守觉随父母在昆明度过了抗战中四年的艰苦岁月。开始，父母与他和小哥哥一起租住在农民家中，1940年，父母搬入大哥王守竞工作的中央机械厂宿舍，王家在厂外不远的农村盖起了两间茅屋，王守觉就住进自家的房子[③]。

1939年春，停学一年多后，王守觉进入昆明天南中学，读初三下学期[④]。初中毕业后，王守觉本想考高中，却因为疾病缠身，住进了医院。出院后因缺课时间太长，校方不同意他回原班上课，他又不愿意重读，便辍学在家。

和战时所有的家庭一样，王家这时的经济十分困难。家里的生活主要靠离开苏州时带出的有限的积蓄，还有靠工资生活的哥哥们的帮助。14岁的王守觉不甘心在家吃闲饭，就出去打工，补贴家用。在两年多的时间里，他干过多个工作，当过测量员、修过钟表，在自家的茅屋旁养过猪，

---

① 余少川：《中国机械工业的拓荒者王守竞》。昆明：云南大学出版社，1999年，第66-104页。

② 王守觉手稿。资料存于采集工程数据库。

③ 王守觉访谈，2011年9月21日，北京。存地同②。

④ 中国科学院学部联合办公室编：《中国科学院院士自述》。上海：上海教育出版社，1996年，第741页。

还曾手工自制门锁出售。

王守觉制作的是一种普通门锁。其原理是使用多个长短不同的铜片锁住锁芯，靠铜片的长短编码与钥匙配合，保证一把钥匙只能打开特定的一把锁。当放入正确的钥匙，各铜片被推至相同的高度，锁芯便被放开。王守觉上小学时就学会了配钥匙，了解这种锁的结构和原理。制作锁身的原材料是锡矿砂。他用刀在砖头上凿刻出铸造用的模子，自己冶炼、翻砂铸造锁身和锁芯，再经过机械加工和钳工打磨，最后按照钥匙的形状把长短不一的铜片装配到锁芯，并进行铅封。各种尺寸的铜片是他用铜皮冲压出来的。这样一把门锁的制作过程包括了选料、冶炼、翻砂铸造、机械加工、钳工加工等多个环节。

图 2-2　2011 年王守觉讲述他手工制锁的经历

王守觉先后制锁几十把，现在他还保存着一把。看着这把精致漂亮的小锁，我们很难相信它是一个十几岁的少年自己设计，全部手工，在家中制作而成的。制锁、卖锁不仅补贴了王家的家用，也磨练了王守觉的意志，让他掌握了金属冶炼、加工等方面的初步技能。回想起这段经历（图 2-2），王守觉说，"制锁用的原料是产自云南的锡矿砂，云南锡矿资源很丰富，即使是抗战时期，物资匮乏，在昆明的街上还是很容易买到这种矿砂。矿砂不纯，我也不清楚其中锡的含量。这种锡矿砂熔点较低，大约只有五六百度。""我制作的破锁能卖出去，是因为当时战争时期物资匮乏，也说明我们中国当时生产和工艺的落后。"[①]

1941 年，王守觉考入昆明裕庆建筑公司当练习生[②]。工作好容易稳定了，他却在昆明机场工地搞测量时，染上了猩红热，病倒了一个多月，差点送了命。等病好了，工作又丢了。

---

① 王守觉访谈，2014 年 7 月 11 日，苏州。资料存于采集工程数据库。

② 中国科学技术协会编：《中国科学技术专家传略（工程技术编）电子、通信、计算机卷1》。北京：电子工业出版社，1998 年，第 500 页。

这个时期王守觉的大哥王守竞、二哥王守融、三哥王守武也先后来到昆明。王守竞领导中央机器厂于1938年8月分批到达昆明，开始新的拓荒创业。王守融1937年清华大学机械工程系毕业后留校，抗战爆发后随清华大学西迁，任清华大学航空研究所庚款补助研究员，从事飞机性能与结构方面的研究，1940年，他受聘中央机器厂任工程师，并兼任七分厂厂长。三哥王守武抗战爆发时正在上海同济大学读书，后随同济大学西迁，1941年在昆明毕业。

看着王守觉早早就中断学业，母亲十分着急，常跟大哥王守竞说，小弟弟没有学上，你们做哥哥的要帮帮他。

1941年底，王守觉原来的同班同学高中快毕业，要考大学了。王守觉决心将学业追赶上去，他利用在家养病的时间，发奋自学高中课程。王守觉十分自信和自尊，学习中遇到问题时，他都不愿意去请教父亲和哥哥们，而是独自关起门来看书。他的办法是先做题目，不会做的参看答案，答案看不懂的再去看书。用这个方法，他很快搞懂了数学、物理、化学等课程，也培养了他独立思考、认真钻研的学习习惯。让王守觉犯难的科目是英语。当时考试中有英语写作，而他的英语只有初中基础，没有过任何写作训练。于是，他找来一些英文杂志，从中选择一些短文，对生词逐个查字典搞清词义弄懂全文，然后把文章背个滚瓜烂熟[1]。

大约准备了半年，到1942年夏天，王守觉感到有些把握了，就想以同等学力报考大学。但是因为他没有念过高中二年级的证明，不能报考本科院校，只能报考专科，他心有不甘。这时，他在家里找到了一张小哥哥在上海震旦大学念书时的成绩单。由于小哥哥已改名王守元（改名前叫王守觉，不喜欢'觉'字有佛名之嫌而改名），并已离开昆明回苏州老家，所以王守觉就拿着哥哥的这张成绩单，在昆明的流亡学生接待处，以沦陷区流亡学生身份得到了报考大学的证明[2]。从此他就把自己的名字由王守平改为王守觉，并沿用至今。

---

[1] 王守觉访谈，2011年9月22日，苏州。资料存于采集工程数据库。

[2] 王守觉访谈，2012年10月19日，苏州。存地同[1]。

战乱中的大学生活

1942 年，王守觉先后被西康技艺专科学校（西昌农业高等专科学校前身）、西南联合大学和同济大学三所学校录取 ①。1942 年，王守觉先进入西南联大电讯专修科学习（图 2–3），自 10—11 月在西南联合大学学了两个月 ②。之后，由于想读本科，王守觉离开西南联大，入同济大学工学院电机系弱电专业本科学习 ③。

同济大学前身是德、中双方合作，于 1907 年在上海创办的德文医学堂，1912 年与工学堂合并改名为同济德文医工学堂。1917 年，同济结束了

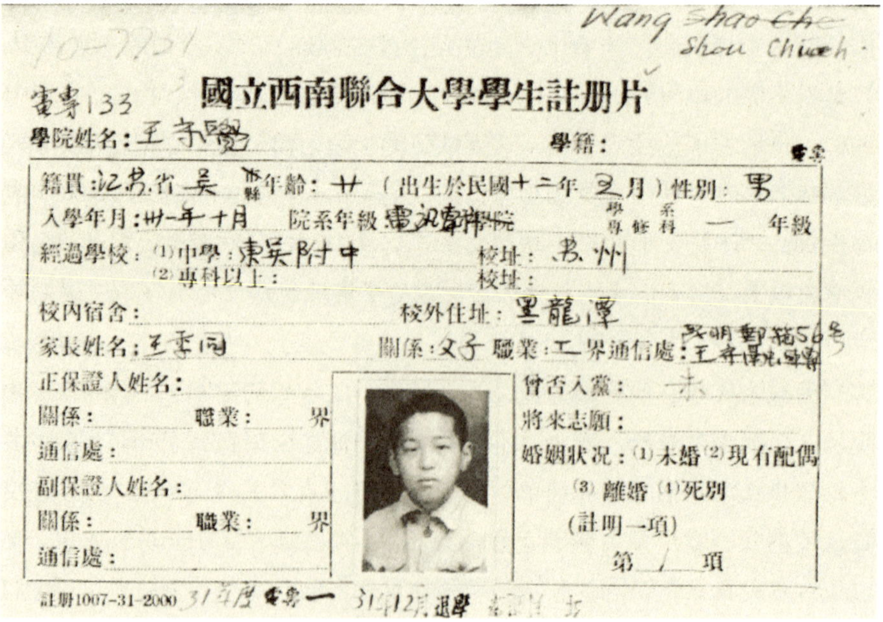
Wang Shou Chiueh

國立西南聯合大學學生註册片

學院姓名：王守覺　學籍：

籍貫：江蘇省吴縣　年齡：廿　（出生於民國十二年　月）性別：男

入學年月：卅一年十月　院系年級：電訊專修科　一　年級

經過學校：(1)中學：東吴附中　校址：蘇州

(2)專科以上：　校址：

校內宿舍：　校外住址：黑龍潭

家長姓名：王季同　關係：父子　職業：工界　通信處：

正保證人姓名：　曾否入黨：未

關係：　職業：　界　將來志願：

通信處：　婚姻狀況：(1)未婚 (2)現有配偶 (3)離婚 (4)死別

副保證人姓名：　（註明一項）

關係：　職業：　界　第 1 項

通信處：

註册1007-31-2000

图 2–3　1942 年王守觉西南联合大学学籍卡（清华大学档案馆提供）

---

① 王守觉访谈，2013 年 10 月 24 日，苏州。资料存于采集工程数据库。

② 清华大学校史研究室编:《清华人物志第 4 辑（校友中院士专辑）》。北京：清华大学出版社，1996 年，第 238 页。

③ 田小琴：院士王守觉和他的人工神经网络计算机。《人物杂志》，2000年，第2期，第20页。

德人办学阶段，1923 年被批准更名为同济大学。随后十余年，学校加速建设，规模逐步扩大，抗战前已建成一所医、理、工结合的国立大学。1937年日军进攻上海，同济大学校舍遭侵华日军野蛮炮击，被夷为平地。同济大学被迫迁校，先后迁至浙江金华、江西赣州和吉安、广西八步等地，后又出镇南关至越南河内，1939 年春节前后才分批分期抵达昆明。1940 年秋，日机不断侵扰昆明，滇缅交通被切断，危急之下同济大学第六次迁校到四川南溪县李庄①。

从昆明到李庄，王守觉走的是昆明至泸州的公路。当时这条路翻山越岭崎岖不平，由于山陡路险，汽车经常失事，旅运非常困难。王守觉搭乘运送机器的卡车颠簸了十来天才到达李庄。

李庄位于宜宾以东的长江南岸，当时属四川南溪县，现属宜宾市。奔腾汹涌的金沙江、岷江自西而来，在宜宾汇合后即为长江，李庄距宜宾水路 19 千米，背山临水，是一块沿江的狭长平原，为宜宾东下泸州、重庆的水路门户，是长江上游重要的水路驿站，也是川南山区农产品外运的中转站。同济大学迁李庄不久，中央研究院的三个研究所：历史语言研究所、体质人类学研究所筹备处和社会科学研究所，中央博物院筹备处、中国营造学社、金陵大学文科研究所等文化学术单位也相继迁来②，镇上和周围乡村人口激增，文化水准随之提高，李庄成为与重庆、成都、昆明并列的中国四大抗战文化中心之一。

李庄是万里长江第一古镇，有一千多年的历史，镇上有大小庙宇近 40 座，以"九宫十八庙"最有名。同济大学大部分机构安排在镇上的庙宇中，小部分租用私人房屋。校部设在禹王宫（现慧光寺），这里也是学校举办学术演讲的地方（如图 2-4），工学院设在十八庙之一的东岳庙。工学院的男生宿舍在东岳庙东侧和羊街③。当时教学设施非常简陋，师生们

---

① 翁智远、屠听泉主编：《同济大学史（第一卷）》。上海：同济大学出版社，2007 年，第 1、13、67 页。

② 《建筑创作》杂志社、四川省李庄镇人民政府：《图说李庄》。北京：中国建筑工业出版社，2006 年，第 178-215 页。

③ 翁智远、屠听泉主编：《同济大学史（第一卷）》。上海：同济大学出版社，2007 年，第 122 页。

图 2-4　1943 年 6 月同济大学同学在禹王宫听演讲（李约瑟拍摄，李约瑟研究所惠允使用）

用滑轮吊起满身蛛网的神像，集中堆置在后殿，在腾空的大殿支起简易课桌。每个学生要自带一只小板凳，上课时带到课堂，下课后带回宿舍使用，照明只有油灯。

在李庄，师生的生活极为艰苦，学生们十几个人挤在一间茅草顶、竹架棚的宿舍，室内阴暗潮湿。伙食质差量少，有时食不果腹，穿的衣衫破烂，鞋袜短缺[①]。刚进同济大学那年，王守觉体弱多病，无法坚持正常上课。他几乎是只有三分之一的时间是自己去上课，三分之一的时间要在同学搀扶下去上课，另外三分之一的时间是躺在床上，同学们给他起了个"东亚病夫"的绰号。大学第二年起，王守觉开始坚持参加体育锻炼，每天跑步和练习举石担。把石头凿成两个圆饼，中间串一根竹子，就制成了练举重的石担。"我记得我锻炼举重，第一次练习时，三十几斤的一个石担，我一举摔了一跤。身体太弱了。后来锻炼到，一只手举三十几斤都没

①　翁智远、屠听泉主编：《同济大学史（第一卷）》。上海：同济大学出版社，2007 年，第136 页。

有问题，最后双手大概能举起一百四十斤。"[1] 随着举起的石担分量越来越重，王守觉的身体也逐渐好起来，不到两年，彻底改变了多病的体质，成了一个健壮的年轻人。

虽然初上大学时常因生病缺课，但由于有坚实的自学基础和超强的自学能力，王守觉并不感到学习压力，每门功课的成绩都很优秀。王守觉入学时，同济大学工学院有机械、电机、土木、测量四个系和一个造船组。王守觉考入的电机系学制为五年。入学第一年，主要是学习德语[2]。工学院各系一、二、三年级的一些基础课，如高等数学、应用力学、物理、投影几何、机械制图等，均采取多系合班上课。电机系开设的专业课主要有：机械设计、电机设计、电讯网络、电话电报、电工原理、热工学、机动学、工艺学、导线理论等。工学院迁到李庄时，教学设备只剩20余部机器，以后才建立了测量馆、实习工厂、电工试验馆等，可以进行各项实习[3]。

这个时期，同济大学工学院的办学特点是，第一，仍然坚持理论与实际密切结合，各系一年级学生，坚持在工厂进行机、锻、铸、钳、木、泥等方面的实习；第二，继续注重学生基本技能训练，要求工科学生工程制图必须上墨，线条不符合必须重画，习题计算必须精确到小数点后3位；第三，考核严格，补考后仍有一门不及格者留级一年。这个时期工学院还进行了一些力所能及的课题研究和学术交流[4]。

在学习中，王守觉兴趣十分广泛，其他专业同学的教材，他也常拿来阅读。当时工学院多个专业的同学同住在一个大宿舍里，王守觉经常在宿舍参加土木系、测量系等不同系科专业同学的讨论。为了解决一个学习中遇到的问题，他会和外系同学一起仔细推敲教材，演算习题。有时其他专业同学遇到难题还会向他这个外专业的同学求助，这让他颇为得意。在这个过程中，除了自己学习的电信专业以外，其他专业的课程，如土木工程

---

① 王守觉访谈，2011 年 9 月 21 日，北京。资料存于采集工程数据库。

② 同①

③ 翁智远、屠听泉主编：《同济大学史（第一卷）》。上海：同济大学出版社，2007 年，第 127 页。

④ 同②。

中的测量等，他也学了不少，这些在王守觉以后的科研经历中曾发挥过作用。

在基础课学习阶段结束，专业课开设前夕，1945—1946 年王守觉应征参加青年军一年。1944 年，日军在太平洋战争中节节败退，但由于国民党政府的腐败无能，日军在中国仍保持着军事上的相对优势，大举进攻。8 月 8 日衡阳沦陷，12 月 2 日贵州独山失守，震撼陪都重庆。国民党政府继 1944 年组建青年远征军后，再次发起知识青年从军运动。9 月 16 日，蒋介石在国民参政会即席演讲称："国家在此紧急战时关头，要先其所急，使知识青年效命于战场，因为知识青年有知识，有自动判断的能力，队伍中增加一个知识青年，就不啻增加了十个普通士兵。"他号召全国知识青年积极从军，提出"一寸山河一寸血，十万青年十万军"的口号。随后，国民党中央遂决定广泛发动知识青年从军运动，征集知识青年 10 万人。10 月，发动知识青年从军运动会议在重庆举行，会上宣告全国知识青年志愿从军指导委员会成立，蒋介石兼任主任委员 ① 。同时颁布了对知识青年从军者的许多特殊优待条例。如：对在职人员留职留薪；在校学生保留原班学籍；家庭享受抗日军人家属优待等等。

同济大学召开动员大会，学生踊跃响应，共三百多人报名参军，王守觉也在其中 ② 。1945 年 1 月初，王守觉和同济参军同学一起，赴泸县到青年军 203 师受训。后被分配到通讯营当报务员及机务员 ③ 。1946 年，王守觉复员，到已迁回上海的同济大学继续学习。

在电机系的专业课学习中，王守觉印象最深的老师是黄席椿（1912—1986）教授。黄席椿 1936 年毕业于清华大学电机系，后留校任助教。1938 年赴德国留学，先后在德国柏林工业大学和德累斯顿工业大学进修学习，1940 年，获特许工程师学位，后在西门子工厂实习，1941 年 4 月回国。他先任重庆国民政府交通部技术人员训练所教授，后受聘同济大学教授，

---

① 江沛、张丹：战时知识青年从军运动述评.《抗日战争研究》，2004 年第 1 期，第 61-95 页。

② 1-LS-1391.0001，国立同济大学三十三年度（1944 年）自愿从军学生名册。存于同济大学档案馆。

③ 岱峻著：《发现李庄》。成都：四川文艺出版社，2009 年，第 334-340 页。

1943 年秋，接任电机系主任。在电机系，黄席椿几乎承担了弱电方面的所有课程，并从此开始了他为之贡献毕生精力的高等教育事业。抗日战争胜利后，1946 年 5 月黄席椿随同济大学迁返上海，同时兼任大同大学和浙江大学教授。在此期间，他深感国内无线电技术，尤其是微波技术方面的教育甚为落后，便编译了《微波引论》及电磁场方面的教材、参考书多种，并开设了电磁波理论等课程。黄席椿是我国最早从事有关电磁波理论、天线及电波传播教学与研究工作的专家之一 [①]。

黄席椿对教学要求很高，他参照国外的教学内容和方法，授课内容不局限在教材的范围，注重吸收新的研究成果，倡导学生独立学习。"他在课堂上讲的东西和书上的不一样，书上的内容你自己可以去看。考试出的题目有些是书上没有的，考题很难。"在一次电工理论课考试中，由于题目出得太难，全班 19 人只有 3 人及格。王守觉在这次考试中得了 96 分，这让出卷子的黄席椿"震"了一下 [②]，也让他记住了这个聪明好学的高才生。

在同济大学工学院，王守觉的学习成绩一直十分突出。1946 年第二学期，他的机动学成绩 100 分，交流线路 90 分，材料力学 74 分，流体力学 92 分，量电学 85 分，热力学 96 分，工艺学 80 分，各科均列全班第一 [③]。1948 年，王守觉获得国民政府教育部颁发的中正奖学金。该奖学金设立于 1940 年，"奖励全国专科以上清寒优秀学生"，全国每年名额 400 名。教育部令各校甄别学行最优之学生，要求品行端正、体格健全、成绩特优，最后由教育部核定 [④]。中正奖学金和林森奖学金是同济大学 1948 年颁发的最高等级的奖学金，每项各一人。这一年工学院造船系三年级的林杰人获得了林森奖学金。在上报教育部的表格中，王守觉的平均成绩为 88.14 [⑤]。

---

① 汪文秉、黄上恒：黄席椿。见：中国科学技术协会编：《中国科学技术专家传略 工程技术编电子 通信 计算机卷 1》。北京：电子工业出版社，1998 年，第 156-161 页。

② 王守觉访谈，2012 年 5 月 14 日，苏州。资料存于采集工程数据库。

③ 1-CJ-45.0002，卅五年度下学期工学院学生成绩册。存于同济大学档案馆。

④ 《中华民国法规辑要》（第 4 册），第 151 页。

⑤ 1-LS-85.0017 和 1-LS-1340.0003，国立同济大学核给林故主席暨中正奖学金学生名册。存于同济大学档案馆。

图 2-5　王守觉的同济大学毕业证书①

　　1949 年 7 月，王守觉从同济大学毕业（图 2-5）。

　　王守觉十分怀念在同济大学的学习时光，他在这里培养了胸怀祖国、不畏艰难、乐观向上、刻苦钻研的精神，同济大学"求真、务实"的传统对他做人、做学问都有教益②。

　　在曲折的求学经历中，王守觉表现出了自信自强、善于学习、勤于实践等鲜明特点。优越的家庭文化和科学技术氛围，使王守觉自幼视野开阔，父辈和兄长们是他的榜样，他们的经历和成就给他鼓舞和信心，让他志存高远。丰富的动手实践经验，超强的学习能力，扎实的专业学科背景，强烈的探索与解决问题的愿望，这些为他未来的职业生涯提供了广阔的发展空间和成就事业的无限可能。国家遭受外强欺辱，落后挨打的教训，让他和一代有志青年勇于穿越战火，为国求学，以担负起强国的责任和使命。

---

　　①　1-CJ-53.0007，王守觉的毕业证书。存于同济大学档案馆。
　　②　倪颖：万钢校长会见李庄时期校友王守觉院士等。《同济人》，2005 年第 5 期，第 117 页。

对于学习，王守觉特别强调学习能力的培养，他曾说：

要弄懂一个科学问题，往往有两种办法。一种是通过别人的讲解，使自己较快地跟上讲解人的想法。另一种是自己自学，通过自己的思路弄懂问题。这二种方法相比，前者优点是快，后者优点是扎实。现在学习的条件好了，青年人往往有比较完善的学习环境，有老师系统的讲课和辅导。这当然是个很好很重要的有利条件。但是要知道两种方法各有优点，最好是能相互补充。国内外许多著名科学家如法拉第、华罗庚等都是自学成才的。对于自学的好处，我愿谈一下自身的体会。1937年日本侵华战争的炮火剥夺了我上学的机会，那时我才12岁，刚刚念完初中一年级，以后五年间，我只有机会完整地上过半年学。在此期间，做过手工业钳工工作，当过建筑测量的练习生，也生了好久的病。但通过刻苦自学，1942年，以同等学力考进了大学以后，学习中却总是非常轻松地得到班上优秀的成绩，我体会到，这是自学给我带来的好处。

王守觉还特别强调学习中认真思考，要注意记忆与思考并重。

我们在小学学习时总是从记忆开始，包括记取前人经验的总结和自己的直接经验和感受。我们记忆的东西就像工厂进的原材料一样，是非常重要的。但是如果仅仅记住很多东西，充其量只能掌握前人所得的成果和重复自己的经验，并不能产生新的东西。再说大脑中能记住的东西，还往往比不上计算机用的一个几亿比特存储器的磁盘。因此记忆虽然是学习过程中很重要的一方面，但绝对不是它的全部。有些青年同志们把念书片面地理解为把书本上东西记在脑子里，这是非常错误和有害的。要知道学习中，特别是大学以上的学习中，更重要的应该是思考能力的提高。脑子里记忆的东西通过我们自己的思考，产生许多新的想法以及新的理论，这才使我们的认识前进了一步。这就像工厂里原材料经过加工才能产生新的产品。因而，我向青年同志们建议，当你在学习和工作中遇到问题时，不要立刻去问别人或在书上找答案，应该首先自己进行思考。尽量用自己所掌握的知识进行推理分析，求解这个问题。然后再请教别人，或查找书本，对比和检验自己的想法。自己的思考无论是否得到了正确的结果，都会是有益的。参加了工作的青年们遇到工作中的问题，千万不要以为自己花时间思考是浪费时间浪费精力，不如立即从书本上或别人那里找现成的答案快。事实上，这正是锻炼思考，提高工作能力的关键。而且不通过自己的思考，书本上的答案也往往不完全符合所遇到的具体情况。①

王守觉曾多次与青年人谈成长与成才，他以自己的求学经历，告诉青年人要注重自我培养。他曾说：念书关键在于自我培养，自己要有这个责任。我要学本领，不是为爹妈，不是为老师。青年学生学习的任务和目标，就是自我培养，从而成为国家急需的创新型人才。对于如何自我培养，他的回答是，第一，要从思想上培养科学思想方法和创新精神。第二，培养广泛深入思考问题的习惯是培养科学精神和科学思想方法的主要方面。第三，"放下包袱，开动机器"，解除思想上常有的包袱，为培养创新思维创造条件。要克服崇洋媚外的思想，破除对外国的迷信。要树立正确的读书方式，克服对书本权威的迷信。要从名利地位的思想枷锁下解放出来，树立科学的人生价值观②。

---

① 王守觉：如何抓住这科学的春天（手稿）。撰写于 1978 年科学大会后不久。复印件由何春藩提供。资料存于采集工程数据库。

② 王守觉：建设创新型国家的机遇与挑战。见：祁明主编：《同舟济世百年同济校友大讲坛第 1 辑》。上海：百家出版社，2008 年，第 69-78 页。

第三章
初展创新才华

大学毕业后的最初几年，王守觉先后在上海的三家单位工作，在研究工作和生产实践中积累了经验，也取得了很好的成绩，先后当选为上海市劳动模范和全国先进工作者。

在镭学研究所的时光

1948 年底，上海解放前夕，学校已无法开课，王守觉经姐夫陆学善介绍，作为实习生进入当时设在上海的北平研究院镭学研究所工作 [①]。1949年 5 月，上海解放。7 月，王守觉从同济大学毕业，作为新毕业的大学生正式留在所里工作。

北平研究院成立于 1929 年，是 20 世纪上半叶中国两大国立科研机构之一。1932 年初，北平研究院与北平中法大学合作设立镭学研究所，专门从事放射性物质和 X 射线方面的研究工作，是中国在放射学方面的第

---

① 王守觉入所时，设在上海的原镭学研究所刚刚改为北平研究院物理研究所结晶学研究室，但当时还习惯称为镭学研究所。

图3-1　1932年1月严济慈（左一）陪同朗之万（左二）
参观北平研究院物理研究所

一个研究机构。镭学研究所所长由北平研究院物理研究所所长严济慈（1901—1996）兼任。北平研究院物理研究所和镭学研究所实为一个所的两个部分^①，是20世纪上半叶中国活跃的物理学研究机构（图3-1）。

镭学研究所先设在北平东皇城根北平研究院理化楼内，1937年迁至上海福开森路（现武康路395号）。抗战爆发后，由于运输困难，镭学研究所未能西迁，仍留在上海暂行工作。太平洋战争爆发之后，租界被攫，研究工作停止，一部分工作人员辗转入昆明北平研究院恢复工作[②]。

抗战胜利后，受美国有关原子弹和原子科学研究的影响，国民政府在1945年10月17日公布的北平研究院组织条例中，将镭学研究所改为原子学研究所[③]。但由于原子核研究设备需款甚多，北平研究院没有立即对镭学所进行改组。1947年10月，北平研究院物理和镭学二个研究所曾向国民政府呈送了《研究铀元素和原子弹之报告》，内容主要集中在铀矿资源的调研。国防部于1947—1948年间委托镭学研究所进行氧化铀研究[④]，镭学研究所研究员陆学善负责具体研究工作。北研院用此项研究经费，从英国订购了X射线双晶测角仪、X射线高温照相机等仪器设备。1948年9月，北平研究院正式将镭学研究所改为原子学研究所，钱三强任所长。10月，

①　胡升华：北平研究院物理研究所工作述评（1929-1949）.《物理》，1997年第10期，第631页。

②　张逢、胡化凯：北平研究院镭学研究所的研究工作（1932-1948）.《中国科技史杂志》，2006年第27卷第4期，第318-329页。

③　国立北平研究院总办事处编印：《国立北平研究院概况》。1948年，第10页。

④　全宗号：三九四. 卷宗号：00317. 镭所与国防部合作卷。存于中国第二历史档案馆。

北平研究院院长李书华签文通告所属各个研究所，新改建的原子学研究所设在北平，所长为钱三强，原镭学研究所部分改为物理研究所结晶学研究室，仍设在上海[①]，室主任为陆学善[②]。

陆学善 1928 年毕业于国立中央大学（南京大学）物理系，1933 年毕业于清华大学理科研究院，是吴有训的唯一一个研究生。1934 年陆学善赴英国曼彻斯特大学物理系学习，进入 W. L. 布拉格主持的实验室学习晶体学。1936 年获博士学位，当年回国任北平研究院镭学研究所研究员。陆学善最重要的物理学贡献是在应用 X 射线多晶粉末法研究晶体结构和合金相图方面。在英国期间，陆学善与布拉德雷（A. J. Bradley）进行了 Cr-Al 二元合金系的 X 射线研究，首次提出了 Cr-Al 系的完整相图，创立利用晶体点阵常数测定相图中固溶线的方法。1948 年前后陆学善在研究二氧化铀的构造时，改进测定粉末照相中的流移常数方法，创立了一种提高测定点阵间隔精密度的新的图解法，弥补了布拉德雷方法的不足[③]。

陆学善学问精深、治学严谨，为了提高实验结果的精确性，非常注意实验操作的每一环节。为了获得细锐的 X 射线衍射图谱，他曾用细头发丝粘制粉末试样，为了正确判读衍射线的位置，他用蜘蛛丝制作显微目镜中的十字叉丝。因为只有如此细致，得到的实验结果才能是误差最小的。陆学善对所有记录都要求过了若干年后还能看懂记录的内容[④]。

王守觉进入镭学研究所时，正是其改建初期，在上海的结晶学研究室只有陆学善一个研究员，助理研究员有童寿生等三人，技术员有李长春等[⑤]。王守觉入所后跟随陆学善学习 X 射线晶体结构研究。王守觉和几个年轻人员边学习相关理论，边参加实验，大量工作是对实验数据进行计算。由于当时的计算工具只有计算尺，手工计算的工作量非常大[⑥]。

---

① 全宗号：三九四. 卷宗号：9，镭所改为原子学所。存于中国第二历史档案馆。

② 李艳平、王士平、戴念祖：20 世纪 40 年代中央研究院和北平研究院流产的原子科学研究.《自然科学史研究》，2003 年第 3 期，第 193-204 页。

③ 王冰：物理学家陆学善先生传略.《中国科技史料》，1983 年第 3 期，第 76-85 页。

④ 马新生：《二十世纪中国著名科学家书系梁敬魁》。北京：金城出版社，2011 年，第 65-69 页。

⑤ 张逢、胡化凯：北平研究院镭学研究所的研究工作（1932-1948）.《中国科技史杂志》，2006 年第 27 卷第 4 期，第 318-329 页

⑥ 王守觉访谈，2013 年 10 月 24 日，苏州东山镇。

　　时间不长，陆学善让王守觉开展氧化亚铜整流器研究。工作从制备氧化亚铜材料开始。王守觉从市场上购得紫铜片，在高频感应电炉中处理后，铜片上就形成薄薄的一层氧化亚铜。高频感应电炉是晶体学研究中冶制合金必不可少的设备。实验所用的这台是陆学善1936年留学回国不久向英国订购的，到货时已是抗战最艰苦的时期。为了避免日寇的清查没收，陆学善与法租界当局反复交涉，几经周折，最后才从日寇占领的杨树浦码头把电炉运回所里[①]。

　　在反复的实验过程中，王守觉逐渐掌握了制备工艺，他发现，烧制时不仅要向炉内吹入氧气，同时吹入少量氯气，能得到性能更理想的氧化亚铜材料。"材料的处理是很有讲究的，不光是控制温度、气流等，我们做的时候，里头不光是通入氧气，还通一点氯气，这样效果更好。"[②]

　　把交流电变成直流电的过程叫整流，完成这个过程所使用的设备叫整流器。19世纪后期，随着交流发电技术的应用，人们也开始了整流器的研制。最早制成的是一种机械整流器，后来发明了水银整流器。氧化亚铜整流器出现在1920年，是工业技术上采用的第一批半导体整流器。1935年，我国无线电学家倪尚达注意到国际上氧化亚铜整流器的研制和广泛应用，自己设计高温电炉，制成氧化亚铜材料，并对其电学性能和晶体结构进行了研究[③]。王守觉开展研究时，我国还不能自己生产氧化亚铜整流器，只是在国外进口的仪器设备中有使用。

　　导电性介于导体和绝缘体之间的材料称为半导体材料。20世纪30年代，当材料的提纯技术改进以后，半导体材料被逐渐认识和利用。半导体材料种类很多，常见的有硅、锗、砷化镓等，其中硅是各种半导体材料中在商业应用上最具有影响力的一种。除了整流特性外，半导体材料还具有掺杂性、热敏性、光敏性、负电阻率温度特性等，对这些性质的逐渐认识和半导体器件的研制，逐渐打开了电子学技术的广阔领域。氧

---

① 王冰：物理学家陆学善先生传略。《中国科技史料》，1983年第3期，第76-85页。

② 同①。

③ 倪尚达：第一氧化亚铜整流器，见：戴念祖主编：《20世纪上半叶中国物理学论文集萃》，长沙：湖南教育出版社，1993年，第149-154页。

化亚铜是被认识较早的一种半导体材料，用它制作整流器是利用了其整流特性。

王守觉的研究工作很快取得进展，结晶学研究室的其他人员也加入了这项研究。陆学善对结晶学室的氧化亚铜整流器研究有过这样的记述：

> 前北京研究院上海结晶学研究室，自上海解放后，为配合建设的实际需要，除结晶学的研究工作外，就从事氧化亚铜整流器的制造、改良和理论研究，在该室全体员工的高度合作下，得到了极大的发展，到现在为止，他们所试制氧化亚铜整流器的品质，经过多次改进，已经超出了有二十多年研究改良历史的英美制品的水准。目前，该室因配合本院调整计划，为了将来更容易工作起见，不得不将一切研究工作暂时停顿一下。现在正展开加紧拆卸仪器和整箱的热潮，所以大规模制造的设计和理论的研究，将待迁至北京继续进行。[1]

氧化亚铜整流器由于效率低，寿命短，很快被以后出现的硒整流器所代替。20 世纪 40 年代发明了锗整流器，50 年代后期出现了硅整流器。硅整流器在性能上超过了以往的任何半导体整流器，逐渐得到广泛应用。

1951 年，陆学善撰文指出，半导体当时已成为国际物理学研究的新热点，不仅促进了对固体导电现象的认识，也开辟了应用的新天地，在电工方面显示着无限的发展前景，他还特别指出晶体管的发明将具有深远影响[2]。

1949 年 11 月 1 日，中国科学院（中科院）成立。1950 年 2 月上旬，中科院决定将原中央研究院物理研究所与北平研究院物理研究所合并，组建中国科学院应用物理研究所（应用物理所）。是年 5 月 19 日，政务院任命严济慈为中国科学院应用物理研究所所长，陆学善为副所长。1950 年 8

---

① 陆学善：前北京研究院上海结晶学研究室最近动态。《科学通报》，1950 年第 2 期，第 72 页。

② 陆学善：半导体。《物理通报》，1951 年第四、五、六合刊，第 190–196 页。

月 15 日，中国科学院应用物理研究所正式成立，所址设在北京东皇城根。应用物理所成立后，上海的结晶学研究室改为中科院应用物理所结晶学室，1950 年迁往北京。王守觉因为家中母亲年迈，还有两个幼小的孩子要照顾，没有随研究室一起迁至北京。他先留在上海做最后的扫尾工作，12 月，正式向严济慈所长辞职，准备在上海另找工作。

在镭学研究所两年的工作，特别是氧化亚铜整流器的研制，使王守觉进入到半导体研究领域，为他后来的研究工作打下基础。

铁路自动信号系统设计

1951 年年初，王守觉应聘上海新成电器厂股份有限公司，任工程师，后在该厂工作了两年。新成电器厂开设于 1948 年 10 月，董事长是上海信合纱厂的创办人周志俊[①]，公司位于上海市闸北中山北路 1278 号，建厂时仅有员工 30 余人，1950 年员工已近 70 人，以制造各种弱电流器材为主要业务。除承接定货外，还出品金星牌电锤，改装、制造水表和电度表，承揽铁路号志（railway signal 的旧译，现称铁路信号，或者铁路通信）工程等[②]。1956 年公私合营时该厂有员工 200 余人，公私合营后改为上海机电仪表公司下属的股份有限公司[③]。

王守觉在报上看到新成电器厂招聘工程师的启示就前往应聘，接待他的是经理兼主任工程师王启贤。王启贤 20 世纪 30 年代初毕业于上海交通大学电机系，后留学美国卡耐基工程大学，获理学硕士。曾在美国联合铁

[①] 周志俊（1898-1990 年），安徽省至德县（今东至县）人，近代爱国实业家周学熙次子。幼年随祖父和父亲寄居青岛，倍受先辈思想熏陶，并走上经营民族工商业的道路。抗战胜利后，周志俊为实现"实业救国"的愿望，建立"三新"工厂（新安电机厂、新成电表厂、新业制酸厂）。见：安徽省政协《安徽著名历史人物丛书》编委会：《安徽著名历史人物丛书（第 5 分册）：科坛名流》。北京：中国文史出版社，1991 年，第 296-305 页。

[②] S21-4-66，上海市电工器材工厂行业工会会员登记表（1950 年）。存于上海市档案馆。

[③] S24-4-7-28，新成电器厂企业概况表（1956 年）。存地同[②]。

道号志（信号）公司任实习工程师。抗战时期，王启贤曾任中央大学电机系教授，重庆中国机电化工厂经理等职[1]。王守觉与王启贤一见如故，很谈得来。从应聘的工作，工厂的生产情况，谈到各自的求学和工作经历。王守觉感到，这位老板资历老，有学问。王启贤则对王守觉的学习和工作经历十分满意，特别是对王守觉研制氧化亚铜整流器的工作经历非常感兴趣。王启贤当即邀请王守觉到新成电器厂工作，王守觉也欣然接受。

在新成电器厂，王守觉承担过多项工作。最初，他负责氧化亚铜整流器的研制，把在镭学研究所的研究成果用到厂里的产品设计和生产中。他完成的最重要的工作，是设计并指导建设了衡阳火车站的铁路自动控制系统——铁路自动闭塞系统。

衡阳火车站建成于1935年10月，是京广铁路及湘桂铁路的枢纽车站。1950年，被列为全路主要编组站之一进行扩建，新成电器厂承接了其信号系统的改造工程。铁路信号系统担负着路网上各种行车设备状况的信息传输和调度指令控制的作用，其主要功能是保障行车安全和提高运输能力。

"闭塞"是铁路上防止列车对撞或追撞（追尾）的方式。由于火车列车的制动距离长，要将铁道划分为区块（闭塞区间），同一个区间内只能驶入一列列车，以防事故，这称为闭塞。闭塞是铁路上列车安全运行的基本要求，闭塞系统是铁路信号系统的主要设备组成。新中国成立前，我国铁路闭塞方式多为人工闭塞和半自动闭塞，铁路信号系统设备制式杂乱，成为英式、俄式、日式等各国铁路信号器材的大博览地[2]。

在衡阳站信号系统改造中，使用的器件均由新成电器厂自己制造生产，王守觉负责设计完成其自动闭塞系统，解决了氧化亚铜整流器制造的工艺技术问题[3]。

铁路自动闭塞系统要做到：当闭塞区间被列车占用时，红色信号灯亮起，即表示该区间有火车存在；当闭塞区间空闲时，绿色信号灯亮起，表

① D52-2-89-130，王启贤上海市普陀区人民代表大会代表履历表（1954年）。存于上海市档案馆。

② 陈广存主编：《铁路信号概论》。北京：中国铁道出版社，1995年，第1-2页。

③ 王守觉访谈，苏州，2014年7月11日。资料存于采集工程数据库。

示该区间无火车存在。为了安全，当发生任何故障时，都必须是红灯亮起，而不可以是绿灯。铁路信号系统要求供电可靠、稳定。可以在两条铁轨上加一个电压，当火车行驶在闭塞区间内时，接通电路，控制信号灯，但如何给铁轨供电是一个技术难题。王守觉创新性地提出将蓄电池浮充①于两铁轨上。按照王守觉的工艺设计，新成电器厂生产了国内首批电池浮充用系列固态整流器，解决了自动闭塞系统中上百个自动控制系统的供电问题。

"继电器"是自动控制系统中使用的一种电磁开关。它有两种状态：在线圈内有规定值电流流过时，闭合几组接点（前接点），用它反映继电器在吸起状态；在线圈内无电流或电流值达不到要求时闭合另几组接点（后接点），用它反映继电器在释放状态。在信号安全电路中使用的继电器，必须是安全型继电器。其设计要保证：绝对禁止前、后接点同时闭合；绝对禁止前接点因故障闭合；后接点闭合牢固，禁止其因列车振动等原因而离开。这样可以保证，发生任何故障时，都接通红色信号灯，断开绿色信号灯②。"一般自动控制系统中的继电器，通电时被吸起，断电时释放，释放可以用弹簧。铁路自动闭塞系统要确保在没有电流时，继电器能百分之百断开落下，继电器放开就不能用弹簧的弹力，一般要用重力。我们设计制作的，用在衡阳火车站自动闭塞系统中的继电器，每一个都有一大块重重的衔铁，这样没有电流时能保证继电器落下。"③

在新成电器厂，王守觉被聘任为主任工程师，每月工资涨到 240（万）元④，成为厂里最高的。这个待遇在当时的上海也是不错的。按照1955年上海的住宅租金标准，每平方米公寓为人民币四分钱到八分钱，一般住宅二分钱到五分钱，里弄房最低仅需一分钱。即使租住二百平方米最高标准的公寓房，每月房租也不到 20 元⑤。

――――――――――

① 浮充：蓄电池组的一种供（放）电工作方式，可随电源线路电压上下波动而进行充放电。

② 陈广存主编：《铁路信号概论》。北京：中国铁道出版社，1995 年，第 59 页。

③ 王守觉访谈，苏州，2014 年 7 月 11 日。资料存于采集工程数据库。

④ 1955 年人民币改革，人民币旧币 1 万元兑新币 1 元。

⑤ 《青年江泽民在上海》编写委员会编：《日出江花：青年江泽民在上海（第 3 分册）：记江泽民同志与一机部第二设计分局》。上海：上海人民出版社，2009 年，第 20 页。

参加国家基本建设

在国民经济迅速恢复和发展的基础上，国家开始编制发展国民经济的第一个五年（1953—1957）计划。在这个计划中，重工业发展放在了首位。为落实计划的内容，从中央到地方，都参照苏联模式，着手进行部委构建和组织编制，同时展开大规模的基本建设。1952年8月第一机械工业部成立，其首要任务就是整合行业内外相关资源和人才，建立适合新时期基本建设所需的组织体制，承担起新中国机械工业布局和建设的重任。当时基本建设任务十分巨大，力量却十分薄弱，需要调集优秀的干部、技术人员和技术工人投入到基本建设部门。

1953年，第一机械工业部设计总局成立，下设四个分局，其中第二分局设在上海，由上海机器设计处、华东电工局设计处和中央船舶工业局设计室合并组成。上海市69个私营企业的140多位工程技术人员，响应党和政府号召，志愿参加国家基本建设设计工作，先后来第二设计分局报到，王守觉是其中一员。共和国如同朝阳般美好的前景，激起无数知识分子和工程技术人员投身建设事业的热情。

这个时期，第二设计分局规模庞大，是上海地区技术力量最为雄厚的单位之一。第二设计分局技术人员基本由三部分组成，最高一级的是各厂来的总工程师、设计师和技术负责人，他们多为20世纪40年代初期的大学毕业生，不少人还有留学和海外工作经历；第二部分是工程师和技术骨干，一般是20世纪40年代中后期的大学毕业生；第三部分是1952年和1953年分配来的大学毕业生。此外还有社会上招聘来的描图员、制图员。第二设计分局下设专业设计科室有：金工装配科、铸造科、锻工热处理科、电器专业科、设备设计科、总图运输科、动力科、卫生技术科、技术经济科和建筑科；另设六个管理职能科：办公室（总务科、秘书科、会计科）、总工程师室、人事科、计划科、技术资料科、设计整理科。此外还有一个勘测队。第二设计分局的主要任务是承担基本建设的设计，如工厂企业的新建和扩建设计。当时，中国还没有工厂设计这门学科，资料和人才一片空白。工厂设计是以工厂企业为设计对象，以制造工艺为主导，涉及总图、规划、公用、土建等多个专业领域的综合设计。需要评估地质地貌、水文气象、交通通讯、动力源和给水排水等相关条件，满足生产规模、生产纲领及工艺过程等特定要求 ①。

刚调入第二设计分局时，王守觉先在动力科做描图员。由于能力突出，又加上得知他在原单位担任过主任工程师，很快他就参加了设计工作。一年后，1954 年王守觉担任动力科电讯组的主任设计师，次年任电讯组组长（图 3-2）。

图 3-2　王守觉（前排右一）在第二设计分局与同事合影

工程设计是中国工业化进程中的起步第一关，最初并非一帆风顺。20 世纪 50 年代初期，随着建设工作的逐渐展开，出现了一些盲目施工造成巨大损失的案例，成为社会关注的热点之一。1951 年 6 月 16 日《人民日报》载文"东北第三造纸厂前年进行基本建设时盲目施工造成巨大损失" ②。文章说，该厂在 1949 年开始的大规模修建中，对于若干工程没有周密设计即盲目施工，使工程发生重大的挫折，既浪费了国家的建设资金，又延误了生产任务。其中最严重突出的例子是，安装蒸煮原料的椭圆形大铁罐——木釜工程的错误。木釜是造纸厂的最主要工程之一，该厂五个木釜每个重达 120 吨，高 12 米，但其基

---

① 《青年江泽民在上海》编写委员会编：《日出江花：青年江泽民在上海（第 3 分册）：记江泽民同志与一机部第二设计分局》。上海：上海人民出版社，2009 年，第 9-24 页。

② 石果：东北第三造纸厂前年进行基本建设时盲目施工造成巨大损失。《人民日报》，1951 年 6 月 16 日，第 1 版。

础最初建造的不足三米，而初选厂址地层三米下就是砂石层，当时根本不能建造地基。最终只得更换厂址，重新建造厂房。当日的《人民日报》还配发社论"没有工程设计就不可能施工"①，指出工程设计是一件综合性的非常细致复杂的组织工作和技术工作，必须引起重视，认真学习和积累经验。这期间《人民日报》连续刊载了许多没有经过周密设计，甚或根本没有设计就动工，导致基建工程失败的例子，陆续披露了一些在工厂设计中出现的失误。如选择厂址时走马观花，认为有水有电可供利用，铁路交通方便，就决定了地址。等到修好了工厂专用铁路，盖好了两幢仓库，运来了建厂所用的材料和部分设备，才发现此地曾发生地震，只得另选厂址。还有的设计的铁路与车库标高不一，相差虽然只有 0.6 米，可是所有货物都需要搬上搬下。也有把锅炉建在全厂最忌灰尘的绝缘材料车间的上风，对产品质量造成很大影响。

工厂设计要统筹生产的各个方面，任务繁重，这对新成立的第二设计分局是一个大的挑战。在完成的许多大的项目中，上海电机厂扩建是第二设计分局成立不久承接的一个大工程②。

王守觉领导的动力科电讯组由十几个人员组成，负责工厂的电话系统和安全系统的设计。王守觉完成了国内自制的火警受讯台线路设计。该系统可以报警火灾的发生，显示火灾发生的地点，并有一套独立于普通电话系统的通讯系统。

在所承担的电讯设计任务中，王守觉的一个重要创新是将设计书表格化，用简明的表格代替冗长的文字叙述。随后，他把电讯设计项目进行分类，分解为一个个模块，按照模块进行设计。对每一个模块将零件图纸标准化，编制标准电讯施工图。针对具体设计任务，再按照模块进行组合。这套工作方法，大大压缩了设计工时，提高了图纸重复利用率。"第二设计分局主要是设计工厂，它的产品就是投资建设工厂的设计。本来设计图是要一张一张的分开画，后来我提出来，将设计进行模块化，就是一个一

---

① 社论：没有工程设计就不可能施工.《人民日报》，1951 年 6 月 16 日，第 1 版。

② 《青年江泽民在上海》编写委员会编:《日出江花：青年江泽民在上海（第 3 分册）：记江泽民同志与一机部第二设计分局》。上海：上海人民出版社，2009 年，第 25-35 页。

个模块地设计。把各个模块准备好了以后，几个模块拼起来就完成一个工厂的电讯设计。这个结构模块的采用，类似于现在的集成。"①王守觉记得，他先后参与了第二设计分局承担的上海电机厂、上海汽轮机厂、上海锅炉厂等大型建设项目的设计任务。他的这套方法大大提高了工作效率。

在工作中王守觉利用以前学到的知识，解决了很多难题。在同济大学，他曾学习过测量系的一门课程——用图解法解方程，这时就用到了设计中。如，架设电缆，要考虑电缆线的热胀冷缩。电缆如果拉得太紧天冷后会拉断，放得太松天热时又会下垂得过低。确定放线时下垂的合适高度，要考虑施工时的温度、电杆之间的距离、电缆线的材料等。这可以根据方程计算，但比较麻烦。王守觉就用图解法，先画出曲线，再用三角板画出切线，很快就能得到结果。王守觉有一把使用了多年的计算尺，是上大学时买的旧货，工作后很多年一直带在身边，遇到问题，特别是不需要很准确时，他就用计算尺拉一拉，简单算算，即使后来有了计算机，再复杂的方程计算也不算什么，他也还是常常拿起计算尺来先算个大概。②

在第二设计分局，为了能看懂苏联的技术资料，王守觉开始学习俄语。当时电台有一档俄语教学节目，每天早上七点开始播出，王守觉曾坚持收听学习，他也参加过第二设计分局组织的俄语速成学习班。

1955—1956年，王守觉在《电世界》杂志发表了多篇介绍新型设备装置的文章："木工加工中的几种动手工具""高频链形电锯""电刨""高频感应加热设备""电磁探伤器""X光及其设备""电钟常识""交流电钟""直流电钟的原理及构造"等。这些文章的内容大多与工厂设计有关，但并不是工作的直接需要。文章根据英文、俄文等外文文献整理撰写，介绍这些设备的工作原理。

在这些文章中，关于电钟的几篇非常有趣。由于当时普通钟走时还没有现在这么准确，而很多地方，如在铁路系统中，需要走时一致的钟，因此就使用一种称作母子钟的电钟系统③。王守觉在文章中介绍说，直流母

---

① 王守觉访谈，苏州，2012年10月17日。资料存于采集工程数据库。
② 王守觉访谈，苏州，2013年10月24日。存地同①。
③ 王守觉访谈，苏州，2014年7月11日。存地同①。

子钟系统是电钟站里的母钟用送出的脉冲电流来控制很多子钟的动作，使这些子钟都跟着母钟走动。当时一种苏联制造的母子钟，母钟可带动子钟达60只[①]。在他的"电钟常识"一文发表后，读者纷纷致信《电世界》编辑部，表示很感兴趣并希望能深入了解有关知识。《电世界》遂请王守觉分别撰文，介绍交流电钟和直流电钟的结构、运行原理及特性[②]。

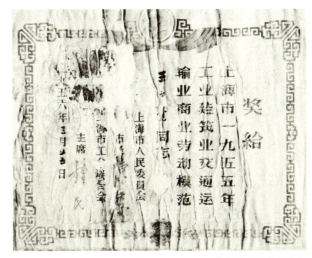

图3-3　王守觉当选1955年上海市劳动模范的奖状

1956年，王守觉被评选为"上海市一九五五年工业建筑业交通运输业商业劳动模范"（图3-3，3-4）。

在上海档案馆保存着王守觉的劳动模范登记表（图3-5）。表中这样描述王守觉的模范事迹[③]：

王守觉同志积极钻研业务，改进工作方法，推行设

图3-4 王守觉当选1955年上海市劳动模范的奖章

---

①　王守觉：直流电钟的原理及构造。《电世界》，1955年第1-12期，第330-332页。

②　编者：编者按。《电世界》，1955年第1-12期，第330页。

③　C1-2-1589，上海市一九五五年工业、建筑业、交通运输业、商业劳动模范登记表。存于上海市档案馆。

图3-5　王守觉劳动模范登记表

图3-6　王守觉当选劳动模范时的照片（摄于1956年）

---

①　C1-2-1589，上海市一九五五年工业、建筑业、交通运输业、商业劳动模范登记表。存于上海市档案馆。

计书表格化。用简明的表格代替冗长的文字叙述，并把设计项目适当分类使工厂电讯技术设计工时压缩两倍半。并编制标准电讯施工图，将零件图纸标准化，提高图纸重复利用率70%以上。

同时，由于他虚心学习参照苏联书籍，利用业余时间设计了国内自制的火警受讯台线路，并克服制造上的困难，使顺利地运用到设计的工厂中。

王守觉同志同时很重视培养技术工作人员，一个新来组十个月的一级助理技术员，在他帮助下单独完成了第一个厂的电讯工程施工图，未发生设计质量事故。

评委会的意见是："该同志工作上主动创造精神较好，在简化设计以及重复使用图纸方面有一定贡献，其所领导的小组也有很大进步。"①

1956年，上海多家报纸都刊登了评选劳动模范的消息，王守觉佩戴劳动模范奖章的照片和其他劳模的照片一起在上海最繁华的街道两旁悬挂了数月之久（图3-6）。

1956年4月，王守觉还获得了中华人民共和国第一机械工业部、中华人民共和国第三机械工业部及中国第一机械工会全国委员会联合颁发的奖状（图3-7），奖状内容是："奖给王守觉：积极学习政治文化技术为建设祖国现代化的机械工业而奋斗"。

　　1956年4月30日至5月10日，全国先进生产者代表会议在北京举行，会议代表5556人。中共中央、国务院授予全国先进集体称号853个，授予全国先进生产者称号4703人。王守觉作为全国先进生产者代表与会（图3-7，3-8）。4月30日，会议在北京体育馆开幕。毛泽东、刘少奇、周恩来、朱德等出席。中华全国总工会主席赖若愚主持开幕式，国务院副总理李富春致开幕词，中央书记处书记刘少奇致祝词。大会期间，全国妇联主席、团中央书记、中国科学院院长、国务院各办公室主任作了专题报告。

图3-7　王守觉1956年全国先进工作者代表奖状

　　在会上，王守觉碰到了苏州东吴大学附中的初中同学、核物理学家陆祖荫和通信工程师徐乃英。大家都为获此殊荣而高兴。

　　对在第二设计分局的工作经历，王守觉是这样看的：

图3-8　王守觉1956年获得的先进个人奖章

　　每个人的机遇都不一样，只要你努力地干，就不要怕有才不遇，总有你发挥的机会。

　　我做事情有些和别人不一样的地方，拿到任务后，我不是先看文献，我是先分析任务，看看哪些部分有办法完成，哪些要想新办法来完成，自己实在解决不了的，再查文献。这和我读书是一样的，自己想办法印象深刻，学到的知识以后还可用在解决其他问题上。①

　　在第一机械工业部第二设计分局的几年时间里，在繁忙的工作中，王守觉进一步丰富了实践工作经验。在这个过程中，他一方面凸显出杰出的创新才华，特别是很强的解决问题的能力；另一方面也开始显示出了他的组织管理能力，他乐于帮助新手，善于组织团队合作攻关。

　　大学毕业短短几年，王守觉已经成长为一个视野开阔、经验丰富、成就卓著且更加充满自信的杰出工程技术人员。对于这几年的多次工作变换，王守觉说：

　　我参加工作不久，全国就解放了，当时我国科技人员比较少，随着国家建设事业的迅速发展，从1949—1956年间，我调动过多次工作，从作科研工作到工厂产品设计，随着国家基本建设的开展，又做过基本建设设计工作。1956年又被调回科研工作岗位，进行新的科研工作，在每次工作调动过程中，我都花了极大地努力适应新工作的需要。几次调动工作，这些努力是否都白白浪费了呢？不，我的体会是，几次工作调动，在知识面广度上打下的基础，都为我在后来的研究工作中的深入创造了非常有利的条件。②

　　王守觉以自己的经历寄语青年科技工作者要正确理解科学技术知识中深和广的关系。他说：

　　从事科技工作的青年同志往往对跟自己正在进行的直接有关的问

────────────

① 王守觉访谈，2014年7月12日，苏州。资料存于采集工程数据库。

② 王守觉：如何抓住这科学的春天（手稿）。撰写时间1978年科学大会后不久。手稿复印件由何春藩提供。

题十分关心，这是很必要的。但是，对跟自己正在进行的工作没有直接关系的学术问题，有些同志就极不关心，不感兴趣。这就影响了这些同志在科学知识广度上的范围。毫无疑问，作为专业的科学技术人员，应该把掌握科学知识的深度放在首要地位。但对一个科学问题的深入研究，往往涉及的知识面也愈来愈宽。因此科学知识面的广度往往也是保证深度的必要条件。①

大学毕业后的几年中，王守觉两易工作，但不管是在研究机构还是在生产单位，无论是做研究还是搞设计，他都能很快适应工作要求。他积极响应国家的号召，放弃优越的工作待遇，投身国家基本建设。他在工作中积极主动，大胆创新，能够把理论知识应用到工作实践中，表现出很强的解决实际问题的能力。同时，他对各种新技术有很强的好奇心，广泛学习钻研。

---

① 王守觉：如何抓住这科学的春天（手稿）。撰写时间为 1978 年科学大会后不久。手稿复印件由何春藩提供。

第四章
研制半导体器件

　　1956 年，王守觉从上海一机部第二设计分局调入北京中国科学院。在此后大约十年时间里，他组织领导和参与研制成功的半导体器件屡创国内第一，应用于"两弹一星"等多项重大国防建设项目。

向科学进军

　　王守觉到北京参加全国先进工作者会议的 1956 年，中国吹响了向科学进军的号角。是年 1 月 14—20 日，中共中央召开关于知识分子问题会议，周恩来代表中共中央作了《关于知识分子问题的报告》。报告分析了国家面临的加速发展社会主义经济的任务，对知识分子问题与这一任务的关系进行了全面深入的阐述。报告指出，知识分子在迅速发展的社会主义建设事业中的作用日益重要，要迅速扩大知识分子队伍。世界科学技术在一日千里地发展，人类面临着一个新的科学技术和工业革命的前夕，我国必须赶上世界先进水平，要在第三个五年计划期末，使我国最急需的科学部门接近世界先进水平。

报告首次谈到，国家正在制定中长期科学技术发展规划，"国务院现在已经委托国家计划委员会负责，会同各有关部门，在 3 个月内，制定 1956 年到 1967 年科学发展远景计划。在制定这个远景计划的时候，必须按照可能和需要，把世界科学的最先进的成就，尽可能迅速地介绍到我国的科学部门、国防部门、生产部门和教育部门中来，把我国科学界所短缺而又是国家建设所最急需的门类尽可能迅速地补足起来，使 12 年后，我国这些门类的科学和技术水平，可以接近苏联和其他大国。"1 月 20 日，会议的最后一天，毛泽东发表讲话，号召为迅速赶上世界科技先进水平而奋斗 [①]。

1 月 25 日，毛泽东在最高国务会议上讲话："我国人民应该有一个远大的规划，要在几十年内，努力改变我国在经济上和科学文化上的落后状况，迅速达到世界上的先进水平。" [②] 同月 30 日周恩来在第二届全国政协第二次全体会议上发出"向现代科学技术进军"的号召。

3 月，国务院科学规划委员会正式成立，陈毅任主任，李富春、郭沫若、薄一波、李四光任副主任，张劲夫任秘书长。在周恩来、陈毅、李富春、聂荣臻等的领导下，我国集中了全国上千位科学家，制定 1956—1967 年国家十二年科学技术发展远景规划。6 月，《1956—1967 科学技术发展远景规划纲要（草案）》制定完毕，在征求意见的基础上，1957 年初下发全国实施。

周恩来在《关于知识分子问题的报告》中提出，为了向科学进军的计划，要采取一系列最迅速最有效方法，其中，对于中科院的发展，要"集中最优秀的科学力量和最优秀的大学毕业生到科学研究方面。用极大力量来加强科学院，使它成为领导全国提高科学水平、培养新生力量的火车头。" [③]

为了科学远景规划的实施，国家有计划地调集一批科学力量，包括派遣赴苏联学习，从其他岗位调到科学研究岗位等，并在 1956 年和 1957 年

---

① 周恩来:《周恩来关于知识分子问题的报告》。北京：人民出版社，1956 年，第 38–39 页、第 1–3 页。

② 毛泽东:《建国以来毛泽东文稿》第 6 册，北京：中央文献出版社，1992 年，第 23 页。

③ 周恩来:《周恩来关于知识分子问题的报告》。北京：人民出版社，1956 年，第 40 页。

基本到位。

在参加全国先进工作者会议后不久，王守觉接到调令，于 1956 年末，从上海第一机械部第二设计分局调入北京中国科学院。他调到中科院原本是要调入计算技术研究所搞计算机的，可报到时，计算技术研究所的筹建人员都随科学院考察团到苏联去了，中科院人事局就安排他先到应用物理所工作。几个月之后，计算技术研究所筹建人员从苏联回国，物理所副所长陆学善询问王守觉是否要到计算技术研究所工作。王守觉认为"物理所的工作虽然与研究计算机大相径庭，但是都属于科学技术门类"，便决定留在应用物理所 ①，进入刚刚成立的半导体研究室。从此王守觉投身我国半导体器件和电子学研究，取得了一系列成果，他也为我国计算机的早期研制做出了直接贡献。

中国半导体科学技术事业的创立和早期发展与《1956—1967 科学技术发展远景规划纲要（修正草案）》（简称十二年科学远景规划）的制定和实施密切相关，该纲要集中阐述半导体科学发展的是其第 40 项任务——半导体技术的建立：

> 首先保证尽速地掌握各种已有广泛用途的半导体材料和器件的制备技术，同时进行与制备技术密切联系的研究工作，在这基础上逐步开展更基本而更深入的研究，以扩大半导体技术的应用范围及创造新型器件。在开始阶段，解决锗的原材料和提纯问题，以及掌握和发展锗和硅电子学器件的制造和应用技术是本任务的首要工作。希望一、二年内能掌握制造纯锗单晶体的方法以及实验室内制造几种放大器的工艺过程。二、三年后开始大量生产各种类型的锗的器件。其他如光电和热电器件、发光和磁性材料以及铁电体等问题都应当首先掌握并改进已有的制备技术，然后逐步深入研究。
>
> 计划在十二年内不仅可以制备和改进各种半导体器材，创造新型器件，并扩大它们的应用范围；而且在半导体的基本性质与新材料的

---

① 王守觉访谈，2011 年 10 月 1 日，北京。资料存于采集工程数据库。

研究上都展开系统的和广泛的工作。①

在制定十二年科学远景规划时，全国科学规划委员会还提出了"发展计算技术，半导体技术，无线电电子学、自动学和远距离操纵技术的紧急措施方案"（简称"四项紧急措施"），对发展这四个领域的科学技术提出了具体的目标和任务。

中国科学院承担四项紧急措施任务后，经过和有关部门协商，决定筹建专门的研究机构，分别开展四个新科学技术领域的研究。1956 年 8 月 18 日，中科院提出，筹建计算技术、电子学、自动化及远距离操纵等三个研究所，同时在应用物理所成立半导体研究室。中科院的筹建计划上报一周后，陈毅就于 8 月 25 日批示："同意办。"② 8 月，以应用物理所电学组为基础扩建成立了半导体研究室，王守觉的哥哥王守武任研究室主任，研究室下设半导体材料、半导体器件、半导体光热电三个组。应用物理所半导体研究室是我国第一个专门的半导体研究机构③。

半导体研究室成立后，人员很快得到扩充，当年就积极争取到刚回国不久的吴锡九、成众志到室工作。王守觉调入不久，1957 年留美归国的林兰英也进入半导体研究室。另外，还从其他研究机构临时抽调了部分人员，参加锗晶体管研制工作④。

半导体研究室不仅在应用物理所内开展半导体科学技术研究，还担负着联合全国各研究机构、大学及工业部门的有关单位和人员集体攻关，共同完成科学远景规划纲要中的相关任务，同时也担负着为我国半导体科学技术发展培养研究人才的任务。

————————————

① 国务院科学规划委员会起草：一九五六——一九六七年科学技术发展远景规划纲要（修改草案）。见：中共中央文献研究室编，《建国以来重要文献选编（第九册）》。北京：中央文献出版社，1994 年，第 486-487 页。

② A013-1，发展计算技术，半导体技术，无线电电子学、自动学和远距离操纵技术的紧急措施方案。存于北京中国科学院档案馆。

③ 王扬宗，曹效业主编：《中国科学院院属单位简史（第一卷）》。北京：科学出版社，2010 年，第 621-628 页。

④ 王守武：半导体所的孕育和发展。见：中国科学院半导体研究所建所四十周年纪念文集编委会编，《中国科学院半导体研究所建所四十周年纪念文集》。内部资料，北京：2000 年，第 18 页。

到应用物理所后，由于以往的工作经历和成绩，王守觉定职高级工程师[①]，级别相当于副研究员。当时，一般只有国外留学回来的博士才有可能定这个职称。对于自己没有留学背景这一点，王守觉一点也不感到自卑，他自信洋博士能解决的问题，自己也一样能解决[②]。

初到北京，王守觉和一批来中科院进修和工作的研究人员一起住在科学院招待所。他似乎又回到了西南联大时期的学生生活，住宿舍，吃食堂，看文献，做实验。工作之余大家常在一起交流各自的专业和工作经历。这个时期在应用物理所半导体研究室进修的陈星弼[③]回忆说：

> 我当时在王先生下面工作，他是我的领导，当时研究室在一间大概只有14平方米的房间，里面有8张桌子，我就坐在王先生后面。王先生非常厉害，他的实验经验，动手能力不是一般人能想象的。比如，办公室的门打开后总是关不好，王先生一弄就能关好了。还有，一块锡，王先生用牙"嘎巴"一咬，听声音就知道是不是纯锡。我们非常佩服他。王先生还经常出一些非常难的智力问题考我们，也和大家下象棋等，当然下棋这些我不是他的对手。[④]

在苏联学习

中国半导体科学技术事业建立初期，注意学习了苏联的研究成果和发展经验，采取了翻译苏联的半导体论著，赴苏考察，选送进修生、留学生

---

① 何春藩：王守觉。见：中国科学技术协会：《中国科学技术专家传略（工程技术编）电子、通信、计算机卷1》。北京：电子工业出版社，1998年，第502页。

② 王守觉访谈，2013年6月7日，苏州工业园区。资料存于采集工程数据库。

③ 陈星弼（1931-），半导体器件及微电子学专家，中国科学院院士。1956年陈星弼到中科院参加进修。见：电子科技大学党委宣传部编著：《中国半导体功率器件领路人中国科学院院士陈星弼传略》。成都：电子科技大学出版社，2010年，第32页。

④ 陈星弼访谈，2013年6月10日，苏州工业园区。资料存于采集工程数据库。

等方式。

1956 年年底，中国科学院派出由严济慈为团长的赴苏考察团，其中王守武、洪朝生、成众志、吴锡九、乌拉、庄蔚华、周帅先、廖德荣和翻译尹道乐等九人[①] 参加半导体方面的考察。在两个多月的考察中，考察小组参观了八个研究所、一个实验室、四个工厂和五所高等学校。苏联半导体科学技术起步于 1930 年左右，在半导体光电效应和温差电效应的研究与应用方面有长期的研究积累和重要成果，在温差电效应理论、温差发电器及温差致冷器、硫化物光敏电阻、光电池方面的研究都处于世界领先地位。1950 年，苏联开始半导体电子学器件方面的研究，苏联科学院在 1950—1953 年初步解决了锗的提纯与单晶制备，及中频合金结三极管的试制[②]。

赴苏考察使我国科学工作者对苏联的研究情况有了较全面和深入的了解，这对发展我国的半导体科学技术提供了借鉴，也为派遣留学生、实习生等工作打下基础。半导体组考察后建议，把发展半导体电子学作为我国半导体科学技术发展的主攻方向，认为其是当时最有应用前途的领域，而在半导体材料研究方向要积极发展硅材料[③]。这一认识对我国半导体事业的初期发展起到了积极作用。

从 1956 年制定十二年科学远景规划开始，"苏联专家一直建议我国只作锗，他们低估了我国科技工作者自力更生、艰苦奋斗、勇攀科学高峰的能力，建议我们不要把硅材料和器件的研制列入规划，因为硅材料的化学性强，难于提纯，等苏联方面摸索出一套经验后再列入我们的规划。我们毫不犹豫地否决了他们的建议。"[④] 我国科学家没有等，1957 年 3 月，半导体研究室拉制成功我国第一根锗单晶。是年底，研制出了第一批锗合金晶

---

① 王守武：半导体所的孕育和发展。见：中国科学院半导体研究所建所四十周年纪念文集编委会编，《中国科学院半导体研究所建所四十周年纪念文集》。内部资料，北京：2000 年，第 18 页。

② A003-34，中国科学院赴苏考察团半导体组工作总结。存于北京中国科学院档案馆。

③ 同②。

④ 王守武：我国半导体科学技术发展历史回顾与思考。见：中国科学院半导体研究所建所四十周年纪念文集编委会编，《中国科学院半导体研究所建所四十周年纪念文集》。内部资料，北京：2000 年，第 5 页。

体管 ① 。在两年后自己制作成功了硅单晶，为我国半导体科学技术发展赢得了时间 ② 。

进入应用物理所半导体研究室后，王守觉加入到半导体器件研制这个主攻方向，任半导体高频晶体管课题组组长。不久，他接到赴苏联学习的任务，开始强化俄语学习。1957 年 9 月，王守觉赴苏联科学院进行为期半年的学习。在苏联期间，王守觉一连跑了列宁格勒、莫斯科等地四个研究所 ③ ，其中待的最长的一个研究所是列宁格勒列别捷夫研究所，共待了三个月的时间（图 4–1）。

图 4–1　王守觉 1957 年摄于列宁格勒
（王守觉提供）

在苏联期间，王守觉主要学习半导体电子学器件的设计、制作和性能测试。他刻苦学习，夜以继日地工作，圆满完成了任务。在研制锗扩散型三极管中做出了很好的成绩，给苏联同事留下了深刻印象，受到了赴苏实习团领导的一致好评 ④ 。

在列别捷夫研究所，王守觉了解了苏联在半导体方面的研究进展，深深感受到苏联良好的学术氛围 ⑤ 。除了学习外，王守觉还参与了指导研究所学生毕业设计的工作，参与所里的研究工作 ⑥ 。在 N 型负阻特性半导体器件研究中，王守觉提出了自己的研究设想，得到苏联同事的认可。1958 年 4 月，王守觉完成半年的赴苏学习回到应用物理研究所。

① 王守武：半导体所的孕育和发展。见：中国科学院半导体研究所建所四十周年纪念文集编委会编，《中国科学院半导体研究所建所四十周年纪念文集》。内部资料，北京：2000 年，第 18 页。

② 林兰英，梁骏吾：半导体材料发展的回顾与展望。见：中国科学院半导体研究所三十年所庆筹委会编，《奋进的三十年》。内部资料，1991 年，第 12 页。

③ 沈玲，马莉：我的院士之路——著名半导体与信息专家王守觉自述。《苏南科技开发》，2005 第 2 期，第 55–56 页。

④ 何春藩：王守觉。见：中国科学技术协会：《中国科学技术专家传略（工程技术编）电子、通信、计算机卷 1》。北京：电子工业出版社，1998 年，第 500–510 页。

⑤ 王守觉访谈，2012 年 10 月，苏州。资料存于采集工程数据库。

⑥ 王守觉访谈，2011 年 10 月 1 日，北京。存地同⑤。

1962 年，已经从苏联回国四年的王守觉，在一次查文献时偶然发现，在著名的苏联科学院学术月刊《无线电技术和电子学》（*Радиотéхника и электрóника*）上，有一篇题为 "N 型负阻三极管"（*Триоды с N-образной характеристикой*）的论文，自己是第二作者。该文中说，В.И.Стафеев 教授主持的这项研究中，关键性的建议是第二作者王守觉提出的，第三、第四作者按照他的建议完成了具体研制工作。

锗高频晶体管研制

王守觉完成的第一项重要任务是锗高频晶体管的研制。王守觉依仗他平素积累的知识和在苏联工作期间获得的经验，在研制锗合金管的基础上，提出在铟球内掺入锑，利用铟和锑性能的差异，扩散速度的不同[①]，以双合金扩散为突破口的研制方案。凭借在镭学所研制氧化亚铜半导体整流器的实践经验，王守觉解决了热处理过程中的精确控制、多元金属均匀性与配比控制以及优化组分等关键问题。在不到半年的时间里，即于 1958 年 9 月研制成功截止频率超过 200 兆赫的我国第一只锗合金扩散高频晶体管，它的截止频率比当时国内研制的锗合金结晶体管提高了一百倍以上[②]。图 4-2 是 1958 年半导体室研制出的我国首批晶体管[③]。

晶体管的截止频率是其性能的一个重要参数，在频率高于截止频率的电路中，晶体管不能正常工作。王守觉领导并参与研制成功的百兆赫兹以上锗合金扩散高频晶体管，达到我国当时研制非电子管的新型电子计算机所需器件的要求，满足了当时国家研制这种晶体管化电子计算机的急需。至此，在我国一穷二白的土地上，结束了电子技术的电真空时代，进入了

---

① 吴锡九：回归。上海：辞书出版社，2012 年，第 120 页。

② 何春藩：王守觉。见：中国科学技术协会《中国科学技术专家传略（工程技术编）电子、通信、计算机卷 1》。北京：电子工业出版社，1998 年，第 500-510 页。

③ 半导体所所庆纪念册编委会编：《物穷其理 宏微交替——中国科学院半导体研究所成立50 周年》。内部资料，2010 年，第 64 页。

图4-2　1958年半导体室研制的我国首批晶体管

固态电子的新纪元。

中国计算机研制始于1950年代。1958年8月1日，中国第一台小型通用计算机"八一型计算机"诞生，后改进定名为103计算机。1959年9月，中国第一台大型通用计算机在计算技术研究所诞生，命名为104计算机。上述两台计算机都是根据苏联提供的计算机设计图纸，加以修改和实验制成的。1964年4月，中国自行设计和研制的第一台大型通用计算机119计算机在计算所制成，该机完成了中国第一颗氢弹研制中的部分计算任务和中国首次大油田实际资料的动态预报计算任务[①]。上述计算机均属于中国第一代电子管计算机。

为进一步提高计算机的运算速度，我国早在1958年就开始研制晶体管化计算机。1958年，应用物理所改名为中国科学院物理研究所（物理所）。根据上级下达的任务，中国科学院计算技术研究所与物理所联合，着手研制用于国防的晶体管型专用计算机（后因专用机要求太高而改为研制通用数字计算机）——109乙机。为此，在物理所内建起了以晶体管计算机代号"109"命名的109工厂，厂长唐金生，技术上由物理所半导体研究室负责指导，正式从事合金扩散晶体管的批量生产[②]。为生产研制109乙机所需的器件，王守觉带领研究人员，在109厂进行试生产。建厂初期，半导体专业人才匮乏，生产半导体晶体管的技术工人很少。针对这种状况，中国科学院一方面向中央军委提出申请，调来一批复员转业军人，作为工厂的骨干队伍；另一方面，将从地方招收的一批初中、高中毕业生送到中科院在北京西苑新创办的科技学校，进行短期培训。以这两部分人员为基础，组建成近200人的109厂。在试生产过程中，技术人员手把手地教工

---

① 《当代中国》丛书编辑部编辑：《当代中国丛书 中国科学院 上》。北京：当代中国出版社，1994年，第124页。

② 半导体所所庆纪念册编委会编：《物穷其理 宏微交替——中国科学院半导体研究所成立50周年》。内部资料，北京：2010年，第64页。

人们每一个生产环节的工艺。在开展批量生产的同时，王守觉还带领团队研制出一批用于批量生产晶体管的设备。"在当时国内技术基础十分薄弱的状况下，能够研制出设备，保证高效能晶体管的生产，确实是非常不易和甚为及时的。可以说在这方面，是他（王守觉）带领着半导体研究室的团队，为109机的研制作出了重大贡献。"[1]

1959年，党中央和中央军委首长刘少奇、彭德怀、贺龙、陈赓、张爱萍、肖华等先后两次视察109厂。中央领导的关怀，使109厂科技人员和职工深受鼓舞。到1959年12月，109厂为研制109乙型计算机提供了12个品种14万5千余只锗晶体管，完成了该机所需的器件生产任务[2]。

109乙机是我国第一台大型晶体管化计算机，它为国家提供了新的有力计算工具。时任中科院党组书记的张劲夫后在"请历史记住他们"的文章中说：

> 第二代计算机出来了，晶体管的，科学院半导体所搞的。从美国回来搞半导体材料的林兰英，和科学家王守武、工程师王守觉两兄弟，是他们做的工作。第二代计算机，每秒数十万次，为氢弹的研制做了贡献。[3]

总结高频晶体管研制和生产过程中的测量和理论分析问题，王守觉先后发表了两篇论文。1962年，他在《物理学报》发表论文"关于晶体管最高振荡频率有关因素的测量分析"，这是他发表的第一篇半导体领域的研究论文。晶体管在高频应用中反映频率特性最重要的参数是高频功率增益。论文提出了一种晶体管最高振荡频率有关因素的测量分析方法，该方法需要的仪器非常简单，对晶体管最高振荡频率有关因素分析比较全面，

---

[1] 吴锡九：回归。上海：辞书出版社，2012年，第120页。

[2] 中国科学院微电子研究所官网：所庆50周年。http://imeweb.ime.ac.cn/c/cn/news/2008-09/26/news_1067.html

[3] 张劲夫：请历史记住他们，《人民日报》1999年5月6日，第3版。

适合于晶体管研究试制者作为分析工具[1]。1964年，王守觉发表论文"关于晶体管饱和区直流特性的研究"。该文从晶体管饱和状态下的载流子分布与外部电流的关系出发，分析合金管饱和区的直流特性。当时，随着晶体管在开关线路中的广泛使用，其饱和区域的特性日益重要，尤其是饱和压降已经成为开关晶体管的一个重要参数。王守觉在国内外学者对这个问题初步研究的基础上，特别针对尚无研究的台面型晶体管饱和压降问题作了理论和实验研究。他从晶体管的物理概念出发，得到用易于测量的量表达的饱和压降表达式，以便于分析和降低晶体管饱和压降的研究。论文最后把研究推展到台面型晶体管饱和状态下特性的分析[2]。

在回顾微电子技术发展历程时，王守觉曾说："在半导体晶体管发明以前，电子器件是电真空的（真空管、电子管）。人们对电子运动规律只认识到电子在真空中、在金属中的运动。对电子在非金属中的运动认识很浅。特别是导电的机理，只知道电子导电，而不知道空穴也能导电，所以人们用了很久矿石收音机，氧化亚铜整流器，但对其理论一无所知。半导体理论深入以后，对这些问题搞清楚了，就发明了晶体管。晶体管的发明使放大器从电真空转化到电子在固体里的运动，在半导体里的运动作为放大器。""晶体管的发明和半导体理论的深入是微电子科学的前奏曲，知道了空穴导电，知道了 PN 结理论，才产生了新的发明。"[3]

攻克硅平面型晶体管

创立硅平面工艺并领导研制成功中国第一只硅平面型晶体管，是王守觉在半导体器件研制方面一项影响深远的成果。这项研究历时近三年，是

---

[1]　王守觉：关于晶体管最高振荡频率有关因素的测量分析。《物理学报》，1962 年第 4 期，第 194–207 页。

[2]　王守觉：关于晶体管饱和区直流特性的研究。《物理学报》，1964 年第 6 期，第 550–567 页。

[3]　王守觉：微电子技术的成就与展望，见：工程教育协会编，《90 年代科学技术发展趋势与展望》。济南：山东科学技术出版社，1991 年，第 181–195 页。

王守觉领导半导体研究所二室展开的一场攻坚战。

　　锗是第一个制作晶体管的材料，但硅材料的优越性很快就凸显出来，并取代了锗的地位。硅的资源储量远比锗丰富，硅器件的性能也比锗器件更为优越。在 1955 年前后，全世界锗晶体的年产量只有大约 6 千克，虽然一个锗晶体管的锗用量非常少，但这样的产量也不可能满足需求。后来，美国和英国分别从煤燃烧产生的煤烟中成功提取出锗，使锗的产量有所增加。但由于锗的提纯难，加上资源稀有，所以价格昂贵。然而，硅在地壳中储量丰富，大约占地壳组成的 27%。1958 年，美国贝尔实验室解决了高温制备硅晶体的技术问题，硅的利用才逐渐多了起来。因为硅的禁带宽度比锗大，所以硅可以在更高的温度下工作，同时硅的导热性能也较好，强度较高。另外，硅一经加热，很容易形成二氧化硅。二氧化硅本身是绝缘体，在制作晶体管时正好可以用来做绝缘介质。因此，硅技术发展迅速，并很快就取代锗用来制作晶体管 [1]。

　　我国硅材料的研制起步较早，1957 年年初，应用物理所王守武就领导科技人员开始致力于硅单晶研制的准备工作，4 月，林兰英归国，加入到这一研究工作，至 1958 年 12 月，我国第一根硅单晶在应用物理所拉制成功，后于 1962 年拉制成功无位错硅单晶 [2]，为我国开展硅器件研制创造了条件。

　　为了适应国防建设的需要，在上级的安排下，半导体研究室在 1959 年就结束了锗器件的研制，转入硅工艺的研究与硅晶体管的试制。此时国外的硅高频器件，多采用双扩散台面结构，王守觉领导的小组最初也因袭过去锗工艺的习惯，采用双扩散台面工艺方案研制硅器件。在研制中，由于台面工艺本身的固有缺陷遇到了不少困难。如图 4-3 所示，台面管的 PN 结是裸露在外面的。

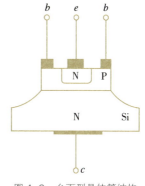

图 4-3　台面型晶体管结构示意图 [3]

---

①　何春藩、王占国：《林兰英传》。北京：科学出版社，2014 年，第 72-113 页。

②　同①。

③　高廷仲编：《半导体器件制造工艺》。天津：天津科学技术出版社，1982 年，第 2 页。

在经历一年的苦战之后，王守觉小组未能取得实质进展[1]。

在国民经济处于极端困难的 1960 年 9 月，经过近一年的筹备，由物理所半导体研究室扩建的半导体研究所正式成立，宋之春任所长、王守武任业务副所长。半导体所成立时，设有五个室和三个组：一室为材料室，从事半导体材料的研究，室主任林兰英；二室为器件室，从事半导体器件的研究，主任王守觉；三室为测试室，负责测试半导体材料与器件，主任由副所长王守武兼任；四室为电子学室，主任成众志；五室为光电室，从事半导体光电子的研究，主任汤定元；七组为温差电组、八组为化学组、九组为物理组。另外，109 厂作为半导体所的中间试验工厂，承担供应科学院内部及一些军工任务所需的半导体器件[2]。

根据当时的形势与上级的部署，半导体所建所后马上进行调整，暂停了硅器件的研制。在调整工作中加强了科研条件的建设，安排实验楼（即老物理楼）的改建工程，并且组织力量进行真空镀膜和热压焊等多项专用硅工艺设备的设计与加工制造，为将来继续从事硅器件的研制创造条件[3]。

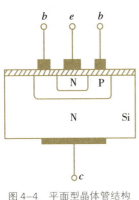

图 4-4　平面型晶体管结构示意图[4]

1960 年年初，王守觉获悉美国同行研制成功硅平面型晶体管，这立即引起他的关注。

半导体晶体管发明后，对半导体晶体管的结构就有了种种探讨。最初的晶体管是点接触结构，后来有了合金型晶体管、生长结晶体管等。但种种结构都受工艺上的限制，如合金型晶体管靠一个合金球，合金球大小又受到石墨模具的限制，不可能做得很小。平面型晶体管的发明是晶体管工艺的一个突破。从后来半导体技术的发展

①　卢纪：硅晶片工艺在我国的起步。见：夏建白编，《自主创新之路——纪念中国半导体事业五十周年》。北京：科学出版社，2006 年，第 136-142 页。
②　王守武：半导体所的孕育和发展。见：中国科学院半导体研究所建所四十周年纪念文集编委会编，《中国科学院半导体研究所建所四十周年纪念文集》。内部资料，北京，2000 年，第 11-18 页。
③　同①。
④　高廷伸编：《半导体器件制造工艺》。天津市：天津科学技术出版社，1982，第 2 页。

看，因为平面型晶体管是靠硅表面上的一层氧化层来制造，可以像印像片一样印到半导体上，面积可以做得很小。同时它的表面是平面，导线可以在平面上来去，可以把其他的器件、原件都做在这个表面上。所以硅平面型晶体管的出现就为研制集成电路打下了坚实的基础，拉开了微电子技术的序幕 [①]。

观察力敏锐、处事果断的王守觉毅然舍弃了正在研制并取得了一定结果的硅台面工艺，立即集中研究室力量投入对硅平面工艺的探索，并从工艺设备的设计着手，开展了硅平面型 PN 结的研究 [②]。

1961 年，国家召开全国电子元器件会议，协调各种元器件的供应与科研计划。当时承担战略导弹研制任务的国防部五院二分院 [③] 提出了对高性能半导体器件的需求计划。他们对半导体器件性能的要求远远超过当时国内已有的器件水平，有的甚至连国际上当时的高水平产品也难以满足，特别是他们的需求只能由硅器件来实现。当时在国内，除有几个单位研制与生产硅整流器与少数品种的硅二极管外，只有半导体所二室开展过高性能硅器件的研制 [④]。因此，王守觉大胆地以正在研究的硅平面工艺为基础，领导二室承接了这些硅器件的研制任务。

会后，王守觉立即安排他领导的二室研究人员张光华和刘衍芳，按平面工艺的方案，试制五院二分院所需结构较为简单的低反向电流二极管。不出半年，他们成功研制出参数合格的器件，工艺上的重复性与均匀性也都令人满意。过去台面工艺无法达到的要求，改用平面工艺后就轻而易举地实现了。

在领导和群众的支持下，王守觉果断做出决定，抛弃台面工艺，全面开展硅平面工艺试验研究。随后，1961 年 11 月中旬，在国防科委与中国

---

① 王守觉：微电子技术的成就与展望。见：工程教育协会编，《90 年代科学技术发展趋势与展望》。济南：山东科学技术出版社，1991 年，第 181-195 页。

② 何春藩：王守觉。见：中国科学技术协会编，《中国科学技术专家传略（工程技术编）电子、通信、计算机卷 1》。北京：电子工业出版社，1998 年，第 502 页。

③ 国防部第五研究院创建于 1956 年，是中国第一个火箭、导弹研究所研究机构。1965 年五院改为七机部，二分院改为二院。

④ 卢纪：硅晶片工艺在我国的起步。见：夏建白编，《自主创新之路——纪念中国半导体事业五十周年》。北京：科学出版社，2006 年，第 136-142 页。

科学院的安排下，半导体所与五院二分院双方领导出面，正式签订了有关研究课题的合作协议。由半导体所按照五院二分院的需求研制 NPN 高速开关与高频晶体三极管、硅高灵敏开关器件以及硅低反向电流二极管等项硅器件，以满足国防建设的需要。当时二室的科研实力与基础设施十分薄弱，科研人员的数量与经验均不足，专业也不配套。实验室狭小、拥挤，缺乏研究半导体器件所需的最起码的洁净条件。工艺设备与测试仪器也多半是由科研人员自己组装的，不仅数量和品种短缺，而且十分粗陋、陈旧。他们还是毅然接受了任务，开展了这一工作。

1961—1962 年，国家陆续向二室分配来 40 多名留苏生以及国内大学的本科和专科毕业生（约为原有研究人员的两倍），到"文化大革命"前二室大约有研究人员近百人[1]。他们当中不仅有学物理和半导体的，还有学机械、化学以及电子学的，这就使人员的专业配比有了改善。"更重要的是在当时'学大庆'、'学雷锋'以及'学焦裕禄'的精神感召下，新老人员的工作与政治热情高涨，他们注重团结、争挑重担、勇于克服工作与生活中的种种困难，为日后迅速取得研制硅平面晶体管的胜利打下扎实的思想基础。"[2]

在王守觉等室领导的组织下，很快建立起横向和纵向结合的研究队伍结构。横向研究小组主攻各种器件研制都会遇到的工艺问题，及都要进行的器件特性测试，为此在二室室内建立起扩散组、测试组、化学组等。纵向研究小组主攻器件设计，按照协议书要求研制的器件品种，建立了硅 NPN 高频晶体管、硅 NPN 高速开关晶体管、硅高灵敏开关器件与硅低反向电流二极管四种器件的三个设计组。两者纵横交叉，密切配合，这样的组织形式是十分有效的。

首先要解决的是器件制作工艺中的"扩散"问题。

NPN 高频晶体管的基本结构是 N、P 和 N 型三层硅，其制作过程是先在 N 型衬底上扩散 P 型杂质形成基区，再扩散 N 型杂质形成较薄的发

---

[1] 宋振华访谈，2014 年 6 月 7 日，北京。资料存于采集工程数据库。
[2] 卢纪：硅晶片工艺在我国的起步。见：夏建白编：《自主创新之路——纪念中国半导体事业五十周年》。北京：科学出版社，2006 年，第 136-142 页。

射区。制备高性能的晶体管，必须对两次扩散的深度与杂质浓度实现精确控制。另外，在第一次扩散的前后，还需分别进行二氧化硅的热生长，对生长的厚度与质量也要求进行有效控制。20 世纪 50 年代，王守觉和科研人员探索过硅的杂质扩散技术，但仅在高浓度磷的扩散方面积累了经验。平面硅晶体管的基区 P 型层，要求扩散低浓度的硼，是一项技术难度较高的新工艺。

1962 年，王守觉找到正在参与半导体所实验楼扩建工程的卢纪[①]，要求他回研究室担任扩散组组长，开展硅平面工艺的扩散与氧化试验。卢纪从文献中得知，国外的技术工艺要使用液体卤化硼试剂，但当时国内尚无生产，提请试制则至少需要一年。客观条件迫使他们在三氧化二硼上打主意，这种方法需要控制三氧化二硼的蒸汽压。历时三个多月，经过多次失败后，卢纪在王兴富的协助下，发明了一种能控制硼的沉积浓度的硅箱方法（图 4-5，4-6）[②]，满足了硅平面器件研制的需要。由于这种方法立足国内的研制条件，使日后的开发推广更为顺利。随后在朱友桂帮助下，设计出一种控制二氧化硅热生长速率的装置，使硼扩散层的深度与第二次热

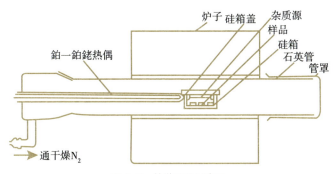

图 4-5　扩散系统示意图

　　① 卢纪（1930-　），1954-1958 年在北大物理专业学习，1958 年到中国科学院物理研究所和半导体研究所从事半导体器件和集成电路研究，担任过相关课题组组长、研究室分室副主任、高级工程师。

　　② 卢纪：硅的平面型 n-p-n 高频晶体管基区杂质的扩散技术。见：中国电子学会半导体专业委员会编：《第一次全国半导体器件专业学术会议论文选集》。北京：国防工业出版社，1965 年，第 143-147 页。

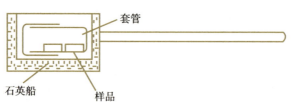

图 4-6　扩散装置示意图

生长二氧化硅的厚度同时得到控制 ① 。

"光刻"是平面工艺中的又一道难关。

在硅平面晶体管研制和生产过程中，每次扩散杂质前，要在硅材料表面的氧化膜上蚀刻出各种规定尺寸的几何图案，这要借助一种具有光敏性和抗腐蚀性的高分子化合物（称作光致抗蚀剂或光刻胶）。先把光刻胶涂敷在硅片表面上，形成一层薄膜，然后在掩蔽底板下利用紫外灯曝光。由于受光部分不能溶解，未受光部分能被溶剂溶解而洗去，因此，经过显影、烘焙、腐蚀等一系列处理后，即可得出所需的氧化膜图案。在制备平面管时，至少需要 4 次涂胶与蚀刻，各次图形的套刻间距要达到 10 微米左右精度。

国外的硅平面工艺一开始就采用光刻工艺，但当时国内尚未试制出用于光刻工艺的感光胶。二室一边派人联系，谋求合作研制光刻胶，积极筹备光刻工艺；一边决定先用手工操作在单个晶体管的小粒硅芯片上进行涂胶与刻蚀，并要求刻蚀图形的尺寸与各次图形套刻的间距达到十微米左右的精度。要用手工涂胶法在小粒硅芯片上进行如此精细图形的刻蚀，其难度不亚于那种在谷粒上进行字画微雕的技艺。王守觉首先带领几位年轻人员整日在显微镜下苦练这项手艺。有志者事竟成，依靠顽强的意志与高度集中的精力，凭借灵巧机敏的手与眼的紧密配合，室内几位同志熟练地掌握了这套独特的技艺。

参加光刻胶研究的姜文莆回忆说：

---

① 卢纪：硅晶片工艺在我国的起步。见：夏建白编：《自主创新之路——纪念中国半导体事业五十周年》。北京：科学出版社，2006 年，第 136-142 页。

做这个光刻胶我们还是费了很大力气的，国外早就有了这项技术，他们不公开。光刻胶的成分是有光敏作用的，比如在铜板上涂上一层胶，然后压板曝光，一见光这种胶就会溶解，没见光的部分就会保留，这样就做出图形来了。找到这种胶是一个突破口，我们就凭借国外文献的蛛丝马迹猜到它，最后总算是把它弄出来了！ [1]

1964 年年中，北京化学试剂研究所试制成功聚乙烯醇肉桂酸脂光致刻蚀剂，手工涂胶的刻蚀方法才被放弃。

有了光刻胶，还要研制光刻机，他们用实体显微镜与测量显微镜组合，制成一台简易光刻机。由张连魁和彭湘和等人研制出第一批硫化铅掩膜版，促进了光刻技术的应用 [2]。

"封装"的微小型化也是一道工艺难题。

随着电子设备日趋复杂，所用元件数量急剧增加，缩小电子设备的体积一直是电子技术发展的一个重要方向。晶体管的小型化当时已成技术发展的必然趋势，特别是应用于国防领域的晶体管，更要向小型化甚至超小型化发展。

硅平面技术的发展为电子元器件小型化开辟了新的前景。王守觉十分重视器件封装的微小型化，根据硅平面型器件较为稳定的特点，他安排郑俊哲和余倩萍等化学组人员研究配置塑料封装材料，解决了硅平面管的软包封技术。由化学组与工艺组合作试制出将管芯粘贴在陶瓷基片上并覆盖环氧树脂的微小型晶体管。

1963 年底研制出了第一批超小型硅平面高速开关管和高频晶体管的样管，其体积只有火柴头那么大。经 1964 年进一步提高，体积更缩小了，相当于芝麻大小，故又俗称"芝麻管"，它比普通晶体管（176 型）体积缩小一两百倍，重量减轻几十倍（重量约 0.03g），已接近国际水平（图 4-7）。

---

[1]　姜文莆访谈，2012 年 4 月，北京。资料存于采集工程数据库。

[2]　卢纪：硅晶片工艺在我国的起步。见：夏建白编，《自主创新之路——纪念中国半导体事业五十周年》。北京：科学出版社，2006 年，第 136-142 页。

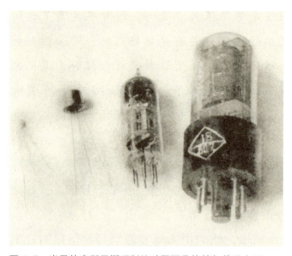

图4-7 半导体室所早期研制的硅平面晶体管与普通电子
管大小比较 自右至左：普通电子管、小型电子管（又称
花生管）、普通晶体管、微小型晶体管（又称芝麻管）[1]

这种晶体管利用一层性能非常稳定的二氧化硅绝缘层，再涂上一层即坚固又耐高温的树脂做保护，不再需要用金属管壳来密封，因此它的体积大大缩小，重量大大减轻，还节省了作管壳用的大量特种金属。"芝麻管"的制成，受到使用部门的赞扬，曾在国内引起过人们的兴趣。

1962年下半年，一批批性能合格的硅平面晶体管的管芯陆续研制成功。孙惠民组研制的高频晶体管，很快就使最高振荡频率达到400兆赫以上，实现了协议中所订产品指标。接着吴德馨[2]组的高速开关器件也投入小量试制。张光华组在研制成硅的低反向电流二极管之后，又很快试制成功了硅PNPN高灵敏器件。

从试制成功管芯到向工厂推广生产，还有一段路程。1962年，实验楼扩建结束，两年前设计加工的专业设备也陆续到货，实验条件得到初步改善。在国民经济度过严重困难之后，全室人员研究热情更高，积极改进器件设计、改进工艺设备，建立管芯与成品的检测手段，使研究器件的性能不断提高，合格率与稳定性更好。

1963年下半年，中国电子学会半导体器件专业委员会通知，要在年底召开第一次全国半导体器件专业会议。王守觉认为，公开发表硅平面晶体

---

① 半导体所所庆纪念册编委会编：《物穷其理 宏微交替——中国科学院半导体研究所成立50周年》。内部资料，北京：2010年，第71页。

② 吴德馨（1936-），半导体器件专家。1961年清华大学半导体专业毕业进入半导体研究所，从事半导体器件研究。中国科学院微电子中心主任、研究员。1991年当选为中国科学院院士。

管研制结果的时机已经成熟，安排孙惠民和卢纪准备会议报告[①]。当年11月29日—12月4日，王守觉和二室的主要科研人员参加了在石家庄召开的"第一次全国半导体器件专业学术会议"，发表了他们的研究成果。该次会议的论文集中收录了他们的五篇论文，其中有王守觉的"晶体管最高振荡频率随r_bC_e变化中的跳跃现象的理论和初步实验"，孙惠民的"硅扩散平面型高频晶体管设计中的几个问题"，卢纪的"硅的平面型 n-p-n 高频晶体管基区杂质的扩散技术"和"制备硅平面型晶体管过程中二氧化硅掩蔽层的生长"等[②]。

他们发表的研究成果，引起了国内广大同行的关注。国内不少科研和生产单位纷纷转向硅器件的研制和生产，为硅产业服务的材料和设备制造业也随之兴起，生产出了国产的光刻胶、器件封装用塑料、扩散炉、光刻

图4-8　半导体所原二室部分研究人员访谈后合影（2014年6月7日，左起：马佐成、卢纪、李远镜、何春藩、宋振华）

①　卢纪访谈，2014年6月7日，北京。资料存于采集工程数据库。
②　中国电子学会半导体专业委员会编:《第一次全国半导体器件专业学术会议论文选集》。北京：国防工业出版社，1965年，第3-6页。

机、压焊机、真空镀膜设备、晶体管测量仪等材料和设备 ① 。

卢纪说："工艺就像一层窗户纸，一旦捅破了就觉得很简单，很容易重复，但工艺的探索过程是反复、曲折和艰辛的。……比如扩散工艺中，不同杂质的扩散要求条件不同，需要精确控制扩散温度，要设计不同的扩散炉，扩散组先后设计制作了多台扩散炉，大家给我起了个绰号'老炉子'。后来我们设计的扩散炉、压焊机等，还在北京的半导体设备厂等企业投产生产，供全国的研究和生产单位使用。" ②

在科学技术史上，有很多技术发明都历经了千辛万苦。爱迪生发明白炽灯泡，为了延长白炽灯的寿命，他尝试了两千多种材料，据说甚至使用过自己的胡须。工艺探索如在黑夜中寻找道路，摸索、试验、失败、再重新开始，但一旦成功就会带来技术的进步和生产的飞跃。

为了适应国内各地兴起的试制与生产硅平面器件的要求，除了通过协作、写资料与大量接待参观咨询等方式推广技术之外，二室还组建了一个由辛庄负责的实习组，专门负责接待国内科研机构与工厂派来的技术人员，安排他们进行硅平面工艺的实习。

器件研制是半导体所这个时期的攻坚任务。半导体所的领导非常重视二室的工作，主抓全所业务的副所长王守武经常深入研究一线。遇到技术难关时，大家会看到"全组上下一起干"、"大王小王齐上阵"的场面。工作取得突破时，也常会惊动中科院的领导。1960 年代初期，党和国家领导人和部队的高级首长曾多次到 109 厂参观视察。一次，中科院院长郭沫若得到科研进展的好消息，亲自来实验室看望研究人员，并自费在离半导体研究所不远的四川饭店请研究人员品尝他的家乡菜。"在 20 世纪 60 年代初期那个物质匮乏的年代，这让我们研究人员感到温暖和鼓励。" ③

---

① 卢纪：硅晶片工艺在我国的起步。见：夏建白编，《自主创新之路——纪念中国半导体事业五十周年》。北京：科学出版社，2006 年，第 136-142 页。

② 卢纪访谈，2014 年 6 月 7 日，北京。资料存于采集工程数据库。

③ 同②。

服务"两弹一星"

1964 年 4 月，根据半导体所与国防部五院二分院签订的协议书，对研制成的硅平面器件进行了鉴定。王守觉领导和亲自参与根据军工需要研制成功的五种硅平面型器件：低反向电流二极管，PNPN 高灵敏开关器件，高速开关晶体管和两种高频晶体管，顺利通过鉴定验收。不久，这些器件又在当年举办的"全国工业新产品展览会"上展出，并以"硅平面晶体管"的名称获得展览会一等奖。

1965 年 4 月，由中国科学院组织了一次硅平面器件的鉴定会，除了向鉴定会提供鉴定样品外，还向鉴定会提交了整套硅平面工艺资料。接着，经国家科委评定，这项成果以"微小型扩散平面管制造工艺"的名称，获得国家科委首次颁发的一等发明奖。

以王守觉为首的科研团队在这一阶段的研制成果还包括：自动控温的高温扩散炉、真空蒸发设备、金丝热压焊机、简易型光刻曝光机、照像制版设备等我国自行设计的第一代硅平面工艺设备。这些工艺设备、硅平面工艺和几种硅平面器件，在当时就为国内相关单位所采用。1964 年年初，能向五院二分院提供硅平面器件的仅有半导体所一家，经过一年之后，由于迅速有效的技术开发，国内的用户已经能从多处得到使用半导体所的技术生产出来的更多品种、更好性能的大量硅平面器件。

硅平面工艺的研发成功，为我国发展集成电路、并进而发展微电子技术奠定了基础。我国老一代半导体事业奠基者，曾这样评价硅平面晶体管研制成功的意义："我国电子工业的真正大发展和半导体事业的发展，是以我国硅平面晶体管的研制成功为转机的。""硅平面工艺及器件的研制成功，为我国半导体器件从小型化进入集成化铺平了道路。"[1]

硅平面晶体管转入生产是在 1963 年年底。当时，我国正在自行设计

---

[1] 黄昆、王守武、林兰英、成众志、王守觉：半导体研究所成立二十年。《自然杂志年鉴》1979 年第一期，第 20—28 页。

研制第一台晶体管大型通用数字电子计算机——109丙机，该机由中科院计算技术研究所设计，半导体研究所下属的109厂承担了该机用各种晶体管的生产任务，王守觉领导的科研人员为生产提供了技术支持。到1967年7月，109厂完成了109丙机研制所有硅晶体管的生产任务[1]。1967年，109丙机研制成功，提供给当时研制导弹的七机部和研制核弹的二机部使用。该机研制成功得到党和国家领导人的肯定，1967年10月，聂荣臻副总理曾参观109丙机（图4-10）。

109丙机（图4-9）字长48位，平均运算速度为11.5万次/秒，该机性能可靠，使用率达90%以上。它为中国氢弹、导弹和人造卫星的研制工作做出了重大贡献，中国第一代核武器的定型和发展工作中的计算工作都在该机上进行；为各种型号导弹、运载火箭从方案设计、飞行试验、飞行精度分析到定型生产的各个阶段的理论计算提供过大量的重要的数据和决策依据。109丙机在国防建设事业中服务了15年之久，被誉为"功勋计算机"。

图4-10　1967年10月聂荣臻副总理参观109丙机

图4-9　1967年8月计算技术研究所研制成功晶体管大型通用数字电子计算机（109丙机）

谷羽[2] 在回顾中国计算机技术早期发展时说：

---

[1]　半导体所所庆纪念册编委会编：《物穷其理 宏微交替——中国科学院半导体研究所成立50周年》。内部资料，北京：2010年，第71页。

[2]　1958-1968年，中国原子弹、导弹与人造卫星研制的初期，谷羽任中国科学院新技术局局长，负责组织中国科学院有关研究所和科学家，配合第二机械工业部、国防部第五研究院（后改为第七机械工业部）开展国防科研工作。

中国科学家，以不到十年的功夫，走完了第一代、第二代计算机的研制历程，并开始研制第三代计算机，成绩是巨大的！这里，我们不能用西方的眼光评估他们的成绩，中国科学家当时正处在国家经济困难，国际对我国实行严密技术封锁的情况下。不仅生活艰苦，工作条件更加艰苦。就以计算机研制为例，由于封锁禁运，我们买不到需要的元、部件及技术，只能用自己的双手，自己设计、制造自己所需的一切。由于物资短缺，还常常不得不采用代用品。[1]

制成固体电路

　　20 世纪 60 年代，固体电路——后来统称为集成电路的研究兴起，带来了电子技术又一次革命性的变化。自从电子技术问世，器件和电子线路一向是分开的，这似乎是天经地义的。当集成电路出现，这一界限就被打破了，它既做出器件，又做上电阻电容，然后把它们连起来。把几百、几千个元器件做在一小片基片上。集成电路的出现是电子学上的一场革命，一大发明，是电子元器件和线路一体化的新途径。电子器件走向体积小、密度高、成本低的方向。它不仅大大地扩展了电子学应用领域，形成微电子学科，而且使电子学的影响伸展到整个社会。以微电子作为先导的技术带动着其他各门科学技术的发展，引发了生产结构、工作方式和生活秩序的连锁性大变革。

　　半导体研究所参与 109 机研制的吴锡九回忆说，在 109 机研制过程中，计算机运算器、存储器调试时所遇到的最大问题是可靠性和稳定性问题。组装计算机需要把大量的晶体管、电阻电容装在插件板上，再将很多插件板组成运算器和存储器。在检测单个组件质量没有问题的情况下，调试却不一定能调出来，或者调出来很不稳定。调试常常日夜进行，可是效率并

---

　　[1]　谷羽：我所了解的中国高技术发展。见：朱元石主编，《共和国要事口述史》。长沙市：湖南人民出版社，1999 年，第 361-382 页。

不高。针对这种情况，大家产生了一种新思路：如果能用先进的工艺，把诸多的部件尽量地集合起来，变成一个整体，也就是把插件板变成一个"集成电路"，这样既减少了接点，又可以减小体积，不但能增加可靠性、稳定性，还能提高性能，加快速度。这个思路与国际上计算机发展的进程是不谋而合的 [①] 。

1960 年，吴锡九在上海召开的全国科技大会上作了要大力发展固体电路（集成电路）的报告，会后国内科技界展开了固体电路攻关。1961 年，采用锗器件和薄膜镍铬合金电阻、氧化钽电容，在微晶玻璃片上组合成的混合型固体电路研制成功。但不久，以硅器件为主的固体电路在美国取得突破性进展，成为集成电路技术的主流 [②] 。

1958 年，美国得州仪器公司的研究人员基尔比（Jack Kilby，1923—2005）开创性地设想，把晶体管、电阻、电容等电子器件集合成一体，放在同一个管壳或封装内，改变以前分离元件焊成的电路。同年 9 月，他用微晶体基板，焊接上锗晶体管芯、电阻、电容等由五个元器件组成的振荡电路，于是，制成了第一个集成电路。数月后，美国加州硅谷仙童公司的诺伊斯（Robert Noyce，1927—1990）用 PN 结隔离技术，制成集合硅晶体管、硅电阻、硅电容于一体的单片硅集成电路。基尔比获得 2000 年的诺贝尔物理学奖。1961 年，得州仪器公司为美国空军研制成功首台采用集成电路的微型计算机。

当硅固体电路样品传到王守觉手中，他便在已掌握的硅平面工艺基础上，投入了半导体固体电路的研制，于 1964 年 11 月研制成功我国第一块硅固体电路。这是第三代电子计算机普遍采用的一种称为阻容耦合门电路，它是制作在硅片上的有 6 个晶体管、7 个电阻和 6 个电容共 19 个元件组成的电子线路，电路封装到比西瓜子还小的管壳里。其规模超过世界第一块集成电路，与当时国际上的主流商用集成电路相当。[③] 至 1964 年年底，

---

① 吴锡九:《回归》。上海：辞书出版社，2012 年，第 123-124 页。
② 吴锡九:《回归》。上海：辞书出版社，2012 年，第 123-126 页。
③ 王守觉、林雨：我国微电子技术的发展与半导体所的作用。见：中国科学院半导体研究所三十年所庆筹委会编，《奋进的三十年》。内部资料，1991 年，第 15-16 页。

王守觉领导半导体所二室制成了四种固体电路，他们对每种的五个样品进行测试，测试结果为在直流及开关时间特性上均能达到美国德州仪器公司产品的指标。初步研制成功说明了研制技术上的可行性[①]。

在国防科技需要的背景下，半导体所开始成系列地研制硅集成电路，为我国立足于集成电路的第三代电子计算机的研制提供器件[②]。

1965 年，中国科学院确定远程导弹上用的微型数字计算机（156 工程）由计算技术所负责总抓，半导体所、物理所共同负责，西北计算技术所参加研制。突破这项工程的第一步就是研制微小型组件，为导弹专用微型计算机的研制创造条件。1965 年年初，半导体所二室研制成了几种性能基本符合使用要求的超小型固体电路的第一批样品[③]。

1965 年，固体电路的研究成果受到国家科委高度重视，拨款 100 万人民币在半导体所内盖起了实验楼，即后来通称的"固体楼"。可惜，对固体电路技术的投入只持续了 1 年，1966 年"文化大革命"开始后被迫中断。

打 破 封 锁

从 1956 年调入中科院应用物理研究所，进入中国半导体研究的国家队，直到"文化大革命"开始前的 1966 年，在这十年间，王守觉致力于半导体器件研制，取得了一系列成果，研制成功我国第一只锗合金扩散高频晶体管，领导并参与研制成功我国第一只硅平面型晶体管、研制成功第一块硅固体电路（集成电路）。这些成果满足了我国国防事业发展的急需，推动了我国电子技术和电子工业的发展。

世界各国用于国防的最先进科学技术都是保密的，国防电子学是国防

---

① A023-204，中国科学院半导体所 1965 年工作简报。存于中科院档案馆。

② 王守觉、林雨：我国微电子技术的发展与半导体所的作用。见：中国科学院半导体研究所三十年所庆筹委会编，《奋进的三十年》。内部资料，1991 年，第 15-16 页。

③ 同①。

科技的核心之一，发达国家最新的电子学产品必然成为国家机密，制作技术和工艺更是受到严格的保护。只有在这些电子学器件转为民用产品时，其他发展中国家才有可能获得相关技术。

1960 年代，由于西方发达国家利用"巴统"①等手段，对我国实行技术封锁，我国不能从发达国家获得新技术产品。迫使我国的半导体和电子科学技术在起步阶段走上了一条艰难的自力更生、艰苦创业的道路。我国科技人员只能在公开发表的学术论文中，了解国际上在开展哪些研究，达到了什么水平，具体工艺则不得而知。从国外购买，只能获得民用产品，且不可能大量获得器件。由于国防科技的需要，一些使用单位按照国外的水平，甚至拿着国外的产品目录，向半导体所提出任务订单。王守觉领导半导体所二室的研究人员，以服务国防事业的使命感和责任心，跟踪世界最新技术成果，为国防科技事业发展做出贡献。由于我国当时工业制造整体水平的限制，实验室的成果要由科研机构承担转化为产品的生产研发。半导体研究所不仅要做出实验室器件样品，还要进行规模化生产，批量制造产品；要研制生产设备，稳定生产工艺流程，这些工作带动了中国电子工业的发展。在广大科学技术人员的艰苦努力下，我国半导体科学技术能够紧跟国际科学先进水平，半导体研究所也成为这个时期我国半导体器件研制的领头羊。

在追踪国际半导体科技发展的过程中，王守觉表现出了他的学术敏感和决策果断。他不仅善于组织研究队伍，同时自己始终工作在研究第一线，和研究人员一起攻坚克难。他丰富的研究经验，勇于探索的精神、不畏困难的态度，都使他深得同事们的敬重。在回忆硅平面工艺研究时，吴德馨说："自 1961 年毕业后我有幸被分配到中国科学院半导体所，在王守觉先生的领导下从事硅平面晶体管的研究，这是研究所内当时的一号任务。虽然距现在的时间已过去半个世纪，但每当提及总会使我魂牵梦绕浮

---

① 第二次世界大战后，1949 年 11 月在美国的提议下，西方发达工业国家在国际贸易领域中秘密成立了一个非官方的国际机构——输出管制统筹委员会（Coordinating Committee for Multilateral Export Controls），因其总部设在巴黎，通常被称为"巴黎统筹委员会"（"巴统"），其宗旨是限制成员国向社会主义国家出口战略物资和高技术。列入"巴统"禁运清单的有军事武器装备、尖端技术产品和稀有物资等三大类上万种产品。

想联翩。想当年我们正处于西方和苏联对我们技术全面封锁的年代，一无资料，二无图纸，实验设备也是一穷二白，而且正值我们的国家物质供应极度匮乏，但人们的精神却非常充实。当时全体同志在王守觉先生领导下那些日日夜夜团结奋战的情景，至今历历在目，记忆犹新。小王先生以他那勇气和智慧创造性地克服了种种苦难，带领大家披荆斩棘一步步走向成功。他指导用一台简陋的电动计算机计算了双扩散基区杂质分布，他因陋就简，巧妙地用两台显微镜再加上一个紫外曝光灯搭建了土光刻机，他亲自组建了设备组，指导、设计、动手调试了非标准加工的扩散炉、蒸发台、探针台等器件工艺急需的设备。王先生非常注意对年轻人的培养，敢于放手让年轻人承担课题，以他的创新精神、严谨的科学作风、谆谆教导培养了众多的科学工作者，深得年轻人的尊敬和爱戴。他是我们尊敬的老师，他的言传身教对我们的人生都产生了深远的影响。"[1]

这个时期，王守觉和他领导的二室团结奋战，成果迭出，在半导体研究所很得所领导的器重。时任半导体所的党组书记刘再生十分爱才，对做出成绩的研究人员他会大力表扬，王守觉就是他器重的爱将。

1956年调入中科院后，王守觉逐渐成长为中国半导体电子学领域里一位有影响的学者。20世纪60年代，他多次参加代表团出国访问。1961年11月18日—12月27日，王守觉参加中国对外文化联络委员会副主任楚图南[2]为团长的中国文化代表团访问日本（图4-11），该代表团成员中的科技界代表只有原国家科委副主任张有萱和王守觉两人[3]。1964年，王守觉参加由第四机械工业部（1982年后改为电子工业部）组织的中国电子代表团访问日本一个月（图4-12）。出国访问的所见所闻，让王守觉对我国的科研和生产产生了一些思考。代表团在参观一家日本企业时，看到研究人员正在进行的一项喷雾器改进测试实验。在一间大实验室的地

---

① 吴德馨院士在"王守觉院士创新学术思想座谈研讨会"上的讲话，2013年6月9日，苏州。资料存于采集工程数据库。

② 楚图南（1899-1994年），教育家和翻译家，时任中国人民对外文化协会会长和中华人民共和国对外文化联络委员会副主任。

③ 楚泽涵等编:《楚图南：跨世纪的探索》。北京：北京师范大学出版社，1996年，第74页。

图4-11　1961年12月王守觉（左三）随楚图南（右四）访日时在藤泽海滨聂耳殉难处

图4-12　1964年王守觉（右二）参加由第四机械工业部组织的中国电子代表团访日时参观日本企业

面上，划出一个个小格子，用喷雾器喷洒后，测量出每个小格子里落下的液体质量，画出喷洒液体的分布曲线，并据此改进喷头。研究工作非常细致、准确。当时王守觉想，"我们制造的喷雾器，只要能喷出去我们就满足了，哪还管这些。""还有本田摩托的研制，当时虽然刚刚起步，但研发人员满怀信心，提出要制造出世界上最好的摩托车。因为他们已经对美国和德国制造的摩托车做了大量各个方面的测试，包括速度、油耗等等，并对发现的问题做了一些改进。他们的研究工作做得很细致，因此他们有信心。当时，我国的工业生产水平还很低，还顾不到这些。"①

_____

① 王守觉访谈，2014年7月12日，苏州。资料存于采集工程数据库。

第五章
开拓集成电路领域

被打倒的三年

1966 年，"文化大革命"开始。全国高校和研究机构开始出现造反派夺权的情况，中国科学院很快卷入到动乱中。半导体研究所不可避免地也卷入到这个运动中，半导体所党组书记刘再生第一个被打倒，机关党委书记王微紧跟着也被打倒。

1964 年半导体所实验室曾经发生一次失火事件，王守觉当时正在实验室，为灭火被烧伤住院，时任党组书记的刘再生本来就很欣赏王守觉的科研能力，他安排科研业务部门，用了十一块黑板大力宣传王守觉救火事迹，于是王守觉作为救火英雄成为半导体所宣传的对象。"文化大革命"中刘再生被打倒，王守觉作为研究室主任和"党组书记的大红人"，很快也被戴上"反动学术权威"的帽子，成为全所第三号被批斗的"牛鬼蛇神"。运动初期，他被多次批斗、"坐飞机"。造反派夺权成功后，各种批斗活动没有了，但王守觉仍被停职，参加各种体力劳动，进行劳动改造。于是，在一栋小楼里，出现了一个拿着扫帚、簸箕、拖把的人，每天从 1

楼到 6 楼扫厕所，再从 6 楼扫到 1 楼。在打扫厕所一段时间后，王守觉被派去烧锅炉，中间还经常参加各种搬运工作。

"文化大革命"给很多人留下噩梦般的记忆，有人无法理解，有人惶恐不安，但是王守觉坦然面对，从不绝望。王守觉被打倒的时间一共有 3 年，他说："许多科学家都受到过不公平的待遇，对我来说，'文化大革命'被打倒的 3 年，对我也是有好处的，我看了许多哲学方面的书，开阔了眼界。造反派把我从实验室里拉出来，强迫我接触社会，于是，我从书呆子变得老练了许多。……我那几年还很能吃，一个月能吃 40 多斤粮食。"[①]在劳动改造中王守觉保持乐观态度，体会到了普通群众的真诚与善良。

1969 年，王守觉恢复工作。王守觉在"文化大革命"中受到较小的冲击，这主要得益于 1967 年中科院对部分研究所实行军事管理制度以及后来的管理体制的变化。1967 年 9 月 20 日，聂荣臻提出《关于国防科研体制调整、改组方案的报告》，为了保证军工项目的顺利进行，避开运动的影响，建议把国防科研力量进一步组织起来，成立 18 个研究院，涉及的研究机构纳入国防部门的有关研究院。根据这一方案，半导体所于 1967 年 10 月 25 日划归国防科委，直属国防科委第十四研究院，更名为 1420 所，代号"中国人民解放军京字 129 部队"。同年年底，所里又来了军宣队，从上到下各科室部门都派了军代表，全部由军管人员负责[②]。

回到研究岗位的王守觉最想做的事情是实现三年前，即 1966 年研究中就有的一个设想：自动制版技术和图形发生器的研究工作。

研制成功积木式自动图形发生器

从集成电路到大规模集成电路的发展，必须解决三项关键技术：一是

---

① 王守觉访谈，2014 年 7 月 12 日，苏州。资料存于采集工程数据库。

② 王扬宗、曹效业主编：《中国科学院院属单位简史》卷 1 下。北京：科学出版社，2009 年，第 630 页。

精密加工技术，二是版图为主的设计技术，三是测试技术①。在版图为主的设计技术领域，随着光刻掩膜版的图形日益复杂化，源自刻红胶膜照相制版的传统方法越来越难以满足复杂图形的需要。

20世纪六十年代，国内的掩膜版制作方法是：先画图、刻红胶膜，再用照相缩小制作中间版。王守觉发现了这种方法的问题：这种制版方法隐藏着对掩膜的一个限制，即电路所含器件数量与掩膜版精度之间存在不可避免的内在矛盾。由于刻红胶膜的精度有限，要保证掩膜版精度就必须在照相缩小时有足够大的缩小倍数，而随着电路规模的扩大又必然要求每个电路尺寸增大。但电路尺寸会受红胶膜的限制，而不能无限制扩大。所以说，用红胶膜照相制版将成为扩大电路规模的一个限制。

1965年，王守觉首先提出了用光学拼图方式来直接发生复杂图形的掩膜版主张。由于当时科研条件很差，国外对我国实行封锁，国内的机械加工能力达不到要求。王守觉于是自己改装了很多东西，这些做法在当时都是非常聪明的。比如他与助手杨柳林一起用一台大型工具显微镜改装成图形拼合产生设备，这一设备可使图形库里的多个基本图形直接用传感光拼合方法产生出复杂图形。再比如，当时制版的精度极易受到外界干扰，外面一辆车经过，制版的精度就达不到亚微米量级了。王守觉让工人就地挖一个两三米深的大坑，坑里用水泥浇筑一个柱子，把显微镜放在柱子上，这样外界的干扰就会减弱许多②。

1966年初，第一块小规模集成电路的掩膜版试制成功。虽然用传感光拼合产生图形的过程还是由手工操作完成的，但它已从原理上验证了不用刻图照相而用光学图形发生方法制作掩膜版的可行性。这比国际上1969年最早发表的图形发生器有关论文还早3年③，这是图形发生器研制工作中较重要的技术创新，至少说明从技术新方向和新途径开辟的思想上，王守觉当时还是站在世界前列的。

---

① 所庆筹委会编著：《中国科学院半导体研究所建所30周年纪念文集——奋进的三十年》，1991年，第16页。

② 杨柳林访谈，2013年6月8日，苏州。资料存于采集工程数据库。

③ 沈玲：我的院士之路——著名半导体与信息专家王守觉自述.《苏南科技开发》，2005年第2期，第55-56页．

就在王守觉凭借自己敏锐的科学洞察力，将研究重点也转向了制版和图形发生器的研究的时候，"文化大革命"打乱了他研究的节奏，当时图形发生自动制版工作被批判成"好高骛远"、"标新立异"、"浪费国家资产"、"不务正业"等等，实验设备也被彻底拆毁。这项创新工作被迫搁置下来，一搁就是 4 年 [①]。

1969 年王守觉经过"文化大革命"三年的劳动"审查"后被"解放"，被安排在科技处制版组做具体工艺制造的工作，无法施展所长。

1970 年，他看到了当时国外同行发表的用拼图感光方式产生版图的图形发生器论文，证实了他早在 1965 年提出的创新设想并在 1966 年初见成效的制版途径的正确性。王守觉认为有了国外图形发生器的先例，这是恢复研制图形发生器的好时机，遂义无反顾地向当时的军管人员提出了重新展开图形发生器和自动制版技术研究的建议。这一建议意外地得到军管人员的支持，并立即组成了以他为主持人的研究小组，他原来的助手杨柳林以及庄文君等人也应他的要求调了进来。

王守觉带领研制小组亲自试验、设计、制作、调试，并与金工厂的老师傅配合进行金工加工，工作进展十分顺利，仅花了半年时间，于1971 年 4 月，就把一台一般通用的光栅定位数字式工具显微镜，成功地改造成了我国第一台能自动制版的积木式图形发生器。这台图形发生器以光学拼图方式制成了以"毛主席万岁"字样为图案的掩膜版向"五一"劳动节献礼 [②]。

图 5-1　王守觉调试图形发生器
中：王守觉　右：杨柳林（王守觉提供）

虽然仅工作了几个月，中国第一台图形发生器就诞生了，研制

---

① 马佐成：作为当今微电子技术核心的图形发生器自动制版与 CAD 技术坎坷的发展历程。见：中国科学院半导体研究所建所四十周年纪念文集编委会编：《中国科学院半导体研究所建所 40 周年纪念文集》。2000（内部资料），第 95—96 页。

② 沈玲：我的院士之路——著名半导体与信息专家王守觉自述。《苏南科技开发》，2005 年第 2 期，第 55—56 页。

成功的效率可谓空前，但是王守觉仍然认为，这是个遗憾，他认为如果从1965 年开始不中断研制工作，它将会成为世界上第一台图形发生器。这三年造成的遗憾太多了 [①]。

1975 年王守觉在《物理学报》上发表论文"积木式图形发生器及其图形发生方式"，论述了他关于图形发生器的思想。

实现大规模集成电路计算机辅助自动制版

1958 年美国仙童半导体公司制成单片硅集成电路后，美国迅速把它发展成大规模集成电路，并在电子计算机上广泛应用。半导体所在硅平面晶体管成果的基础上，也踏上了向集成电路进军的新征途。1964 年试制成功原始的双极型集成电路样品，并将二氧化硅的化学汽相淀积方法应用到集成电路工艺中，这种工艺方法至今还大量应用在集成电路工艺中。

20 世纪 60 年代末，国外已经能够批量生产大规模集成电路，而且集成度较高，各种不同独创性的结构、新电路不断出现，同期我国这方面的研究则有一定差距，造成这个差距的主要原因是基础研究工作薄弱和工艺装备落后。

在基础研究工作方面，国外为了发展大规模集成电路，组织了大批力量，从事半导体技术的基础研究，摸清材料和器件制造工艺的规律，并建立了许多检测成品率和可靠性的分析中心，研究工艺分析和监控方法。而我国只忙于仿制国外产品，自己很少进行基础研究工作，没有一套完整的工艺方法和适合我国国情的工艺流程。因此技术上出现问题，往往不知道毛病在哪里，提不出解决办法。

在工艺装备方面，国外大规模集成电路，非常重视改进工艺装备，差不多每五年左右更新一次。当时已采用单机自动生产线，而我国全部都是

---

① 王守觉:《多维空间仿生信息学》。北京:国防出版社，2008 年，第 181，183 页。

手工操作。仅从制版工艺来说，国外采用计算机辅助制版，半个月左右可以完成一套版，工艺试验一般一次成功，一个厂家一年可以搞几十个新品种。我国仍然采用老方法，制一套版要两三个月，还往往一次不能成功，再反复又是两三个月，搞一个新品种要一、二年。在电路设计方面，国外已经普遍采用计算机辅助设计，我国只有半导体所等个别单位开始部署这方面工作，但由于没有大型计算机及图形显示等设备，工作进展缓慢[1]。

为使自动制版技术能配套应用，1971 年王守觉接着率领全组人员投入了计算机硬件和自动制版软件的研制工作，1973 年投入使用，解决了实际制版工艺问题。1971 年半导体所开始设立"大规模集成电路自动制版技术"课题项目，王守觉为项目负责人，他带领杨柳林、田兆雪、郭安、李伟、赵书鸾、马佐成、陈玉章、沈永周、薄建国、徐炳华、李全圣、庄文君等人开始了大规模集成电路自动制版技术的攻坚。

集成电路是根植于基础理论、基础工艺，尤其是半导体器件物理、材料物理、工艺物理等方面的研究成果，同时又借助于精密计算机自动控制技术、精密光学技术、精密机械定位对准技术、超净与化学超纯技术等最新成就。随着集成度的提高，当器件特征结构尺寸的加工精度进入微米级，微细图形加工技术就成为提高电路集成度和半导体存储能力的关键技术之一。20 世纪 70 年代开始，以 DRAM（动态随机存储器）为代表的集成电路在集成度、光刻分辨率、最小特征尺寸、微细图形加工技术几个方面有了进一步的发展。

微细图形加工技术、精密控制掺杂技术、超薄层晶体及薄膜生长技术是集成电路生产中必不可少的工艺技术。其中微细图形加工技术包括光掩膜制作技术（简称制版）和芯片集成电路图形曝光刻蚀技术（简称光刻）[2]。光掩膜的质量优劣直接影响光刻工艺的质量，从而影响半导体器件或集成电路电学性能、可靠性和芯片成品率。当时国内大规模集成电路的掩膜版制作用手工刻图的方式，已经远远不能满足大规模集成电路复杂的图案要求。因此，自动制版技术是半导体所研究大规模集成电路制作中最

---

[1]　中国科学院档案馆档案：A023-105。

[2]　王守觉编著：《微电子技术》。上海：上海科学技术出版社，1994 年，第 33-35 页。

重要的、最亟需解决的技术问题。

在半导体集成电路生产中，需要多次光刻，每次光刻都需要一块具有特定几何图形的光刻掩蔽膜版（俗称光掩膜、光刻版），这是集成电路的首道工艺。光掩膜制作技术，从制版方式上可分为传统的缩微的制图方式、缩微图形合成方式、图形发生器自动制版方式；从制版工艺程序上可分为计算机辅助制版技术、中间掩膜版制作技术和工作掩膜版制作技术[①]。

采用何种自动制版方式是王守觉首先面临的问题。自动刻图的方式是直接由人工刻图发展而来的方式。其优点是与人工刻图照相相比缩小改变的少，易于用大部分原设备原工艺来进行，其缺点是刻图完后仍然需要用人工的方式来揭去不要的薄膜，而且对于所做的电路的规模虽然由于自动刻图精度的提高而提高了，但总还是受到初缩照相设备尺寸的限制。激光扫描自动制版是速度较高的一种方式，但在精度要求相似的情况下它对于机械系统和电子控制系统的要求较高。如果在电子束设备中装有精密定位的移动台面利用电子束直接制作1:1的主掩膜是精度最高、分辨率最高的制版方式，但设备庞大，对机械和电子束控制系统的要求高，一般认为适用于线条宽度要求在一微米以下的单元面积不大的微波器件等场合。利用电子束作中间掩膜，在经过缩小的或不缩小的分布重复过程制作主掩膜的方法，其分辨率将受到分步重复光学系统的影响，而发挥不出电子束的高分辨率的优点。用图形发生器产生中间掩膜的方式，避免了人工揭膜的操作，中间掩膜的规模也不受限制，而且设备较电子束与激光扫描制版简单，虽然速度不如激光扫描制版及电子束制版，但是还能满足于实际使用。根据这些情况，王守觉与二室的同志经过讨论选择了用图形发生器产生中间掩膜的自动制版方式。其原理和流程如图5-2、5-3所示。

在研制过程中，王守觉发现测量仪器和设备不相适应的情况：简单的小规模集成电路的测试尚可利用分立器件的仪器和设备，复杂的中小规模集成电路必须有特殊的测量仪器和设备。王守觉带领课题组同志自力更

---

① 王守觉编著：《微电子技术》。上海：上海科学技术出版社，1994年，第47页。

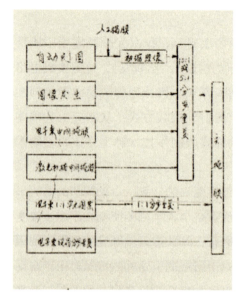

图 5-2　自动制版方式原理图（王守觉手稿，中国科学院档案馆）

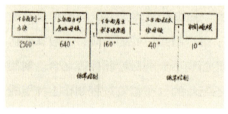

图 5-3　自动制版技术流程图（王守觉手稿，中国科学院档案馆）

生，试制高水平的仪器设备，以推动科研工作。根据全国大规模集成电路会战的要求，配合大、中规模集成电路的研制，承担了数字集成电路的动态参数测量系统和半导体存贮器测试仪两项设备的研制任务。这两项设备属于自动化测量仪器，前者用于数字集成电路的测试，后者用于 MOS（半导体金属氧化物）存贮器的测试。王守觉他们研制的这两种测量设备在北京无线电仪器厂等单位协作下，均投入生产，填补了当时集成电路测试设备的空白，为赶超国际先进水平，为大、中、小规模集成电路研制和生产提供了手段 [1]。

王守觉在发展大规模集成电路自动制版技术中，还自行配套了计算机的硬件和软件。最后完成的自动制版技术是：制版不再需要刻图照相缩小的过程，而只要从草图上取出一些坐标数据，输入到电子计算机，经计算机处理打印出制版控制纸带，再用此纸带通过图形发生器，自动制出复杂的掩膜版。制出的掩膜版精度高，而其尺寸和复杂程度不再受刻图方式的限制。

1974 年在王守觉的领导下终于在我国首次成功地应用计算机辅助自动制版技术，制成了大规模集成电路掩膜版，为基于计算机与图形发生器的自动制版法代替传统的刻图照相制版方式开辟了道路，使大规模集成电路

---

①　自然杂志编辑部编：《自然杂志年鉴 1979 专论 1》。上海：上海科学技术出版社，1980 年，第 28 页。

的复杂性不再受制于刻图尺寸与精度。这项工作 1978 年获得科学大会奖。

半导体所首先在国内实现了大规模集成电路自动制版以后，1974 年 8 月，在北京与四川永川由十四院召开的两次制版交流会及四机部在常州自动制版专业会议上作了介绍。王守觉为首的课题组应邀去上海、天津、山东、贵州等地作了报告，并为清华大学制作了 1024 位移位寄存器，成为国内第一套自动制版的大规模集成电路版，并以此做出了电路。随后为天津、上海等地制作了大规模集成电路掩膜版。为我国大规模集成电路自动制版技术的发展与普及起了推动作用 [①]。

三年之后，《电子学报》、《电子科学技术》、《国外电子技术》和《电子简报》四个期刊的编辑部于 1977 年 5 月 31 日至 6 月 2 日在北京召开了大规模、超大规模集成技术学术座谈会。包括王守觉在内的半导体界的专家，以极其兴奋的心情，畅谈了"文化大革命"后科技界的大好形势，并对发展我国大规模、超大规模集成技术进行了广泛的学术讨论。王守觉在会上发表了自己对未来集成电路发展的见解。他认为超大规模集成电路要想发展，必须依托于中大规模集成电路工业生产的雄厚基础。只有这样的发展才能有实际意义，比如像日本集成电路就有完整的技术发展体系支撑。其次，超大规模集成电路应用范围很广，在发展过程中遇到的问题需要分阶段考虑。最后，要充分重视超大规模集成电路的电路与版图设计问题 [②]。

在大规模集成电路工艺中，布线技术是关键工艺之一。如何将许多电路最精确、最有效地互连成为功能系统，是影响成品率的一个重要因素。

布线技术分为三大类：固定布线法、选择布线法和接点重布法。固定布线法是在制作产品时，对每一晶片采用同一金属化图形连接。但是这种方法的成品率很低，线路设计的灵活性也差，所以一般用于固定的简单电路结构的制作，由于掩膜是固定的，其成本较低。选择布线法是在片子上制成大量电路的基础上，根据电路的位置来选择布线方案，可以利用计算

---

① 中国科学院档案馆档案：A023-336。

② 座谈会发言专家：大规模超大规模集成技术学术座谈会发言摘要选登。《电子科学技术》，1978 年第 9 期，第 6-7 页。

机来进行工作。接点重布法是将片子上合格电路的接点重新设计安排，并移在标准的位置上，然后用另一固定引线连接掩膜，连接矩阵形成系统。这种方法比选择布线法简单，所以国外偏重此法 [1]。

1972 年，王守觉在研究自动制版的同时，进一步研究了计算机自动布线问题，为此半导体所专门成立了布线计算机组。王守觉提出了一种从总体分析出发进行布线的计算机损益分析的新颖计算方法。这个基本思想被他当时的学生庄文君后来以计算机软件实现了。

布线是集成电路设计的一个重要内容，在一个几千个、几万个元器件组成的系统里，如何连接这些元器件，排除元器件间的干扰，获得最优功耗、最优的可靠性和稳定性，这些问题都属于布图问题。布图问题可分规划、布局、布线和验证四部分工作，其中布线就是如何连接元器件问题，是最困难的工作。比如布一条线，要连接 20 个元器件，怎么连这条线能使之连得最短，又如当布一亿条线的时候，布线衍生出的问题就会很多了 [2]。

王守觉带领着庄文君等人，夜以继日地在图纸上画图，自己动手设计了一个专门搞布线的小计算机用来计算布线。这个小计算机里的一个核心部件就是王守觉设计的，计算机加了这个部件后，就能自己分析线与线之间的关系，在做布线任务的时候，速度提高很快。这个部件也体现出王守觉另一创新思想：计算机软件硬件化。这个思想在当时是非常先进的，只可惜，软件硬件化这一思想没有人继承发展下去了 [3]。

1980 年左右，庄文君以计算机软件发展了王守觉的布线总体分析法，完成了平面上布线的总体算法，又称通道损益分析法，证实了王守觉的这一创新思想的有效性。这个分析法通过对线间关系全局的综合分析，以通道损耗总值最小为目标，分析并确定合理的布线顺序和布线方式，使布线过程适应布局时的综合考虑，从而较大幅度地提高了布通率，提高布线效率。在此软件辅助下作出的平面布线，其布通率比国际上流行的一些方法

---

[1] 《半导体情报》编辑部编译：《大规模集成电路译文集》。北京：国防工业出版社，1971 年，第 14—15 页。

[2] 庄文君访谈，2013 年 6 月 8 日，苏州。资料存于采集工程数据库。

[3] 同[2]。

高 10% 左右。

一位日本布线专家 [1] 曾经说过，如果有一种方法能够把布通率稳定地提高一个百分点，就是划时代的进展 [2]。

可见，王守觉的创新方法是具有划时代意义的 [3]。此算法中还通过线间关系的综合分析，记录了大量的线间关系信息，从而对进行自动剩线处理或人工剩线处理可提供极为有益的帮助。

1982 年，在昆明召开的中国计算机学会数字系统设计自动化学组 CAD 交流会，庄文君介绍了 CAD 布线中通道损益分析法。1984 年 5 月，庄文君在《计算机学报》第 3 期上发表了"通道区布线的通道损益分析法"的论文，该论文介绍的通道区布线算法，从通道竞争的角度出发，直接以完成布线所需通道数最少为目标，提出了关于有效覆盖的基本定量分析手段，在通道损益分析的基础上进行选优布线，对十六个布线实例全部以极高的效率求得当时的已知最佳解 [4]。这篇论文在计算机辅助设计界引起了很大反响，并获得中国科学院科学技术奖二等奖。同年，庄文君参加了在烟台召开的全国第三次数字系统设计自动化（DA）会议，作了"不规则边界的通道区布线算法"。基于王守觉关于自动布线的思想，庄文君不断发展并完善它。1988 年，由庄文君发展的"自动布图设计系统"获得国家科技成果奖。（图 5-4）

图 5-4　国家科技成果证书——大规模集成电路自动布图设计系统（来源：王守觉提供）

---

① S. 后藤（S.Goto），庄文君在访谈中提到的日本布线专家。

② 杨柳林访谈，2013 年 6 月 8 日，苏州。资料存于采集工程数据库。

③ 庄文君访谈，2013 年 6 月 8 日，苏州。存地同②。

④ 庄文君：通道区布线的通道损益分析法。《计算机学报》，1984 年第 3 期，第 217、227 页。

向全国科学大会献礼

到 1977 年半导体所已形成了比较庞大的研究规模。当时所里有 1309 人，其中研究技术人员 519 人，其他业务人员 49 人，工人 648 人，行政管理人员 93 人，绝大部分科研人员的年龄都在 35 岁以上。建有七个研究室、两个工厂，即：半导体材料室、双极型集成电路两个室、MOS 集成电路室、微波器件室、仪器仪表室和发光、激光器件室；一个金工加工厂，一个设在河北省廊坊集成电路的生产工厂。

但是由于"文化大革命"等原因，我国半导体技术发展整体水平与国际的差距却在逐年增大。"文化大革命"期间，半导体研究所的半导体理论组和化学分析组被取消，人员被解散，科学书籍和国外文献看的人少了，生产形式代替了过去的科研形式，基础水平和外文水平降低，外国人作学术报告听不懂，国外文章看不懂的现象已开始出现。另外一个重要原因是忽视半导体基础理论的研究。针对这种情况，1977 年 6 月，半导体所提出三年改造的规划。

1978 年 3 月中共中央、国务院在北京隆重召开了全国科学大会。这次大会是"文化大革命"之后，国家百废待兴的形势下召开的一次重要会议，澄清了长期束缚科学技术发展的重大理论是非问题，打开了文化大革命以来长期禁锢知识分子的桎梏，迎来了科学的春天。为庆祝科学大会召开，国家提出包括半导体所在内的科技单位要向科学大会献礼，于是半导体所在三年整改的初期全力筹办该活动。

1978 年，根据《关于抓紧做好参加全国科学大会筹备工作的通知》的要求，半导体所核心小组和有关业务部门就'关于向科学大会献礼'的问题，进行了研究，作出了开展献礼活动的决定，并专门召开各室（厂）负责同志会议，作了布置、安排。各支部根据所里的精神，发动群众，制订了献礼项目具体计划。所里要求"各单位按照计划表所列的各项内容，逐一组织落实。这些献礼项目是各室（厂）完成今年科研生产计划的必保的重点项目，其中五项是全所确定的重点项目。"[1] 按计划要求全所工人、科研人员、干部乘着全国科学大会，特别是重要领导同志接见全国自然科学学科规划会议代表的强劲东风，以实际行动大学大庆，大干快上，集中力量，苦干巧干一百天，突击完成十五项献礼项目[2]。

半导体所上到所级领导下到科技工作者都绷紧了弦，决心要在这次活动中发挥出水平，不负国家领导人的期望。王守觉也是如此，既为"科学的春天"到来而欢欣鼓舞，又感到自己肩膀上的重担。王守觉带领二室研制的大规模集成电路的计算机辅助设计是第十个献礼项目，这项技术的基础是晶体管的数学模型，晶体管的数学模型决定计算机辅助设计的精确度。王守觉改进用 AGOL 语言编出的模型分析程序使它更好地分析晶体管模型。这项技术从空白到达到较高水平共花了王守觉三年时间。

为了完成向科学大会完美献礼，半导体所对二室提出的进度指标是：第一，对三年来的工作进行总结，提出研究报告，并希望把双极型晶体管模型生产方法在国内推广。第二，对上述第一条基础上进一步研究，写出一篇学术报告。第三，对所内常用的几种集成电路晶体管建立数学模型，作为模型库的一部分。第四，研究模型中主要参数和温度的关系，扩大模型的应用范围。第五，利用模型分析程序和电路分析程序对模型和电路进行分析计算，不断提高模型精度。

针对以上进度指标，二室采取的措施是：第一，利用现有各种测量设备对模型参数进行准确测量。第二，与计算站联系，多争取一些时间。第三，利用计算所的 111 机对 sttl 进行分析计算。第四，加强工艺线与器件模型设计实验工作。

在做好研制工作的同时，半导体所还及时召集了科学院内各兄弟单位负责人会议，组织了大规模集成电路关键设备大会战，以保证任务能很好完成。半导体所领导刘大明、施奠成同志于是年 1 月 26 日—3 月 12 日带领各所有关部门负责同志分别前往四川大邑光电所、长春光机所、沈阳自

---

[1] 中国科学院档案馆档案：A023-105。

[2] 同[1]。

动化所、电工所、感光所等兄弟单位商谈任务的落实情况①。要在一年内把大规模集成电路搞上去。

1978 年王守觉撰写了《如何抓住这科学的春天》一文，文中对青年科技工作者从事研究做了反思：

> "从事科技工作的青年同志往往对跟自己正在进行的直接有关的问题十分关心，这是很必要的。但是，对跟自己正在进行的工作没有直接关系的学术问题，有些同志就极不关心，不感兴趣。这就影响了这些同志在科学知识广度上的范围。毫无疑问，作为专业的科学技术人员，应该把掌握科学知识的深度放在首要地位。但对一个科学问题的深入研究，往往涉及的知识面也愈来愈宽。因此科学知识面的广度往往也是保证深度的必要条件。"②

1978 年，王守武、林兰英、王守觉开始招研究生，半导体所逐年增加导师名额和学生名额。从 1978 年开始到 1980 年止，半导体所陆续地调整、建立如下实验室及工厂：① 新材料、单晶生长和低温外延工艺研究室；② 半导体物理研究室；③ 理化分析中心；④ 微波器件物理研究室；⑤ 激光、发光器件物理研究室；⑥ 新电路及其应用物理研究室；⑦ 新工艺新技术研究室；⑧ 表面器件物理研究室；⑨ 电子技术和仪器设备研究室；⑩ 硅超净工艺线；⑪ 金工加工厂；⑫ 廊坊工厂（集成电路工厂）③。

---

① 中国科学院档案馆档案：A023-120。

② 王守觉：如何抓住这科学的春天（手稿）。撰写时间 1978 年科学大会后不久。手稿复印件由何春藩提供。

③ 中国科学院档案馆档案：A023-104。

第六章
研制多元逻辑电路

拓展思路发明多元逻辑电路

　　"文化大革命"结束后，王守觉的工作重点开始转向逻辑电路的研究，尤其是双极型逻辑电路。

　　逻辑电路是一种以二进制为原理、实现数字信号逻辑运算和操作的电路，分为组合逻辑电路和时序逻辑电路。前者由最基本的"与门"电路、"或门"电路和"非门"电路组成，其输出值仅依赖于其输入变量的当前值，与输入变量的过去值无关——即不具记忆和存储功能；后者也由上述基本逻辑门电路组成，但存在反馈回路——它的输出值不仅依赖于输入变量的当前值，也依赖于输入变量的过去值。由这些基本逻辑电路构成的集成电路广泛应用于计算机、数字控制、通信、自动化和仪表等领域。

　　双极型集成电路作为逻辑电路中的一个典型代表，具有十分重要的应用价值，自 1958 年世界上最早的双极型集成电路诞生以来，各国的科学家也在挖掘其内在实用潜力上下功夫，究其原理上来说，就是在半导体内，多数载流子和少数载流子两种极性的载流子（空穴和电子）都参与有源元件的导电，如通常的 NPN 或 PNP 双极型晶体管。

我国双极型集成电路的发展始于 20 世纪 60 年代，当时以跟踪仿制国际上的新近成果为主，以满足国防工业的需要。王守觉作为我国第一批从事集成电路研究的主要科技攻关工作者，为推动我国集成电路工作的开展奠定了基础并进行了有效的探索。

王守觉于 1965—1968 年参与为国防工程服务的"156 工程"，于 1966年研制成功了国内最早的晶体管 - 晶体管逻辑集成电路，在我国国防工业中起到了关键作用，并因此获得 1978 年中国科学院颁发的重大科技成果奖（如图 6-1）。

图 6-1　晶体管 - 晶体管逻辑集成电路获奖
（来源：王守觉提供）

作为电子计算机的核心，集成逻辑电路的速度、功耗与工艺、成本、结构间的矛盾是决定电子计算机速度与价格的根本因素。提高工艺精度和工艺自动化程度是解决上述矛盾的一个方面。解决上述矛盾的另外一个重要方面，就是在同样的工艺条件水平之下，从器件和电路结构上考虑，探讨提高速度简化工艺降低成本的途径。ECL、EFL 等逻辑电路新结构的出现，是从速度提高上做贡献，I^2L 电路是想从工艺制备过程简化上做贡献，但在这些电路结构的发展中，简化工艺和提高速度始终是最为突出的矛盾。如何达到又简化工艺又得到高速度的性能这一直是未能解决的一个重要探讨方向[1]。

1976 年 10 月，十年的"文化大革命"结束了，王守觉摆脱了各方面条条框框的束缚，让他的创新思维又插上了翅膀，可以在更广阔的空间中翱翔。当年初冬，王守觉对逻辑电路的工艺与速度这一问题进行了深入的思考。他发现各类集成逻辑电路的工作速度都受到一个共同的制约因素的

---

[1]　A023-347.123，中国科学院半导体所科研档案，发明申报书。存于中国科学院档案馆。

影响，即常用的集成逻辑电路往往都是由一种基本单元门电路组合成的。这对基本单元门电路有一些共同的基本要求，如阈值、输入输出高低电平的匹配以及具有一定的抗干扰能力等等。速度愈快者，这个制约因素的影响愈突出，这是由于进入电路的信号总是要进行一

图6-2　王守觉科研工作照（中科院半导体所提供）

次或多次的倒相；这意味着电路中器件的结电容和许多分布电容都要以2倍于逻辑摆幅的电压变化进行充放电。这个充放电所需时间往往成为高速逻辑电路延迟时间的主要组成部分。如果改变这种方式，让复杂的逻辑电路不是由一种而是由几种基本单元组合而成，则上述要求，对于每一种单元将不再都是必需的了[①]。

　　1977年王守觉针对这个固有的缺陷，大胆地提出了一种新的多元逻辑电路的设想，探索一套用几种单元配套的新的逻辑电路，让逻辑电子连续变化，用一种不需阈值而逻辑摆幅略有衰减、结构简单的高速逻辑单元（如："与或"门）与少数倒相次数降到最低、需要阈值并能升高逻辑摆幅起整形作用的单元相结合构成所需的逻辑系统，从而达到速度快和工艺成本低的目的[②]。

　　他同时提出了一种使电路电容在同样工艺水平下降到最低点的电路结构——一种结构创新的双极型集成电路，它改变了常用的开关逻辑电路的概念，而用了一种特殊的晶体管构成的线性逻辑电路。它不同于常用集成逻辑电路那样基于一种基本单元门电路，而是由几种基本单元组合而成所需的逻辑系统，因而并不要求每种基本单元都有阈值特性。其主要基本单元就是一种高速线性"与或"门，其构成是一种特殊结构的晶体管。它有

　　① 中国科学技术协会编：《中国科学技术专家传略（工程技术编）电子、通信、计算机卷1》。北京：电子工业出版社，1998年，第505页。

　　② 王守觉、孙祥义、王润梅：一种新的高速集成逻辑电路——多元逻辑电路（DYL）。《电子学报》，1978年第2期。

两种类型的发射极，一种发射极（e_1）的电流放大系数（β）很大，另一种发射极（e_2）的电流放大系数很小，这是由于基区的厚度不同和掺杂浓度不同，以致注入效率和输运系数都相差很多，这两种发射极下面的基区分别由两次硼扩散获得。用这种特殊结构的多发射极晶体管，每一个晶体管就构成一个线性的"与或"逻辑门。用这种线性"与或"门和少量的倒相器、阈值单元等开关逻辑电路结合起来，组成多元逻辑电路体系，可装置各种高速计算机及其他数字逻辑电路。这种 DYL 线性"与或"门的基本原理图见（图6-3左）：图中用了一个特殊的晶体管符号，这个符号中画出集电极一侧的代表放大系数大的一类发射极（e_1），而画在基极一侧的代表放大系数小的一类发射极（e_2），I_b 和 I_{e2} 是恒流源。在实际电路中可以用一个电阻来代替成为具体线路图（图6-3右），图上基区两侧的发射极符号分别代表两种发射极。画在与集电极同一侧的是 β 大的发射极，记为 β_1，其值就是正常晶体管的共发射极电流放大系数。画在另一侧的是 β 小的发射极，记为 β_2（小于 β_1）。线性"与或"门的电流放大作用就是 β_1 和 β_2 的值相差悬殊的结果。除了多发射极晶体管外还有一个与基区连接的供电电阻，这个电阻在结构上直接由基区扩硼层延伸而成，省去了基区引线孔的面积。输入端的接地电阻通常由各个门的接地电阻合并

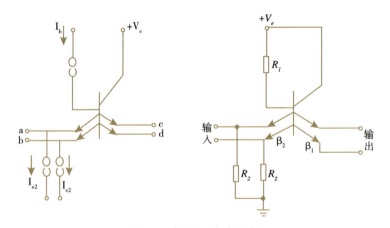

图 6-3 "与或"门基本电路图

（来源：中科院档案馆提供；一种集成高速模糊逻辑电路——多元逻辑电路（DYL[①]））

---

① DYL 为"多元逻辑电路"汉语拼音的第一个字母的缩写。

而成。输出侧的多发射极用来完成"线或"功能。晶体管的集电极都是接电源正极 [1]。

当几个门的输入端并联时，输入端的电阻可以简化成一个电阻。几个门的输出端又可以并接在一起成逻辑上的"或"功能，因而它的基本逻辑功能是"与或"门。这种电路输出端电平的高低是随输入端电平高低的变化而作连续变化的。因而它不是开关型的门，而是"线性与或门"。这种线性逻辑电路的"与"功能实际上是求各输入端电平的最低值，它的"或"功能则是求最高值。因而这种"线性与或门"也可用来对线性模拟信号进行特殊的逻辑加工，也就是作为有逻辑功能的线性电路来对模拟信号进行处理。这种功能更是其他集成逻辑电路所没有的。这种"线性与或门"每个门只用一个晶体管，它们的集电极都连接在电源正极，因而不需要隔离技术，结构简单，占用硅片面积小，工艺成本低。这种新结构消除了隔离岛电容对速度的影响，并减小了集电结电容的充放电电压，因而它的速度要比同样工艺条件所制备的其他类型逻辑电路快得多 [2]。

多元逻辑电路为什么具有速度高，结构简单的优越性？这是因为它改变了常用的开关逻辑电路的概念，而用了由一种特殊的晶体管构成的线性逻辑电路。拿游泳的情况作比方，常用的开关逻辑电路工作时，就像蛙泳动作，每往前划一步的同时要往上抬一次头，而多元逻辑电路工作时，就像鱼在水中的游动，它直线前进，经过多次划进以后才往上抬一次头，因而速度快而结构简单 [3]。

在成品率提高方面，同样的一个试验性大面积晶体管的成品率，对于常用 PN 结隔离工艺结果为 30% 左右，而用 DYL "线性与或门"的无隔离工艺，结果可达 98% 以上 [4]。

通过对多元逻辑电路的原理和工艺进行分析，我们可以看出多元逻辑

---

① A023-347.125，中国科学院半导体所科研档案，发明申报书。存于中国科学院档案馆。

② A023-347.126，中国科学院半导体所科研档案，发明申报书。存于中国科学院档案馆。

③ A023-347.15-16，中国科学院半导体所科研档案，多元逻辑电路研制情况汇报。存于中国科学院档案馆。

④ A023-347.127，中国科学院半导体所科研档案，发明申报书。存于中国科学院档案馆。

电路具有下列优点：（1）集电极对交流全部接地，这就克服了一般集成逻辑电路存在的隔离岛电容影响速度的问题；（2）全部是射极跟随的非饱和电路；（3）在改变状态时集电结电容的充电电压仅等于逻辑摆幅本身而不是接近于它的两倍；（4）单独由这种"与或"门集成时，可以用很简单的工艺，不需要外延，不需要隔离 ① 。

1977 年，这种逻辑电平连续变化的集成"与"、"或"门在实验室内试制成功，每级门的延迟时间小于 1ns，比在当时工艺条件下最高速度的门电路速度高 3 倍以上。

1978 年王守觉在国际上最先发表了《一种新的高速集成逻辑电路——多元逻辑电路（DYL）》一文。这是在国际上最早提出并实现的逻辑电子连续变化的集成电路。它的逻辑功能与国外在 20 世纪 80 年代发表的模糊逻辑电路相同，比日本最早发表的集成模糊逻辑电路论文早两年。因此亦

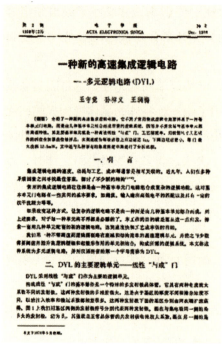

图 6-4 《一种新的高速集成逻辑电路》

可称之为模糊逻辑电路或连续逻辑电路。这种模糊逻辑电路的 MIN 门和 MAX 门，当时被称为线性"与"、"或"门。

"一种新的高速集成逻辑电路"的论文，在中国《电子学报》上刊登后不久，一位美国科学家到中国科学院半导体研究所，参观了王守觉领导的实验室，观看了用这种电路搭成的微型电子计算机，详细询问了新电路的发明经过和发明者的设计思想，表示很感兴趣。回国后又写信说，他与美国的有关专家谈了王守觉的研究工作，一致认为："这可能确实是一项很有用的重要

---

① A023-347.17，中国科学院半导体所科研档案，关于多元逻辑电路的评议意见。存于中国科学院档案馆。

发明，希望他在美国申请专利，并将论文寄给将在华盛顿召开的国际电子器件会议"[1]。

　　从当时我国双极型中、大规模集成电路整体水平来看，王守觉创造的这种新结构的逻辑电路速度上超过了 ECL（在同样工艺条件下制备），在工艺上采用简化的集成工艺，不用外延和隔离，可直接在硅单晶上实现，速度快（延迟时间短）、工艺简单，易于制作，集成密度高，大大提高了电路的成品率。由于使用了两种 β 的复合晶体管，降低了通过线性门的电平损失，利用改进了的阈值单元，提高了逻辑摆幅，又进一步设计制造了反相器电路等，从而使得这种复合逻辑体系能够实用。

　　中国科学院于 1979 年 12 月 17—20 日在北京对"多元逻辑电路"等进行院级鉴定[2]，来自国防科技大学、四机部 711 所、1424 所、1015 所、1915 所、科学院计算所、科学院 109 工厂等单位的测试小组报告了多元逻辑电路的电路测试结果[3]。鉴定结论指出，科学院半导体所研制成功的多元逻辑（DYL）电路，是一种器件结构创新的双极型集成电路。其中，所设计的无隔离、无外延的线性与或门，具有工艺简单、制造难度低、速度快、集成密度高、成品率高等优点，配上阈值电路和反相器电路，可以完成各种完整的逻辑功能。十六级级联的试验电路可在较宽的温度范围内工作。

图 6-5　DYL 获中科院科技成果一等奖
（来源：王守觉提供）

　　该工作通过鉴定并获中国科学院科技成果奖一等奖。该电路的研

　　① 叶传满主编：《院士风采录》。上海：同济大学出版社，1997 年，第 81 页。

　　② A023-347.3，中国科学院半导体所科研档案，关于召开《N 沟道 MOS4096 位动态随机存储器提高成品率的研究》《多元逻辑电路》两项科研成果鉴定会的通知。存于中国科学院档案馆。

　　③ A023-347.14，中国科学院半导体所科研档案，N 沟道 MOS4096 位动态随机存储器提高成品率的研究、一种新的高速集成逻辑电路——多元逻辑电路（DYL）成果鉴定会议日程表。存地同②。

制成功，为我国高速双极型中大规模集成电路的发展开辟了一条可能的新途径 ①。

DYL1300 试验性计算机

　　1978—1979 年，为了进一步验证多元逻辑电路的先进性与实用性，王守觉研制了中、大规模集成的多元逻辑电路，并和他的助手们一道开展应用集成多元逻辑电路组装实用高速小型计算机的研究工作。他们装置成了一台指令系统与当时流行的 DJS-130 小型计算机完全相同而速度更高的小型计算机，名为 DYL-1300 ②。

　　DYL-1300 微处理机的主机由运算器、控制器、时钟脉冲和启动控制电路组成，全部采用多元逻辑电路组件，外围设备的接口电路也全部用多元逻辑电路装成。本机字长 16 位 ③，每秒运算 50 万次，指令系统与 DJS-130 机一致。该机采用微程序控制方式，微程序由四拍时钟脉冲

图 6-6　DYL 集成电路、DLL 集成电路（来源：苏州中科半导体集成技术研发中心有限公司）

---

　　① A023-347.20，中国科学院半导体所科研档案，对多元逻辑（DYL）电路的鉴定意见。存于中国科学院档案馆。

　　② A023-347.1，中国科学院半导体所科研档案，关于 MOS4096 位存储器、多元逻辑电路两项科研成果申请院级鉴定的报告。存地同上。

　　③ A023-347.25，中国科学院半导体所科研档案，DYL1300 微处理机说明，存地同上。

完成，执行一条微指令所需时间约 2/3 微秒。各条宏指令的执行时间绝大多数比 DSJ-130 短。这台计算机工作稳定，电路结构简单，易于生产。所用多元逻辑电路品种计有大规模集成电路 4 种、中规模集成电路 10 种，其品种为：

表 6-1　多元逻辑电路品种

大规模集成电路	中规模集成电路
12 位高速先行进位发生器	8× 二与二或门
17 线输入 8 线输出逻辑阵列	8× 三端与或门
39×16 微程序只读存储器	12 位单向开关
40×16 自动导引程序只读存储器	4 个四、二、二、二与或门
	4 个五端与或门
	12 个阈值单元
	12 个倒相器
	4 个阈值单元加 4 个倒相器
	6 个带门暂存器
	4 个驱动器

这一系列的多元逻辑电路，达到的速度每级门延迟小于 1 毫微秒，集成密度达到每平方毫米 30 个门。具有速度快、器材省等优点，[①] 通过拷机后证明稳定可靠。

DYL-1300 微处理机的研制，为多元逻辑电路的应用开辟了新的天地，具有标志意义。

多元逻辑高速数码乘法器电路

17 世纪中叶产生的经典的数值分析方法，到了 20 世纪数字计算机蓬勃兴起的时代，发挥了巨大作用。科学问题中复杂的数学运算，在数值分

---

① A023-347，中国科学院半导体所科研档案，专题技术档案简介"一种新的高速集成逻辑电路——多元逻辑电路（DYL）"。存于中国科学院档案馆。

析原理指导下，能简单地化为几种算术运算的重复结合，再借助于数字计算机数字算术运算的快速性和准确性，方便地得以求解。在这些运算中，数字乘法运算在科学、技术问题中占的量大，因此具有特殊重要的地位。所以，人们一直致力于研究提高数字乘法运算速度的方法，进而结合微电子制作技术的发展，研制高速数码乘法器集成芯片。

当时，国外发展高速数码乘法器的研究主要集中在两个方面：一是改进数码乘法运算方法，充分利用数学中某些运算变换的等价性，使乘积的产生所需经逻辑门延迟的级数减少；二是研究提高乘法器中基本逻辑门的工作速度。

在这些研究中，算法的发展已从早期广泛采用的规则化的 Braun 方式逐步改为采用改进的 Booth 算法，亦即所谓的乘数再编码法，使两数相乘运算次数达到最少。在提高基本逻辑门工作速度方面，一般采用依赖提高制作工艺水平的缩小器件尺寸的方式来提高逻辑门工作速度。当时高速逻辑门的速度水平为 TTL<3ns、ECL<lns、CMOS<5ns。

国外发展高速数码乘法器的显著特点是：广参与、重开发、短周期。几乎所有大型半导体制造公司都参与高速数码乘法器的研究开发。一项算法上的改进，一项制作工艺的改进导致逻辑门速度的提高，很快就能在高速数码乘法器的产品研制开发中应用，产品指标更新速度快。对于十位以上的数码乘法器，20 世纪 70 年代末的最高水平为 100ns，一般在 200ns 以上；到了 80 年代中，最高水平为 50ns，一般在 100ns 以上；进入 90 年代，最高水平为 20ns 左右，一般在 50ns 以上。

进一步利用制作工艺上的成果，通过缩小尺寸，提高速度，提高集成度是国际上的主要发展趋势。与此同时，新算法、新材料、新结构亦在不断发展之中。PipeLine 方式就是利用算法结构创新，提高乘法器的利用率。此外，还有不少研究中采用砷化镓材料来制作器件，以进一步提高速度，也有采用 HEMT 等新器件构成高速乘法器的。但这些新发展，最终能否成为大趋势还是要以性能价格比来决定它们的前途。

我国的高速数码乘法器的研制起步较晚，"七五"期间国家有关部门布点开展研究。在此期间，多元逻辑高速电路被列为国家重点科技攻关项目，研究由这种电路构成高速数码乘法器。王守觉和他的助手们研究了 DYL 电路的有源馈电方式，不仅解决了逻辑电路与 TTL 和 CMOS 电路的兼容问题，还使 DYL 电路每级门延迟时间降到

图 6-7 DYL 高速数码乘法器鉴定会（来源：王守觉提供）

0.3ns 以下。当时国内的工艺条件比较落后，王守觉决心以新电路在原理上的优势克服国内工艺落后的不利条件，在速度上超过国外最高速度的产品。到 1990 年"七五"攻关任务完成时，他用 5 微米的落后工艺制备成了以中规模集成电路连接成的 DYL 12×12 位高速数码乘法器，其乘法运算时间不到 11ns，比 1990 年国际最高水平的 12×12 位乘法器产品的速度（21ns）高出近一倍。

"七五"国家重点科技攻关项目"多元逻辑高速数码乘法器电路"科技成果鉴定会，在机械电子部微电子基础产品司和中国科学院技术科学局主持下于 1991 年 1 月 21 日在北京中国科学院半导体研究所举行。鉴定委员会听取了该项目的研究报告、工艺研制报告和测试报告，一致认为多元逻辑高速数码乘法器具有如下特点：

1. 该高速数码乘法器创造性地运用了我国独创的多元逻辑线性与或门电路，使其速度克服了国内外常规逻辑电路中电平反转所造成的时间延迟，速度有了突破性的提高。

2. 由于采用了只经过一级多元逻辑线性与或门延迟就能实现的 PLA 子乘法器作为部分乘积的新设计结构，充分发挥了与或逻辑的长处，使乘法器电路中最终乘积的产生所需要经过的门延迟级数比国外乘法器电路有明显的减少，从而进一步提高了速度。

3. 采用 4p 套刻的中规模集成工艺，用接线互联的方式，实现了 12×12 位高速乘法器。包括接线延迟时间在内，其速度比国际上 1990 年

DATA 公布的 Motorola 同样位数的 ECL 最高档乘法器产品标称值高出近一倍。这充分证明了这种电路与结构设计在高速性能上的优越性，将来采用 VLSI 工艺，可望速度有更大的提高。

4. 电路采用了有源馈电结构，降低了功耗，使这种高速数码乘法器可以用 VLSI 实现。

5. 电路与 TTL 及 CMOS 兼容。

鉴定委员会认为：该项多元逻辑高速数码乘法器是一项创造性成果，设计思想新颖，其关键的高速性能达到了国际先进水平，且具有很大的潜力[①]。

此成果通过鉴定后，受到了有关部门的重视并获得 1992 年中国科学院科技进步二等奖。

除了中科院半导体所研制成的 12×12 位多元逻辑高速数码乘法器外，陕西临潼的 771 所研制成 CMOS 单片 8×8 位阵列乘法器，乘法时间为 200ns；国防科工委在无锡华晶布点研制 12×12 位阵列乘法器，乘法时间为 150ns。此外 "863" 高技术跟踪计划中也安排了改进的 Booth 算法高速数码乘法器计算机软件模拟课题。清华大学也正在研制 CMOS 多值硬件乘法器。综上可知，在当时我国的数码乘法器产品中，速度进入世界先进行列的除了中科院半导体所王守觉的成果外，其他成果的水平尚属国际上 80 年代初的水平[②]。

现在，高速数码乘法器已在许多领域中扮演了关键角色。在实时数字信号分析处理技术中，包括：

图 6-8　DYL 高速数码乘法器获奖证书（来源：王守觉提供）

①　王守觉提供，"多元逻辑高速数码乘法器电路" 鉴定报告。资料存于采集工程数据库。
②　王守觉提供，"多元逻辑高速数码乘法器" 项目申报书。存地同①。

国防中的电子对抗、航天技术中的实时控制、卫星遥测遥感中的信号分析、现代通信中的图象信号处理等就需大量使用高速数码乘法器；此外，在高速数字计算机中及其它实时工业控制中亦大量采用高速数码乘法器。

研制成功多元逻辑 8 位高速数—模（D/A）转换器

20 世纪 80 年代初，王守觉在高速数码乘法电路成果基础上，利用这种高速的模糊逻辑器件，提出了一种数—模（D/A）转换器的新结构，所研制出的芯片集成了除电阻网络外接以外的所有部件，在实验室印制版及组装基础上验证了它对高速 D/A 转换功能上特殊的优越性。实验结果数字模拟转换时间不到 5ns，这比当时国外产品的最高水平高出了许多。由于当时没有完整的精密电阻网络集成制作工艺把这电路集成在一块芯片上，只能把这个实物模拟的结果以论文的形式发表，但根据分析和经验可知，集成在一块芯片后速度还会进一步提高。

由于多元逻辑电路在对模拟信号直接处理功能上的优点，在当时通信工程学院研制卫星通信入网设备的信令识别等部件中使用，得到了很高的评价"……该电路具有很高的选择性，可做到几赫带宽"，"在长期实用中证明，工作稳定可靠"，"经历环境温度变化大……。接口方便等许多优点，对此我们感到十分满意"。然而获奖、使用单位称誉、优异的结果、论文发表等并不代表会有光明的前景。就在通信工程学院十分迫切需要这种新电路之时，生产这种电路的某工厂却被下厂视察的部里机关领导干部当场批评，勒令停产改作进口芯片的封装，以致使通信工程学院因买不到新电路而无法继续此项工作[1]。

由于工艺条件差，国内高速数—模转换器（D/A）产品的水平与国外

---

[1] 通信工程学院科研处使用报告。资料存于采集工程数据库。

相比，即使采取仿制方式，仍有着不小的差距。以致精度在 8 位以上、转换时间小于 30ns 的高速视频 D/A，直至 20 世纪 90 年代前期仍然只能依赖进口。而当时我国的军用高速数字信号处理和多媒体应用却急需国内能够自己生产供应这种器件。国防科工委提议把王守觉的高速乘法器到电子 47 所进行成果转化，因 47 所制作工艺集成度的问题，无法单片集成乘法器，便提出与中科院半导体所联合研制规模小一些的高速电路。于是引出了将王守觉 10 多年前研制成的高速 D/A 转换器用在 47 所进行产品开发的国防预研项目上。1991 年，经王守觉倡议和在国防科工委有关主管部门的组织与支持下，中科院半导体所与电子部第 47 所共同承担起了这一项目的预研任务。半导体所以王守觉为首的预研组，负责全部线路与版图的研究和设计，47 所承担电路芯片的工程研制。王守觉首创的 DYL 高速线性门被作为基本单元用于线路与版图设计之中。利用这种线性门来求大求小的逻辑运算功能取代传统 DAC[1] 中的电流开关去实现数模转换，只经过不到一年时间，便构成了一种与国外同类产品完全不同的 8 位高速 D/A，投片一次成功，使当时国内同类电路最高水平提高了 20 倍，它不仅具有很高的转换速度，而且还能和通用的 CMOS 及 TTL 数字电路兼容，并特别适合用于 D/A 以转换器作数字量与模拟量间的转换[2]。1995 年 3 月 13 日在中国科学院军工办公室和电子部军工预研局联合主持下，召开了由中国科学院半导体研究所和电子部 47 所共同承担的"八五"国防科技预研"DYL 多元逻辑 8 位高速视频 D/A 转换器"项目鉴定会。鉴定委员们听取并审查了设计研究报告、工艺研究报告、测试报告和使用报告，一致认为：

1. 中科院半导体所在该转换器的线路和版图设计中，采用了该所首创的基于一种多 p 晶体管的 DYL 多元逻辑高速线性门作为基本单元，并运用它的模糊逻辑运算求大求小作用实现了高速数模转换功能。使转换器具有很高的转换速度和与 CMOS 及 TTL 数字电路兼容的优点。这种新结构与新设计思想属国际首创。

---

① DAC 是数模转换器的又一种缩写形式。

② 中国科学技术协会编：《中国科学技术专家传略（工程技术编）电子、通信、计算机卷1》。北京：电子工业出版社，1998 年。

2. 电子部 47 所在该转换器的
工艺研制中，成功地应用了均属当
前国内一流水平的多晶硅发射极技
术、离子注入砷 n⁺ 埋层技术、p+
硼扩散埋层对通隔离技术、高稳
定 NiCrSi 薄膜技术和激光修正技
术，从而保证和进一步提高了转
换速度与线性度。

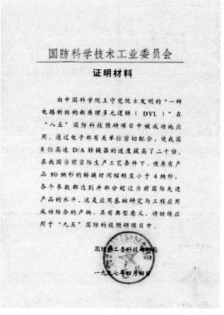

3. 研制成功的 DYL 多元逻辑
8 位高速视频 D/A 转换器的转换电
平与 CMOS 和 TTL 数字电路兼容，
与国际上同类产品相比，其转换速
度 <4ns、电源电流 <40mA、相对
精度 <±1/2LSB，都达到并部分超
过了国际先进产品的水平。

图 6-9　国防科工委证明材料（来源：王守
觉提供）

4. 宏转换器很适于视频图象实时处理和多媒体技术等新兴高技术领域
应用。其制造工艺符合我国实际生产工艺条件，因而可实现批量及规模生
产。建议尽快投产推广使用。

5. 该转换器的研制成功是中科院研究所的应用基础研究与电子部研究
所的工程研究相结合的产物，这种成功的结合具有一定的典型和推广意义。

6. 该转换器的测试数据准确可信，技术文件的齐套性与质量符合要求。
鉴定委员会一致认为该项目已完成并部分超额完成了"八五"军事电子预
研合同规定的技术指标要求，一致同意 DYL 多元逻辑 8 位高速视频 D/A
转换器通过技术鉴定。[①]

此后，王守觉还提出了应用连续逻辑与数字逻辑梳状量化器结合实现
模拟信号动态随机存贮器的途径。他的研究生在他的指导下实现了这种多
值与准模拟信息动态存贮器线路，这项十多年前的创新成果也因此获得

① 王守觉提供，"DYL 多元逻辑 8 位高速视频 D/A 转换器"鉴定报告。资料存于采集工程
数据库。

图6-10　DYL 8位高速视频D/A转换器获国家发明奖和科学院科技进步奖（王守觉提供）

图6-11　一个新构想的命运（来源：《人民日报》1995年4月10日）

了1996年12月的国家技术发明奖三等奖和1996年的中科院科技进步奖二等奖。

1995年4月10日，《人民日报》刊登了题为"一个新构想的命运"的文章报道了王守觉的创新成果之前没有被重视的经过。文章最后说："在科学技术高速发展的今天，任何机会的错失都会让我们落后挨打、追悔莫及。在我们的身边，如今捧着先进的成果受冷遇的人又还有多少呢？社会的承认啊，你可不能再姗姗来迟。"又在"编辑寄语"中写道：对知识、对知识分子的另一种（指生活津贴以外的）"善待"——重视那些默默无闻的研究者的科研成果，最大限度地发挥他们在推动经济发展、社会进步方面的巨大作用，……而接受这样的"善待"，科技工作者的心里恐怕比接受津贴还要熨贴许多许多。新闻记者们说出了"默默无闻的研究者"们的心里话。

多元逻辑电路的应用及意义

　　王守觉研制的多元逻辑电路不仅停留在理论和实验室阶段，他一直在探索将该成果应用到民用、军用领域，产生了诸多成果，为国民经济的发展和国防事业的进步贡献了力量。

　　1980—1982 年间，王守觉与桂林市电子工业公司合作，应用 DYL 电路研制成功了我国第一台大型电子智能游艺机。这也是迄今为止唯一一部全部应用国产集成电路的大型电子游艺机。当时生产了

图 6-12　王守觉研制的大型游艺机（来源：王守觉提供）

四台，很受用户欢迎，对我国大型电子游艺机工业的起步起到了奠基作用。1990 年，王守觉被视作我国大型电子智能游艺机的奠基人而受到中国游艺机游乐园协会的表彰。

　　20 世纪 80 年代初，王守觉大力进行了高速模糊逻辑电路在整机上的应用推广。其中舰艇用多功能电话系统于 1983 年获中科院重大成果二等奖，装备于海军 053H2-539、540、541、542 等多艘新舰艇上。科研用的万能函数发生仪器，在工厂销售数十套，获中科院成果三等奖。在解放军通信工程学院的努力下，成功地应用于卫星通信入网接口设备、多终端共线器、语音加密设备、滤波器、集线器等多个领域[1]。

---

[1]　王守觉提供，解放军通信工程学院科研处使用报告。资料存于采集工程数据库。

1986 年，王守觉发表了"连续逻辑为电子线路与系统提供的新手段"等理论研究结果。被著名电路与系统专家，清华大学常迵院士评为"不仅在实用上有重大价值，而且在电路与系统的理论上也是一项具有开拓性的工作"。当时电子部 27 所技术委员会副主任章贤民副总工程师评为"开创了电路理论的新篇章，是电路理论研究的卓越成就，是对电路理论宝库的划时代的贡献"。中国人民解放军南京通信工程学院训练部部长徐越彦教授以他们学院在此文启迪下制成的滤波频率可控的多音频滤波器、语音加密设备、集线器等为例，称王守觉的这一贡献："必然会在电子系统的研制工作中起到推动作用，导致多种新电路、新系统及新设备的产生。"中国人民解放军通讯工程学院来函说："……该电路具有很高的选择性，可做到几赫带宽"，"在长期使用中证明，工作稳定可靠"，"经历环境温度变化大，接口方便等许多优惠，对此我们感到十分满意"等 [1]。

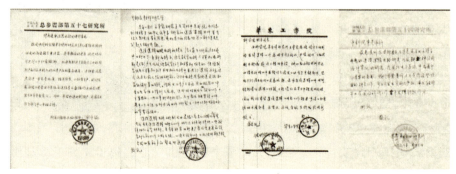

图 6-13 多元逻辑电路的评价（来源：王守觉提供）

进入 20 世纪 90 年代后，在石寅博士的继承与发展下，多元逻辑电路创新学术、创新思想在不同领域得到了进一步拓展应用：上世纪末与中电集团 47 所合作承担了多元逻辑 CMOS 高速数码乘法器电路项目，实现了超高速微功耗的高性能，2000 年后在无线通信芯片研发中得到了更多应用。在多模微波调制模拟信号的高速时分切换、多路信号的混频、不同电路之间的阻抗变换，采用多元逻辑电路学术思想实现了低噪声、高线性、

---

① 王守觉提供，电子科学技术杰出人才奖候选人提名书，北京。资料存于采集工程数据库。

高隔离度的优异效果。

多元逻辑电路的研制成功，在我国集成电路的发展进程中占据着重要地位，标志着我国集成电路的设计水平跻身于世界先进行列，它的意义主要表现在以下几个方面：

1. 多元逻辑电路是一种适合于大规模集成的高速电路。若把多种单元电路一起大规模集成在一块电路上（应用与其它电路一样的隔离技术），可以达到极高的速度和获得比 ECL 高得多的集成密度。

2. 把线性"与或"门单独集成在一块电路上，不需要外延工艺和隔离技术，可以用极简单的工艺得到很高的速度和比一般电路高得多的集成密度。

3. 该电路的研制成功，为我国高速双极型中大规模集成电路的发展开辟了一条可能的新途径 [①] 。

现在模拟电路和数字电路各树一支、独立发展，王守觉的多元逻辑电路研究开创了建立统一电路理论的前景。连续逻辑电路则可输入双重特性信号，这就必然刺激和影响人们去建立包括模拟和数字电路在内的统一的电路理论。应用统一的电路理论进行电路设计，无疑将会收到高屋建瓴之效 [②] 。

[①] A023-347.20，中国科学院半导体所科研档案，对多元逻辑（DYL）电路的鉴定意见。存于中国科学院档案馆。

[②] 章贤民，评价，北京。资料存于采集工程数据库。

第七章
人工神经网络研究

涉足人工智能新领域

以数学和物理方法以及信息处理的角度对人脑神经网络进行抽象，并建立某种简化模型，称为人工神经网络（artificial neural network，缩写ANN）。人工神经网络远不是人脑生物神经网络的真实写照，而只是对它的简化、抽象与模拟。揭示人脑的奥妙不仅需要各学科的交叉和各领域专家的协作，还需要测试手段的进一步发展。尽管如此，目前已提出上百种人工神经网络模型。令人欣慰的是，这种简化模型的确能反映出人脑的许多基本特性。它们在模式识别、系统辨识、信号处理、自动控制、组合优化、预测预估、故障诊断、医学与经济学等领域已成功地解决了许多现代计算机难以解决的实际问题，表现出良好的智能特性和潜在的应用前景。

在人工神经网络的研究和应用中，随着问题的深度与复杂性的上升，如何能高速模拟多种多样的神经网络模型与结构，快速地达到自适应、自学习以及最优的过程，日益成为人们关注的重要问题。研究半导体专用硬件来实现高速的、灵活的仿真（即半导体神经网络通用处理机）以及研究用固化的半导体芯片来模拟某特定用途的网络（即特定网络固化芯片）是半导体人工神经网络研究的主要内容。根据美国 AT&T 与日本三菱公司透露的研究工作内容，20 世纪 90 年代初其半导体神经网络速度已分别达到每秒千亿次和每秒万亿次联接。此速度比微机快十多万至百多万倍，比人脑速度估计只差三至四个数量级，其重要意义不言而喻。

我国虽然在人工神经网络研究上已有很大投入，并在石油勘探、模式识别等应用领域初步取得可喜成果，但除了一些在模型算法的理论工作之外，大部分都是在微机或工作站进行模拟工作，所研究的神经网络在规模上受到很大限制。而国内半导体技术的研究工作，面对半导体人工神经网络这一新兴边缘分支学科，重视还很不够。截止到 20 世纪 90 年代初，除了中科院半导体所在这方面已有较系统的工作外，其他只有清华、复旦等少数大学的个别学者进行了一些尝试性工作 [1]。

1990 年的一天，王守觉通过分析他的"模糊逻辑电路"10 多年后才得到重视这一事例，得出了几个结论。第一个结论是，在相对落后的中国，要想做出让国际社会承认的成就，不能在国际上技术已经相对成熟的领域去奋斗，他举例说："譬如电灯泡，已经很成熟，大家都会造，你造一个更好的出来是没有人理睬的。所以，我们必须要找国际上没有成熟的领域去做，才能做出大的成就。"第二个结论是，中国和发达国家在科技领域中的差距并不小，如果按部就班地去争，可能没有一样能走到前面，所以必须依照田忌赛马的规则"以我中驷敌彼下驷"，甚至"以我上驷敌彼下驷"。于是他通过寻找，发现当时电子计算机在人工智能方面碰到了很大困难，最突出的问题就是形象思维方面，计算机虽然在科学技术计算中本领很大，但在形象思维问题上却远远不及人脑，甚至还不及一只小动物。原因是人类的思维不像计算机那样是按数学步骤一步一步进行的。这正是10 多年来计算机智能化方向发展缓慢和人们对人工神经网络寄予很大希望的主要原因。传统冯·诺依曼体系计算机在人工智能和形象思维等领域中

---

[1] 中科院半导体所，半导体人工神经网络优势学科"九五"研究规划，1994 年 3 月 20 日，北京。资料存于采集工程数据库。

存在着明显不足，理论上难以解决形象思维问题，所以需要发展人工神经网络，人们逐渐重视这一网络，并视之为高水平"智能"产业难题的主要途径。正是出于认清了人工神经网络有着巨大的发展空间，王守觉于1990年开始关注人工神经网络这一研究领域，他看到国内半导体人工神经网络研究的空白，遂毅然投身其中。自1991年起，王守觉致力于神经网络模式识别等机器形象思维的基础理论与实际应用基础研究。

人脑约有一百多亿个神经细胞，每个神经细胞与成千上万个其他神经细胞相连，从而形成了一个极其庞大的神经网络，随时接受各种信息，同时由不同路线并行处理，所以能够快速处理各种复杂问题。每个神经细胞都具有许多神经突触用以接受信息，而这些突触汇总接受到的信息以决定这个神经细胞的状态是"激活"还是"抑制"。用简单的数学语言来说，一次乘法和累加就相当于一个神经突触接受一次信息的活动。许许多多简单的乘法和累加计算，就形成了决定脑细胞是激活状态还是抑制状态的简单数学模型。其可用数学语言表述为：

$$O_j = f\left(\sum_{j=1}^{n} W_{ij} \cdot O_i\right)$$

式中 O_i 为其他神经元的状态输出，W_{ij} 是表征神经元 i 和 j 之间连接强弱的权重（i=1，2，…，n），f 是神经元输出非线性函数。

如果 f 是个台阶函数，那么，$\sum$ 大于0就是激活，小于0就是抑制。一个神经元是相对简单的，但人脑由许许多多（大约有数百亿个）神经元组成，所以就有上千万亿个权值，虽然每个神经元计算速度很慢，但合起来就很快，比普通微机快上百万倍。举个例子来说明它的工作方式，$Ax+By-C=0$ 是直线方程，一根直线把二维的平面分成两半，对于一个神经元来说就是在一个多维空间里做了一个超平面，把多维空间分成两半，半个空间输出为0，另半个输出为1。我们接收到的信号，如眼睛看到的，都可以矢量化，比如看到一条狗，就看作看到许多的点，看作许许多多的量，所以无论看到一个图像或听到一个声音，都可以看作多维空间的一个点，根据这些点可以把多维空间划分为许多个区，这个区是狗，那个区是猫。当看到狗或猫时，根据划分情况，可以告诉你是狗还是猫这个神经元被激活了。神经元是分成许多层次一步步把事物来区分开的，这种计算方式和我们用一个公式、方程式是完全不一样的。拿个物理模型来说，i 是输入情况，o 是输出情况，有一个黑匣子，由神经元构成的，里面有许许多多多权值，要它实现某个功能，不需要用数学表达式说出来，只是先告诉它，如果输入是怎么样，输出应是怎么样。就像医院里好多病例，每个病例是一个样本，把许许多多病例输入进去，拿病人诊断结果作为要求的输出，修正里面各个权值，使得多维空间的映射，符合客观规律。

总而言之，人工神经网络用来解决不能用数学表达式阐释的事物，是一个很好的发展方向，是一种截然不同的计算方法。但如果用计算机来模拟就非常慢，因为计算机在一个瞬间只能模拟一个乘法，每秒钟只能模拟几十万个神经元联结，若一个一个分别模拟太慢了。加快有两个办法，一是直接把一个个神经元做到硅片上，但用这方法若模拟上万个神经元，就要 10^9 根连续，硅片面积会要求大到像房间那么大。另一种就是通过硬件手段直接实现人工神经网络功能，王守觉所从事的研究就是依据第二种方法。

人工神经网络采用大量的、比较简单的人工神经元作为基本单元，依靠单元之间复杂繁多的连接关系构成具有良好功能的网络，它是一种动态非线性系统；以分布式存贮和广泛并行协同处理为特征，具有容错、联想记忆、自学习进化等特性[1]。

人工神经网络的应用已遍及诸多领域，研究发展了许多实用网络模型和算法，它们主要有三大类：即前馈型人工神经网络（如 BP 网络），反馈型人工神经网络（如 Hopfield 网络），自组织竞争人工神经网络（如 SOM 网络）。随着人工神经网络研究的发展，在此基础上每年仍将有许多改进型的网络模型和算法问世。人工神经网络可用在模式识别、股市行情预测等方面。

---

[1] 鲁华祥：半导体人工神经网络研究与进展。《电子学报》，1995 年第 23 卷第 10 期，第 129 页。

人工神经网络和人的大脑相像，人脑细胞不断死亡，功能却不会被破坏，神经网络某一节点出现问题也不影响整体工作，但一般计算机不一样，哪一位出错都不行，容错能力很差。神经计算方式是把所计算问题的内容分布在许多次神经联结计算中，因而它的各次运算并不与计算结果有一一对应的关系，即计算过程中如果有部分计算错误，并不会影响计算结果，这是神经计算方式具有很好容错性的原因。另外，对于所要解决的问题，神经计算方式并不需要预先编排出计算程序来计算，而只要告诉它若干实例和所要求的结果，它就可以通过自学习来完成。这是神经计算方式的另一特点。这就像婴儿认识母亲的本领，正是从许多次看到母亲的形象"自学习"得来的，并不是按照任何认识步骤的计算过程来认识的。还有，一个原来熟识的人，经过许多年不见面，记忆中的形象可能会慢慢变得模糊，但却不会先忘掉眼睛形状，再忘掉鼻子形状，这样一部分一部分地把形象丢失掉。神经计算方式也具有这样的特点。

因此，神经计算方式更接近于人脑的形象思维活动。人们把这种神经计算方式称为人工神经网络。专门进行这种神经计算的装置就叫神经计算机，它按用户设定的神经网络模型结构与神经元的性能，自动按照神经网络的计算规则进行运算，无须像普通计算机那样，按需解决的问题先编好程序再作计算[①]。

20世纪90年代，用硬件直接实现人工神经网络主要有三种方法：采用电子学方法，依靠微电子技术实现神经网络；采用光电方法，依靠半导体光电集成技术实现神经网络；采用光学方法实现神经网络。

用微电子技术或光电集成技术实现神经网络都是半导体人工神经网络研究的内容，它能以集成电路技术为基础，借助于现有数字计算机技术的帮助，虽然同样存在有许多技术和理论上的困难，但经过几年来从理论、结构到技术等各个方面的研究发展，已显示出其旺盛的生命力，成为实现人工神经网络最现实和最实用的途径[②]。

---

① 王守觉：神经计算机：真正的电脑．《科学杂志》，1996年第2期，第45-46页。
② 鲁华祥：半导体人工神经网络研究与进展．《电子学报》，1995年第23卷第10期，第129-133页。

采用光学方法实现的光学神经网络，虽然具有高速平行处理、高密度互连等优点，但是光学元件零散、笨重，固定和校正都十分困难，常需安装在平台上工作。尽管在元件的超小型化方面进行了多年研究，许多光学元件如透镜、光纤在小型化方面都有很多进展，但要在一个神经网络中包含大量的光学元件仍是极为困难的。很显然，要用光学方法实现实用的人工神经网络系统是很困难的，是不实际的。

　　王守觉院士在模糊逻辑电路和半导体器件工艺方面的基础上，将半导体技术和计算机技术结合在一起，开展半导体人工神经网络的研究工作，在此前多元逻辑电路技术的基础上他先制作了一个乘法器，一个模拟量和一个数字量相乘，时间是 4—5ns，即从数字量输入到结果输出是 4ns，而从模拟址输入到结果输出是 5ns，这个水平还是比较高的，当时国外还没有模拟量、数字量相乘有这么快的。以此为契机，他投身半导体人工神经网络硬件的应用工作中，取得了一系列重要成果，为人工神经网络技术的发展做出了重要的贡献。

　　从 1991 年到 1995 年，王守觉的研究工作主要集中于半导体人工神经网络硬件实现的研究和人工神经网络基本概念的总结与概括。在中国科学院半导体研究所，建立起以王守觉为核心的半导体神经网络的研究团队，承担了"八五"攻关课题"人工神经网络硬件化实现"及国防预研基金课题"模式识别用神经网络理论研究"。王守觉领导的研究组，在模拟与数字混合处理和纳秒高速神经突触等方面的攻关指标达到国际先进水平。此外，他对半导体神经网络从神经计算机硬件

图 7-1　神经网络的硬件化实现（来源：王守觉提供）

图 7-2　半导体神经网络技术及应用获北京市科技进步奖一等奖（来源：王守觉提供）

到神经网络模型、算法及其应用方面也作了一系列创新的探讨。王守觉提出了多值和多阈值神经元网络的新结构理论和树状前馈网络模型及其自学习的新算法。这种新模型与新算法，与国际上通用的 BP 网络与自学习算法相比，可大大简化网络结构并缩短自学习过程[①]。王守觉在这些方面的研究成果已在该领域的学术界产生了重要影响。2001 年获得北京市科技进步一等奖。

制成"预言神一号"人工神经网络计算机

人工神经网络计算机是一种模拟人脑神经网络工作原理的新型计算机，与前几代传统计算机的理念截然不同。历经了电子管计算机、晶体管计算机、半导体集成电路计算机和超大规模集成电路计算机四次飞跃的传统计算机虽然被人们誉为"电脑"，然而除了其记忆功能与人脑有相似之处外，其他工作机理与人脑完全不同。每秒运算速度高达上百亿次的"电脑"远不能理解人的思想，在识别物体的速度和精度方面大大落后于人脑。而神经网络计算机旨在模拟人脑。它以神经细胞为单位，通过神经细胞的"互联网"来传递、处理信息的机制，从而找到重现人类智能的恰当模型。它具有自我组织功能，能实现自学习和联想记忆，特别适合于模式识别、自动控制优化和预测等领域。

自 1991 年起，王守觉院士承担了"八五"科技攻关课题"人工神经网络的硬件化实现"，其代表性成果是一台小型神经计算机——"预言神一号"。该机采用了我国创新的一种高速模糊逻辑电路——多元逻辑电路构成的数字模拟乘法器作为神经突触基本运算的核心器件。数字量和模拟量相乘时间只需要 5ns，使每个神经突触每秒可运算 500 万次，也就是说每个神经突触每秒可模拟神经联结 500 万次。全机每秒模拟神经联结运算

---

① 中国科学技术协会编：《中国科学技术专家传略（工程技术编）电子、通信、计算机卷1》。北京：电子工业出版社，1998 年，第 509 页。

2000万次。一次模拟神经网络规模为256个神经细胞；每个神经细胞具有512个突触；每次同时模拟网络状态128种[1]。该机采用了一种灵活性强使用方便的创新结构，使在计算过程中，可随时灵活地改变所模拟神经网络的模型结构和神经细胞的特性参数。具有自主学习和识别简单事物的功能，在演示用于手写数字识别中，初步显示了神经计算的优越性[2]。该机已在北京

图7-3 "预言神一号"小型神经计算机的早期和推广机型（来源：中科院半导体所）

科技大学计算机系和北京工业大学电子工程系等高等院校教学中应用，效果良好。在演示中，已显示了它的优越性。举个简单的例子，如果我们把实物以不同的姿态通过"预言神一号"的"眼睛"——摄像头，输入给"预言神一号"，同时告诉它这些实物的名称，经过数秒钟学习过程以后，它就能正确地认识这些实物。在各种姿态下识别的正确率达到96%。而要用普通的"电脑"来完成这一任务，不仅需要专门编制一个相当复杂的程序而且运算起来难度是相当大的。

这台机器，还可以应用于"在线"的模式识别，要识别一个东西，只要规模在设计范围内，计算一次仅7ms。而且具有体积小，可以放在微机显示屏下使用的特点。还有一个用途是高速自动控制，自动控制都可以用神经网络来完成，而且还能自适应，随着结果可调整

图7-4 电子十大科技成果获奖证书（来源：王守觉提供）

---

① 李文祺：回忆往事.《解放日报》，1996年1月26日。
② 王守觉：神经计算机：真正的电脑.《科学杂志》，1996年第2期，第45-46页。

图 7-5　"八五"科技攻关重大成果获奖证书（王守觉提供）

结构，若同时控制 128 路，控制时间大约 1s[①]。

"预言神一号"既能够以前向，又能够以后向，按任意拓扑结构的神经网络进行计算。CASSANN-I 神经计算机——"预言神一号"获得 1995 年"电子十大科技成果"。在理论方面，王守觉于同年 5 月在电子学报上发表了"一种通用神经网络处理机设计及其 VLSI 集成化讨论"的文章。该研究 1996 年获国家"八五"科技攻关重大成果奖，为以后成功研制神经计算机系列奠定了基础。王守觉本人也由此评为国家"八五"科技攻关先进个人[②]。1997 年，王守觉提出模式识别用的神经网络的新模型，比原来的网络提高了两个数量级，在 1998 年国际会议上发表时，引起人们广泛关注。

神经计算机目前从理论上、模型结构上、自学习方法上以及应用上都还属于发展中的新兴阶段。开拓者所付出的努力与得到的回报相比简直微乎其微，一些原来预期过高的研究者开始退却了，而王守觉却充满信心地说："一哄而上未必是好事，搞的人减少了未必是坏事，'吹尽黄沙始见金'嘛，留下来的人才是真正有志于从事人工神经网络研究的人。""预言神一号"的自学习功能和形象思维方面的特殊优越性，将会推动计算机向智能化方向长足前进。可以预计，未来的理想的智能计算机系统，可能是现行的计算机与神经计算机相结合的一种兼而有之的崭新的计算机系统。到那时，电脑与人脑的竞争将会出现怎样的局面是难以想象的[③]。

① 王守觉：我国高新技术产业发展中的一些问题的探讨。中国电子学会资深会员工作委员会一届四次全委扩大会暨第一次学术研讨会会议论文。1997 年 8 月，内部资料。

② 叶传满：《院士风采录》。上海：同济大学出版社，1997 年，第 86 页。

③ 王守觉访谈，2012 年 5 月 19 日，苏州。资料存于采集工程数据库。

解决半导体工业生产优化问题

20 世纪 90 年代末，人工神经网络应用于工业生产优化过程的智能分析和控制，成为国内外人工神经网络应用研究的一个重要方面。1999 年 6 月，王守觉主持完成了国家自然科学基金重点项目《半导体工业生产优化问题的人工神经网络模型、算法与应用》，他把半导体人工神经网络用于生产工艺优化提高，该项目包括两个方面内容：第一方面的工作是研究把人工神经网络应用于解决半导体工业大生产过程控制参数的优化问题，以达到提高生产成品率的目的。第二方面的工作是针对大容量掩模只读存储器（MASK ROM）在生产过程中存在功能缺陷，使成品率降低的情况，用人工神经网络智能化地对缺陷的影响作一个量化的评价，在测试过程中可以按不同的评价进行等级归类，从而可以大大提高大容量 MASK ROM 生产过程中的测试成品率。研究这种方法并研制成一套神经网络 MASK ROM 智能化测试装置，可供大容量 MASK ROM 生产工厂使用。

当时国内的研究，大部分集中在利用 Hopfield 网络的动态特性解决过程优化问题。但王守觉采用了一种前馈传播神经网络（Feedforward Neural Network）——RBF 网络用于过程建模和优化，对工艺过程可控参数与成品率之间的非线性映射关系进行了很好的拟合。通过选择合适神经网络模型规模，可以剔除不真实的或被噪声"污染"的样本，从而找到真正反映半导体集成电路生产过程的映射关系。而这一工作在当时国内外还没有先例。

该应用的创新点在于，当时国内外不少研究机构将人工神经网络用于半导体工艺制造过程中某一特定加工序的建模、优化及监控。但采用神经网络方法对整个集成电路生产的工艺过程建模并进行整个生产过程成品率优化控制还未见报道。该应用以集成电路芯片生产的整个流程为研究对象，以芯片加工中的可控工艺参数作为优化对象，以芯片的最终成品率作为优化目标，以达到提高芯片成品率的目的。

通过测试，该项目用人工神经网络建模优化算法对大生产工艺控制参数进行优化，从而验证了提高成品率的方法是可行的。用逐步调整人工神经网络规模和结构进行分析，来排除工艺记录中不可避免的随机因素的影响，可使人工神经网络对于不可控因素较多的生产过程的优化控制问题具有一定的适应能力，因而这种用人工神经网络进行生产过程建模优化的方法可以推广应用于各种产品工业生产的优化中，具有广泛的应用前景。

中国华晶电子集团公司试用后反馈道："中科院半导体研究所研制的利用人工神经网络原理智能化测试 MASK ROM 功能的装置，具有测试 512K 至 4 兆位 MASK ROM 的功能，测试 4 兆位 MASK ROM 的测试时间小于一秒，并能分出功能等级，适用于我所计划开发生产的 4 兆位 MASK ROM 的成品测试中"。中国华晶电子集团公司把协作承担的自然科学基金重点项目《半导体工业生产优化问题的人工神经网络模型、算法与应用》中关于神经网络模型与优化算法的理论成果，应用于 1998 年双极 IC 生产线批量较大的代表性产品（电话机话音网络电路 CSC34018CS）工艺控制参数的优化中，以提高中测成品率为目标，提出优化建议。在双极 IC 生产线工艺人员的积极主动努力下，一年来该产品成品率有较大提高，实际情况如下：1997 年全年投片 187 批，平均成品率为 45.6%；1998 年 5 月前所投随件单记录全面符合原定工艺控制参数规范的 133 批，平均成品率为 51.7%，其中 113 批作为分析建模优化用样本，20 批作为模型验证使用；1998 年 6—11 月所投 26 批（全面符合优化后工艺控制参数建议规范），平均成品率为 57.5%。

1999 年 6 月 15 日，中国科学院组织召开了由中国科学院半导体研究所在中国华晶电子集团公司合作下共同完成的国家自然科学基金重点项目《半导体工业生产优化问题的人工神经网络模型、算法与应用》的成果鉴定会。鉴定委员听取和审查了项目技术研究报告、查新报告、测试报告与使用报告，并观看了实物演示，全体委员一致认为：

1. 该项目用神经网络抗噪建模优化新算法对华晶双极总厂大量生产中的双极 IC 代表性产品 CSC34018CS 的生产进行了控制参数的优化，控制参数优化前后的平均成品率由 51.7% 提高到 57.5%，相当于成品数量增加了 11.2%。说明此方法是行之有效的，在实际生产线上的应用是成功的。

2. 该项目所创建的"神经网络结构动态优化抗噪建模法"，初步掌握了用神经网络方法来提取半导体 IC 生产中淹没在噪声中的工艺控制参数的规律性，并在中国华晶电子集团公司应用于半导体 IC 大生产控制参数的优化中取得了良好的实际效果，这是一个有价值的创举。根据查新结果，国内外文献及专利均未见有神经网络对整个半导体集成电路芯片生产过程成品率优化控制的报导，属国际上创新性工作；依此所编制的"大生产控制参数神经网络优化算法软件"MCPOS，对大生产控制的优化具有普遍意义。

3. 该项目所研制成的神经网络 MASK ROM 智能化功能测试设备能对大生产中的 MASK ROM 成品进行智能化分级，测试分级方法属创新；对一块 4 兆位 MASK ROM 进行智能化测试分级时间只需 0.21 秒，测试速度快、效果好，具有很好的实用价值。

该项目将人工神经网络模型与算法系统完整地应用于半导体工业生产优化问题，属国际首创，其总体水平为国际先进[①]。

"预言神二号"人工神经网络计算机

2000 年，王守觉在"九五"科技攻关项目"半导体神经网络技术及其应用"项目的支持下，成功的研制了双权值神经元计算机"预言神二号"（CASSANN-II），并用于实物模型的识别，达到很好的效果。

CASSANN-II 是在创新了一种每个联结突触都具有两个权值的"双权值突触神经元"的基础上组成的高精度高阶浮点神经计算机，在神经元计算机中采用双权值突触的方法，实现了既可模拟传统的 ABF 神经元构成的 BP 网络功能，也可模拟国际上近年来发展的径向基函数（RBF）

---

① 王守觉提供，"半导体工业生产优化问题的人工神经网络模型、算法与应用"鉴定报告。资料存于采集工程数据库。

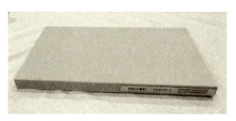

图 7-6　"预言神二号" 小型神经计算机
（来源：中科院半导体所）

神经元网络的功能，也可以模拟两者兼有的混合网络以及加权 RBF 等各种各样的神经元网络功能。CASSANN-II 双权值突触神经元计算机是在单节拍高精度浮点运算的硬件实现上的创新，使 CASSANN-II 神经元计算机既有双权值突触神经元复杂的功能，又能使神经元突触计算与硬件同时实现。同时，采用专用电路和通用大规模集成存储电路相结合的技术途径，用通用大规模集成高速静态随机存储器作为大量权值与神经元状态量和样本输入量以及各种可变的网络参数、模型拓扑参数的存储，达到了使用方便灵活，性能价格比高的目的。

CASSANN-II 神经元计算机实现的权值达 16 位精度，1024 个神经元的前馈网络神经处理机硬件和相应软件。

CASSANN-II 为 16 位高阶高精度的浮点双权值突触神经元计算机，神经元权值达到 16 位浮点精度，神经元状态达到 16 位浮点精度，可模拟网络规模为：一次模拟神经网络最大规模 1024 个神经元，每个神经元最多突触数量 512 个，一次计算最大样本数 63/127 个，是在创新的 "双权值突触神经元" 基础上采 16 位浮点运算的新型神经元计算机。

CASSANN-II 将对我国人工神经网络和混沌理论、模型和算法、实物识别等领域在教学、科研、开发等诸方面有一定的促进作用。CASSANN-II 可应用于高等院校的教学、图像识别、自动控制、语音识别等诸多的领域。

2000 年 12 月 27 日中国科学院主持召开了国家 "九五" 科技攻关 "半导体神经网络技术及其应用" 专题 "高精度双权值突触神经元计算机 CASSANN-II" 成果鉴定会。鉴定委员认为该项目具有如下特点：

1. 以双权值突触神经元硬件方式实现了一种通用性很强的神经元计算装置，它既可实现传统 ABF 神经元 BP 网络，也可实现径向基函数 RBF 等复杂的神经元网络；既可用于计算欧氏距离也可用于计算马氏距离等，并能用作多维空间的各种坐标变换；适用于模式识别、数字信号处理和优化处理等方面。

2. 内部计算全部采用了十六位浮点数，在神经网络硬件中具有较高的精度和很大的动态范围，以扩大神经网络硬件在信号处理、人工智能、自动控制等方面的适用范围。

图 7-7 "预言神二号"小型神经计算机鉴定会（王守觉提供）

3. 具有单节拍完成浮点运算的特点，单节拍运算时间为 200ns。

该项目以双权值突触为基础研制的 16 位浮点神经计算机，在一次运算中可实现具有 1024 个神经元 512K 个双权值突触的神经网络规模。首次提出了双权值突触结构通崩模型，并用硬件加以实现，属国际首创。适用性强，总体技术水平属国际先进水平 ① 。

随后王守觉还进一步研制了 CASSANN- Ⅲ 和 CASSANN- Ⅳ 预言神系列计算机。

通用神经网络处理机——Hopfield 网络硬件

在王守觉的领导下，中科院半导体研究所神经网络组研究发展了一种适合于我国神经网络研究需要的通用神经网络处理机——Hopfield 网络硬件。它以通用微机作为主机，大量采用高速 SRAM 作为权值和神经元状态存贮器，通过模拟量和数字量混合处理方法实现串并行处理功能的神经网络硬件。

Hopfield 网络规模为：全联接 1024 个神经元；一次计算迭代 1024 次

---

① 王守觉提供，"高精度双权值突触神经元计算机 CASSANN-II"鉴定报告。资料存于采集工程数据库。

权值精度为定点 16 位，包括 1 位符号位；神经元状态为二值。

在 16MHz 主钟频率下，实际测量计算迭代 1024 次，共 1024×1024×1024 次神经元联接，所需时间与按主钟频率和 8 路并行的推算值核对，实测结果计算 1073741824 次神经元联接共 8.4 秒，与 l6MHz 主钟 8 路并行计算 1024 神经元全联接迭代 1024 次所需时间 8.388608 秒相符，折合每秒运算 1.28 亿次神经元联接。

Hopfield 通用神经网络处理机是一种潜在应用面相当宽的硬件，有很强的灵活性，能适合于各种网络模型、自学习权值修改方法和神经元输出非线性函数等。

Hopfield 通用神经网络处理机具有较好的性能价格比，可以发展以数字量和模拟量混合处理方法实现的串并行处理系统。如前所述，全数字量运算的处理机虽然灵活性强，可工作于串、并行处理方式，但线路复杂，集成难度大，研制和生产成本都很高。在我国目前使用量不大的情况下，价格会高得无法承受，至于在国内投片加工则就更不可能了。全模拟量运算的处理机虽然电路简单，易于集成，但只能以全并行处理方式模拟较小规模神经网络。数字量和模拟量混合运算的处理机，可以很方便地利用 MDAC 和高速运放实现神经元突触的乘加运算，它可以既具有全数字量运算方式灵活性强、易于与微机接口、并可工作于串、并行处理方式的优点，又具有全模拟量运算方式电路简单易于集成的优点，因此是较理想的研究发展方向。

2000 年 12 月 27 日中国科学院主持召开了国家"九五"科技攻关"半导体神经网络技术及其应用"专题"高速二值 Hopfield 网络神经计算机"成果鉴定会。对该项目做了如下评价：

1. 实现了计算 Hopfield 全联接反馈网络高速多次迭代的专用硬件，每秒计算 1.28 亿次神经元联接，具有较高的神经网络权值精度（16 位定点）；

2. 提出并实现了具有动态自调整神经元阈值的方法，可以三种不同工作模式进行调整，仿真结果表明改善了 Hopfield 神经网络迭代过程的收敛性；

3. Hopfield 网络规模为 1024 个神经元，1048576 个神经突触，各次迭代结果可在显示器上同时以图形方式显示，直观效果较好。

该项目研制的高速计算 Hopfield 全联接反馈网络多次迭代的专用神经计算机，具有体积小、速度快、结果显示直观等特点。提出并实现了神经元阈值动态自调整的方法，具有独创性，其总体技术水平属国际先进水平 [1] 。

近年来，在神经网络信号处理与模糊逻辑方面颇有影响的德国多特蒙德（Dortmund）大学莫拉加（Moraga）教授，在参加国际学术会议时，指名要求会见王守觉院士，并专门为此组织了学术座谈会。会议主席莫拉加教授把半导体所这方面工作誉为"模糊逻辑电路方面的先驱工作" [2] 。

研究半导体人工神经网络的意义

人工神经网络虽然是一种模拟人类大脑神经细胞活动的计算方法，目前从理论上、模型结构上、自学习方法上以及应用上都还属于正在发展尚不成熟的新兴阶段。但是神经计算机的自学习功能和在形象思维方面的特殊优越性，必将会导致计算机向智能化方向的长足前进 [3] 。人工神经网络这种由相对简单运算单元经大量相互联接后的并行处理网络如何实现，是人工神经网络研究的方向。很显然，用软件模拟实现神经网络功能的方法，虽然具有成本低、使用方便、灵活性强等优点，但由于其从根本上失去了神经网络广泛并行处理信息的基本特征，在处理速度上远远不能满足研究和使用的要求。随着神经网络研究工作的深入，研究的网络规模和网络行为复杂性的迅速增加，这种用软件模拟实现网络功能的方法，明显地不能适应研究发展的需要，因此用硬件手段直接实现高速人工神经网络功

---

① 王守觉提供，"高速二值 Hopfield 网络神经计算机"鉴定报告。资料存于采集工程数据库。

② 王守觉提供，半导体人工神经网络优势学科"九五"研究规划，1994 年 3 月 20 日。存地同①。

③ 王守觉：神经计算机：真正的电脑。《科学杂志》，1996 年第 2 期，第 45—46 页。

能，对人工神经网络的研究发展与实际应用都具有十分重要的意义。王守觉院士基于多元逻辑电路的半导体人工神经网络硬件研究，就是认清了这一发展方向，从根本上解决了目前软件模拟方法所存在的问题，大幅提高了计算速度与计算水平，开辟了人工神经网络研究新方向，取得了达到世界先进水平的成果。

进入 21 世纪，由鲁华祥博士集成王守觉开创的神经网络学科方向，将王守觉提出的创新思想用于解决不精确、非完整信息的分析和决策领域，并在油田油井工况测量分析，电力设备绝缘状态监测，信息系统逆向分析等方面成功应用。

第八章
创建多维空间仿生信息学

提出多维空间仿生信息学新方向

    多维空间仿生信息学是为解决计算机如何对具有很多自变量的形象思维问题进行计算而提出来的。它是发展信息科学新算法的一种新思路，这种新思路主要是以图形概念为基础，用形象分析的几何方法来进行计算，用以替代对具有很多自变量的方程组的计算。多维空间仿生信息学是王守觉院士团队在科研工作中遵循实践——理论——实践——理论的规律而逐步发展起来的。

    王守觉关于这个方向的研究成果主要运用到数字信息处理（如模糊图像的清晰化处理等）和模式识别中。数字信号处理与数字图像处理技术（将数字信号处理与数字图像处理统称为数字信息处理技术）是自 20 世纪 60 年代以来，随着计算机和信息科学的飞速发展，应运而生并迅速发展，现已经形成一门独立的学科体系。数字信息处理是紧紧围绕着理论、实现及应用三个方面迅速发展起来的，它以众多的学科为理论基础，其成果又渗透到多个学科，成为理论与实践并重、在高新技术领域占有着重要地位的新兴学科。

数字信息处理在理论上涉及的领域极其广泛，数学领域中的微积分、概率统计、随机过程、高等代数、数值分析、近世代数、复变函数等都是它的基本工具；网络理论、信号与系统等均是它的理论基础。在学科发展上，数字信息处理又和最优控制、通信理论、故障诊断等紧紧相连；近年来又成为人工智能、模式识别、神经网络等新兴技术的理论基础之一，其算法的实现，无论是硬件或软件，又和计算机学科及微电子技术密不可分。因此，可以说，数字信息处理是把经典的理论体系（如数学、系统）作为自己的理论基础，同时，又使自己成为一系列新兴学科的理论基础。

信息科学和高维空间之间存在着紧密的根本联系，高维空间理论历经了多年的发展，这其中虽然有文献表明有一些理论产生，但高维空间几何分析方法一直没有形成一个完整的体系，对于信息技术，特别是样本学习的针对性不强，高维空间几何方法也没有在信息科学的发展中发挥其应有的作用。

数字信息处理是利用了计算机或专用的处理设备，以数值计算的方法对信号进行采集、变换、综合、估值与识别等加工处理，借以达到提取信息和便于应用的目的，因此，信息处理方法研究的对象是离散序列，所谓离散序列本身就是以某种形式组织起来的一组数字。对于这样的一组组数字，很容易对应于某个高维空间中的若干个点。这种信息科学和高维空间的根本联系，使得信息科学中很多信息处理方法都可以在高维空间中找到对应的问题和解释，高维形象几何方法的发展可以为信息科学寻找新的发展方向提供思路[1]。

人类进行形象思维是直接从形象的角度来进行的，并没有把它先转换成逻辑运算来进行计算。由于人类形象思维所涉及的信息往往具有上百个或更多的独立自变量，对于这样复杂的多变量问题按逻辑推理得到唯一的

---

[1] 刘扬阳：《高维形象几何与仿生信息学的发展》。博士后出站报告 2006 年 7 月。第 1~2 页，内部资料。

精确解的可能性太小。于是王守觉提出高维形象几何的概念，把这个问题进行简化分析，即形成了多维空间仿生信息学。一般高于三维的空间被称为多维空间，把远远高于三维的多维空间称为高维空间，因而也把多维空间仿生信息学称为高维形象几何仿生信息学（简称高维仿生信息学）[①]。

在高维形象几何概念被正式提出之前，王守觉历经了一系列的研究和思考，面对在信息科学发展中，尤其是人工神经网络，模式识别领域发展遇到的"瓶颈"状态，希望能寻找到更有效的理论和解决方法。1994年，王守觉在对人工神经网络分类功能的研究基础上，分析了已有人工神经网络神经元的结构，发现了神经元与高维空间几何形体之间的潜在对应关系，这种对应关系揭示了神经元在特征空间中能后发挥分类作用的本质原因。

在这个对应关系的基础上，王守觉提出多值和多阈值神经元，并同以往传统人工神经元进行实验比较，多值和多阈值神经元表现出了更突出的精确性和适用性，优化了人工神经网络的逻辑功能，并且降低人工神经网络的复杂性。

神经元可以对应到高维几何空间，那么神经网络也应该可以对应到高维几何空间中分析研究。在这个思路的基础上，1996年，王守觉提出了通用前馈网络排序学习前向掩蔽数学模型（SLAM），以及排序学习前向掩蔽数学模型和多阈值神经元结合的神经网络，经过一系列的实验验证，其学习能力大大高于各种改进的 BP 网络。此时的高维几何分析方法在模式识别中的作用已经越来越突出，也更加促进了王守觉对高维形象几何的进一步思考。

有了多值和多阈值神经元以及排序学习前向掩蔽数学模型的发现，为了使其适用于更多更复杂的问题空间，1999年王守觉总结了这两者之间的共性，发表了一篇十分重要的论文《通用神经网络硬件中神经元基本数学模型的讨论》[②]，文章中提出了通用神经网络硬件中神经元的基本数学模型，并紧接着在以后的研究工作中，系统地进行了人工神经网络的多维空

---

① 王守觉等：《多维空间仿生信息学入门》。北京：国防工业出版社，2008 年，第 VI 页。

② 王守觉等：通用神经网络硬件中神经元基本数学模型的讨论。《电子学报》，2001 年第 29 卷第 5 期，第 577–580 页。

间几何分析及其理论研究，至此，可以认为，高维形象几何概念、理论和分析方法被正式的提出。高维形象几何，同欧式几何一样，以其独特而且直观的分析方法以及简单易懂的分析技巧区别于数学其他分支。高维形象几何对于信息技术，特别是样本学习的针对性，在信息科学的发展中具有推动的作用。

2002 年，王守觉在高维形象几何概念的基础上提出仿生模式识别的理论，作全面比较研究，并且开始在各方面应用。2005 年，他分析了人工神经网络研究的发展情况，认为建立在执行一条条指令基础上的现行计算机系统，虽然在解决逻辑思维问题方面，具有极为高超的本领，但在解决形象思维问题方面的能力却很差，还不如一个小孩子，甚至不如一只小动物。因此，从长远观点看，人工神经网络的研究有广阔的前景和很大的实用意义。但是当时人工神经网络的研究也存在着很多未能解决的问题，王守觉通过研究发现，要突破神经网络发展中的障碍，必须在两个方面突破：一是要发展一种分析复杂神经网络行之有效的理论工具和思考方法；二是要创造一种能方便高效地模拟神经网络的神经计算机硬件，作为神经网络新理论、新模型、新算法的载体。从应用神经网络最多的模式识别的基本问题出发，王守觉发现当时的模式识别的基本理论出发点都是从特征空间中多类样本点的最佳划分出发的，也就是从非同类被识别对象的"差别"出发的，而人类认识事物却不是这样。设想农村中的一个孩子，能认识牛、羊、马、狗等等农村中所有的一切，但没见过汽车。如果有一辆汽车突然出现在他面前时，他会怎样想呢？他会把汽车与以前见过的牛、羊、马、狗等一件件比较，看与哪件最相像吗（传统模式识别正是这样的）？不，他会认为"我没见过这种东西"，"我不认识这种东西"。这正是人类"认识"事物与传统模式识别"区分"事物的差别。人类侧重于"认识"，而传统模式识别则只注意"区别"，没有重视"认识"的概念。

只重视"区别"的传统模式识别，必然带来两个缺点：一是首次遇到未学习过的新事物时，容易误认为是某一种学习过的旧事物；二是在对未学习过的新事物进行新的学习时，往往会打乱旧知识，即破坏原来学习过的、旧事物的识别。王守觉从人们对事物的"认识"概念出发，重新研究了模式识别问题（应该说是模式的"认识"问题）。王守觉发现所用的数学理论工具需发生很大变化。应从传统的以统计学理论作基础的强调"区别"的模式识别，改变为以"多维流形"的拓扑学理论作基础的强调"认识"的模式识别。因为它更近于人类认识事物的特性，又因为其理论分析数学工具正是点集拓扑学中对高维流形的研究问题，王守觉把它称为"仿生模式识别"，也称为"拓扑模式识别"。为了在解决实际问题中更方便地形象化地思考问题，王守觉以概念化、形象化和工程实用化为目标，发展了一种"高维空间几何分析方法"，同时提出了以实现"认识"事物为目标的"高维空间复杂几何形体覆盖"进行模式识别的方法[①]，和高维空间几何概念与代数精确计算相结合的高维空间点分布分析理论。

王守觉从高维空间点分布分析出发，提出了以一类样本在特征空间空间分布的最佳覆盖作为目标的"仿生模式识别"方法。他把高维空间点分布分析理论首先应用于模式识别问题，用在特征空间中认识点分布形态的仿生模式识别取代常规模式识别，取得了十分优异的实际效果。以对多种刚体实物模型作识别目标的全方位识别问题作实际考核，以国际上新发展、被公认处优势地位的支撑向量机（SVM）识别方法作比较对象，比较结果说明，在训练样本总数较多的情况下，仿生模式识别效果优于支撑向量机；而在训练样本总数较少时，仿生模式识别效果更是远优于支撑向量机。以 ORL 人脸库作人脸识别效果比较，仿生模式识别的识别效果也大大优于支撑向量机。

王守觉提出的高维空间点分布分析方法和仿生模式识别理论，不仅识别效果优于支撑向量机，它还为解决机器形象思维问题提供了一条新途径。基于高维特征空间中分析同类样本间连续关系为基础的仿生模式识别新方法，它像人类一样对事物一件一件地认识，在学习认识一件新事物时不会打乱原已学到的旧知识。与此同时，对未经学习的新类别样本只会拒识而不会误识。这正是传统模式识别难以做到的。对于生物特征识别、语音识别等人类思维中难以用数学方程描述的形象思维问题，原有的模式理

---

① 郭传杰：《科技创新案例》。北京：学苑出版社，2003 年，第 44-46 页。

論和技术手段显得十分无能，高维空间点分布分析方法和仿生模式识别理论可以很好地解决这些问题。

王守觉还将高维空间点分布几何分析理论初步试用于模糊照片的清晰化处理中，验证了这种新分析理论的有效性，为机器形象思维提供了一种新可能。在此基础上还取得了 3 项发明专利，在深圳企业家张少林、吴水超等先生的协作与支持下，正在为把高维空间点分布分析理论与"仿生模式识别"有关 3 项发明专利发展成为具有自主知识产权的企业生产力而努力 ① 。

建立多维空间仿生信息学理论体系

高维空间仿生信息学的理论基础是多维空间几何学和信息学。

几何学是一门古老而又年轻的学科。自从欧几里德的《几何原本》问世以来的两千多年的时间中，几何学的对象、方法和应用大大扩大。现代的数学家们在研究着各种的"空间"，不但研究欧几里德空间、同时还研究罗巴切夫斯基空间、射影空间、多维空间以至无穷维空间、黎曼空间、拓扑空间以及其它的空间。每种空间都有各自的几何学。

在新几何思想的发展中的重要一步是高维空间几何学的创立，它的产生原因之一是在解决代数和分析的问题时利用几何想法的倾向。解决解析问题的几何途径一般是以坐标方法为依据的。解决两个未知数的不等式或三个未知数的不等式问题，很明显的，如果用"纯代数"的方法很难直接得出结论，但转换为几何的解释语言，问题就简单直观许多。

但是，如果未知数多于三个，这个方法就不那么容易应用，因为人们所能感知到的空间限于三维的世界。为了在同样的情形里保留有效的几何同类物，引出了抽象的多维空间的概念，这种空间的点由 n 个坐标 x_1,

---

① 于广明：《科教兴国·上卷》。北京：中国画报出版社，2005 年，第 192 页。

x_2，…，x_n 决定。这时几何学的基本概念得到推广，使得几何的想法得以解决 n 个变数的问题。这种推广可能性基于代数规律的统一性，根据这种统一性，任意个变数的许多问题的解是完全一样的。这就允许把三个变数时起作用的几何方法应用到任意个变数的情形。

四维空间概念的萌芽在拉格朗日的工作中就已经出现了，他在其理论力学方面工作中形式地把时间作为与三个空间坐标并列的"第四个"坐标。但是高维空间几何原理最初的系统描述是在 1844 年由德国数学家格拉斯曼和英国的数学家凯利独立地给出的。他们通过与普通的解析几何作形式的类比的途径得到高维空间几何原理的表达。从此，高维空间几何学就成为与欧几里德几何学类似的学科。

原苏联科学院院士和通讯院士亚历山大洛夫等在《数学——它的内容、方法和意义》一书中对多维空间几何学的内容及其发展史作出了简单介绍。瑞士数学家史雷夫里讨论了多维空间的正多面体的问题。但多维空间几何学虽历经多年的发展，尚未形成系统而实用的几何分析方法[①]。王守觉对它做了初步的补充，给出了多维空间几何学的公理、定理及其证明，以便应用于人工神经网络行为的分析研究中。

关于从图像概念出发的几何的重要性，王守觉曾经引用数学家希尔伯特所著的《直观几何》中的精辟论述加以描述："在数学中，像在任何科学研究中那样，有两种倾向。一种是抽象的倾向。即从所研究的错综复杂的材料中提炼出其内在的逻辑关系，并根据这些关系把这些材料作系统的、有条理的处理。另一种是直观的倾向，即更直接的掌握所研究的对象，侧重它们之间的关系的具体意义，也可以说领会它们的生动的形象。就几何方面说，抽象的倾向已经引导到代数几何、黎曼几何和拓扑学等宏伟的系统的理论。在这里抽象的思考方法以及代数性质的符号运算获得广泛的应用。然而，直观在几何中起的作用却是更大，过去如此，现在还是如此。具体的直观不仅对于研究工作有巨大的价值，对于理解和欣赏几何中的研究结果也是这样。"计算方法的根据往往是以图形概念为基础的，在数学

[①] 刘扬阳：《高维形象几何与仿生信息学的发展》。博士后出站报告，2006 年 7 月。第 35 页，内部资料。

上并未包括周密的严格证明，因而王守觉提到的高维形象几何只是从信息科学解决问题的需要出发所发展的一种新的工具、新的计算方法，而不是传统认为的"数学"，有待数学工作者的发展与完善。

多维空间仿生信息学的计算方法的特点之一，就是一切都是从几何图形的概念出发。王守觉曾举例：比如说，一个五岁的小孩在纸上画一个圆圈。他画得很不准，你说中间点一点，他就点一点。你叫这个孩子走开，然后换另外一个孩子，你说："你看这张纸上是什么？"他马上就回答你，"这张纸上是一个圆圈，中间有一点。"然而你把这个圆圈，用非线性回归的方法，回归成一个方程式。你把中间一点作为坐标点，你去请教一个数学家，你说这个点跟这个方程是什么关系？他说慢慢来，要拿计算机模拟一下。他不可能一下子来回答你的问题的。这说明几何的概念是非常清楚的一个概念。而代数解析几何的方程，是非常精确的一个描绘。所以现在传统的方法都是从解析几何的方程单独的来解决问题的。王守觉提出的方法是从几何的高维形象图形的概念出发，去形成许许多多精确的计算，来解决问题。第二个特点就是所有高维空间的子空间，都是用许许多多的点来描述的。王守觉解释道："比如一个平面，通常是用一个方程式来代表一个平面，但是高维空间仿生信息学用另外一个方式来代表，用三个点也可以代表一个平面。任意三个点就可以代表一个平面。这样算起来就方便了。因为在高维空间里一个平面要很多个方程，会很麻烦"。第三个特点，就是所有的复杂的多变量运算问题，全部用平面几何中简单的计算作为基本计算单元。然后许多个迭代起来计算就会很方便。

高维空间形象几何图解计算方法，例如作为解决高维空间中紧密球堆积问题的优选方法，高维空间很抽象，难以理解，王守觉用通俗的例子讲："就相当于一个西瓜、两个西瓜、三个西瓜碰在一块，上头再搁一个西瓜，这个是最紧密的方法。那么中间不是有一个空位子了么？空位子能放多大个的球呢？三维我们可以用投影几何或者叫画法几何的方法来画，如果维数高上去怎么办呢？那么我们就用几何画法把它画出来，就是把它推到更高维上去，可以证明维数高到 17 维，n 趋向于无限大的时候，小球跟大球的半径趋向于一个常数，这个常数就是方根二减去一"。王守觉曾经拿这个结果去请教了数学家，他们说这个的结果是对的。就是 n 趋向于无限大的时候，就是这么一个常数。所以这个几何概念非常清楚，拿它来解决信息科学里的许多问题就很有好处。

对于信息学，王守觉认为我们所处的自然界由物质、能量和信息组成。人类先掌握的是物质，然后才知道有能量。近几十年来，人类开始对信息重视了。信息指引着我们的精神世界，高维仿生信息技术就是研究信息，使得信息能够被处理，为人类服务。

信息范围是很宽的，比如说知识、经验、传媒甚至于人的思维都是信息，所以信息是非常重要的。人类的思维有两大类型：逻辑思维和形象思维。形象思维很奇妙，它是逻辑说不清的，但确实存在。和人相比，计算机的逻辑运算能力很强，但是对于形象思维的处理能力是很差的。一个 1 岁的孩子能够很快地在人群中找到自己的妈妈，计算机却做不到这一点。让计算机能够解决形象思维的问题，这就是高维仿生信息技术的一个出发点。

高维仿生信息技术跟一般传统的信息与信号处理是不一样的，虽然要解决的问题是一样的，但是所走的路完全不同，就像中医跟西医一样，都是为了治病，但是路径完全不同。世界上的每一个问题都可以从两个方面科学地观察：即微观层面和宏观层面。真正要全面认识一个事物，就必须既要从微观层面，又要从宏观层面来了解。但是人往往有片面性，从微观层面看问题的人，就不注重从宏观层面看问题，而从传统的宏观层面看问题的人，又不注重从微观层面看问题。现在的信息处理技术，往往重视的是微观层面的，但是如果要跟人一样变得聪明的话，那么它就要向宏观层面发展，所以高维仿生信息技术实际上就是一个向宏观方向发展的信息科学。

高维形象几何与仿生信息学，就是把高维空间的形象的问题，用几何的方法来解决，一个有几千个自变量的方程式，用常规数学方法很难解决，就可以用几何的方法来解决。在这个方面王守觉有所突破，比国外的传统方法好得多。他所发展的高维空间形象几何学的方法，一张图片、照片、图形都可以对应到高维空间里的一个点。比如像 300 万像素点的一张照片，就是 300 万个变量，300 万个元素，因此可以看作它是一个 300 万维空间的一个点。这个点用高维形象几何的计算方法进行计算以后，可以产生另外一个点，这个点如果变回来，还是一张照片，那么它就可以变成信号处理或者图像复原等等。如果我们研究高维空间点与点位置的关系，利用它就可以识别张三、李四。

多维空间仿生信息学方法具有四个基本特点：

第一个特点，全部理论方法和计算过程都是从高维空间中几何图形的概念出发，用垂直坐标计算来进行图像处理，从几何的图形概念出发，用几何的方法来计算，而不是用代数的方法来计算。

第二个特点，高维空间中所有的子空间都利用空间中的点集来描述。现代信息不管是图片、照片或者是语音在因特网上都用数字模式传输，高维仿生信息技术把每一个数字看成是一个坐标值，一组数字就等于空间里的一个点。例如，在立体几何里头，给出 X、Y、Z 三个坐标确定一个点，所以一个点的位置就可以代表三个数字，如果在 100 维空间里头的话，一个点的位置就能代表 100 个数字。

第三个特点，高维空间中任何复杂的计算过程都是用许许多多平面几何简单运算组合迭代而成的。高维仿生信息技术用空间几何代替了多个变量的方程式，更加直观、形象了，减轻了人们的工作负担。

第四个特点，这项技术实际是用立体几何的概念思考问题，这样思考问题的方法比较直观，易于理解，能够在技术上达到事半功倍的效果 [①] 。

仿生模式识别理论

仿生识别理论从高维空间点分布分析出发，提出了同族事物在高维空间中的同源连续性原则（Principle of Homology Continuity）和这种连续性的维数推测原理（Principle of Dimension Prediction）。从而揭示了同族事物对应点分布的规律性，为研究用高维复杂几何形体对同族事物进行覆盖的最佳化点覆盖识别提供了基础。

---

① 郭桐兴等：为空间添活力，为世界创奇迹——王守觉院士访谈录。《高科技与产业化》，2010 年第 7 期，第 46-48 页。

仿生模式识别理论的基本出发点是把被认识的一个个事物（如图像、语音、文字等）在数字化以后的一组组数，对应为某特定高维空间的一个个点。然后用高维空间几何方法来分析和计算这些点的位置关系，并对同一类事物的点用复杂高维几何形体进行覆盖，在此基础上发展了高维空间（点分布）的几何计算分析方法和最佳化点覆盖识别的理论。

高维空间点分布分析几何计算方法是在分析了空间几何向高维发展中的规律性基础上，提出的高维空间点覆盖的几何计算方法。这种算法以简单的平面几何计算作为基本计算单元，并在此基础上综合成任意高维问题的计算，从而解决了仿生识别中的计算问题。随着分子生物学技术的突飞猛进，大量的分子生物学数据需要由新型计算方法进行分析处理，如氨基酸序列对蛋白质二级以上结构的预测、基因序列之间的快速比较分析等，这些生物学中最具有计算复杂度的问题需要新的分析处理方法，高维空间点分布分析可以为解决这些生物学中最具有计算复杂度的问题提供新思路和方法。

高维空间中用复杂几何形体进行覆盖可硬件化实现大量并行运算，王守觉在神经网络结构的数学模型方面进行了基础性的探讨与研究，提出了方向基函数神经元网络（DBF）与多权值神经元网络。方向基函数神经元网络在自适应控制方面得到了优越性的验证。多权值神经元网络已作为通用神经计算机的数学模型加以系列化硬件实现广泛应用。

模式识别的发展迄今已有数十年历史。早在20世纪中叶费希尔（Fisher）就提出："判别分析就是将两类向量分开的决策规则问题"。此后数十年来模式识别一向沿着模式分类、划分类别的基本道路发展。直至21世纪初，王守觉在比较了人类认识事物是基于对同类向量分布形态的认识，而不是异类向量之间划分分类这一基本事实的基础上，提出了在特征空间中分析同类样本间连续关系为基础的仿生模式识别。这是模式识别的一种新方向，它主要在两个重要方面大大优于传统模式识别：其一是对未经学习训练的新类别样本只会拒识而不会误识。其二是像人类一样对事物有一个认识的过程，因而增加学习认识一件新事物不会打乱原有学到的旧知识，而这正是传统模式识别所很难做到的。

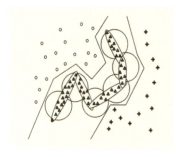

图 8-1　不同类样本的分类划分
（王守觉提供）

在模式识别理论与方法方面，近十年来新发展起来的支撑向量机（SVM）倍受国际上的重视，已成为近年模式识别和学习机器的发展重点。许多实验证明，在非结构型模式识别方面，基于最优分类划分的支撑向量机（SVM）进行模式识别分类过程，效果远远优于传统的 BP 网络和 RBF 网络。仿生模式识别用分析同类样本间的连续特性取代了传统对不同类样本的空间分割，用对一类类样本的"认识"取代了不同类样本的分类划分。以三类样本（见示意图中△、O、+）为例，图 8-1 中直线分割代表用传统 BP 网络进行分类情况，大圆圈代表用传统模板匹配方法或 RBF 网络进行分类情况，用椭圆连成的一条蛇状覆盖区域代表了仿生模式识别对△类样本分布形状的覆盖认识方法。对于同样实物目标识别问题，用同样的训练样本集和同样 8800 个测试样本集进行识别效果对比，仿生模式识别的识别效果明显优于国际流行的支撑向量机 SVM，（见表 8-1a）。在人脸识别方面，用国际上通用作效果比较的 Orl 人脸库的人脸作对比，仿生模式识别的效果也明显优于使用支撑向量机 SVM（结果见表 8-1b）[①]。

表 8-1　数据对比

a 实物目标识别实验结果对比

训练样本总数	支撑向量机		仿生模式识别	
	支撑向量数	正确识别率	香肠型神经元数	正确识别率
338	2598	99.72%	333	99.87%
251	1925	99.28%	251	99.87%
216	1646	94.56%	215	99.41%
192	1483	88.38%	192	98.98%
182	1378	80.95%	182	98.22%
169	1307	78.28%	169	98.22%

①　王守觉提供，中科院"仿生模式识别理论及其高可靠率身份确认实用系统研究"项目申请书，2003 年 11 月 10 日。资料存于采集工程数据库。

躬行出真知　王守觉传

b 人脸识别实验的三种识别方法结果对比

识别方法	SVM 神经元的数量	测式集 A（245 幅）		测式集 B（50 幅）
		误识率	拒识率	误识率
近邻法（RBF）	105	4.90%	17.96%	22%
SVM 法	822	1.64%	19.59%	10%
仿生模式识别	35	0.81%	19.19%	2%

注：以上结果中均无一例误识。另因 RBF 网络无法达到 0 误识率，故其结果未列入上表中。
（来源：王守觉提供）

多维空间仿生信息学的实践成果

1995 年到 2000 年，王守觉用多维空间几何概念研究人工神经网络并用于模式识别，在此基础上提出并实现了一系列人工神经网络与模式识别的新模型、新硬件、新应用。1995 年和 1996 年分别提出多值和多阈值神经元及其应用。1998 年和 1999 年分别提出通用前馈网络（GFFN，General Feed-Forward Networks）、优先度排序神经元网络（PONN，Priority Ordered Neural Networks）及前向掩蔽模型（SLAM，Sequential learning ahead masking model）并应用于模式识别。

从 2000 年到 2003 年，王守觉以几何直观的角度研究一种新的人工神经网络计算模型，并且在 2002 年提出一种新的模式识别理论——仿生模式识别，它是仿生信息学发展的重要一步。仿生模式识别的基本数学模型是对样本在高维特征空间几何分布的拓扑分析，所以也被称作"拓扑模式识别"。

从识别结果上看，仿生模式识别应用于实物全方位识别方面取得了远优于国际上近年流行的支撑向量机（SVM）的方法。以对多种刚体实物模型作识别目标的全方位识别问题作效果对比实验，在前处理方法完全相同的前提下，当 8 种实物目标采 338 个训练样本时，支撑向量机识别率为 99.72%，而仿生模式识别率达到 99.87%。而当采集训练样本总数下降至 169 个样本时，支撑向量机识别率降低为 78.28% 而仿生识别结果仍保持了

98.22% 的良好结果，这充分说明了仿生识别在泛化能力方面远优于支撑向量机等国际流行的传统方法。目前开拓出很多应用领域，潜力初显并取得经济效益。

模糊影像清晰化

假如一张照片照得不清楚，看得很模糊，但是模糊机理不清楚。解决这个问题，传统的方法就得要了解它的模糊机理，也就是模糊产生的原因，不清楚就要假定。而基于高维空间仿生信息学的模糊影像清晰化技术不需要考虑模糊机理，只把模糊的图当成一个点，让它在高维空间里慢慢运动，影像就会渐渐清晰起来，处理结果比用国外 photoshop 软件处理出来的情况好很多 [①]。

其原理是根据高维空间点位置的移动使从一幅模糊图片所对应的高维空间点出发，先使其更加模糊化的两个点以高维空间几何反推作曲线的方法得到清晰化的对应点，从而重复处理多次，得到了较好的清晰化效果。

模式识别技术不但可以把模糊的照片变清晰，它还能把照片人物的妆卸掉。而且完成这些任务只需在空间里头做一下很简单的运算。

虚拟表情

比如原始的照片上人物是板着脸的，经过基于高维空间仿生信息学的虚拟表情技术的处理，就能变成微笑了，当然也可以变成鬼脸儿，达到这个效果并没有通过什么方程式。这个功能用途是很广泛的，比如自己拍一张照片，然后虚拟出各种表情，就可以模拟产生出一段自己的活动影像出来。

这样，科学与艺术的鸿沟可能会在多维空间仿生信息学研究的过程中得到跨越。实际上古代科学与艺术密不可分，而现代科学的形成过程也与艺术有着比较浓厚的渊源，例如意大利文艺复兴时期的达·芬奇不仅是一

---

① 王守觉访谈，2011 年 8 月 25 日，苏州。资料存于采集工程数据库。

个伟大的艺术家，同时也是一个伟大的科学家，科学和艺术在他那里是统一起来的。但是后来随着现代科学的发展，科学与艺术的联系似乎开始日益减少。要在信息科学的仿生过程中，把艺术用进来，让科学跟艺术结合起来，这项技术能够很有艺术性地处理照片，比如不用重叠的方式，把不同照片的内容结合在一起；可以把人物、景物结合在一起，形成抽象画，可以把图画处理成素描、油画效果；更有甚者，可以把人的表情或不同的景物串联起来形成动漫效果。

这项技术有望能够进入动漫、电影领域，它能力强大，操作简单，而且即使是对个人来讲，只要有几张照片，用户就能够自己制作电影。

身份验证

高维仿生信息技术在身份验证上有神奇的能力。利用这项技术只用 30 秒钟就把一个摄像头拍摄的使用者人脸参数放到了普通磁卡上，一张普通的磁卡就成了能确认主人身份的"安全卡"。在主人使用时，不到五秒就听到"谢谢使用安全卡系统"通过了身份确认。而当不是它的主人使用这张卡时就出现"请稍等待"，以便工作人员做出处理或者报警决定，此时，已

图 8-2　多维空间成果①

把这可疑的使用者的照片自动保存在库中待查。王守觉对这项技术非常重视，他介绍道："我们把确认识别人脸的数据信息压缩到只用 48 字节，而且由于占用的每个字节还要留部分信息用于读写卡器和系统使用，真正给我们放人脸特征的信息量只有 37 字节。有从国外回来的权威专家认为'这

---

① 周娜等：创新科学开出灿烂花朵——访拼搏在科研第一线的资深院士王守觉.《中国科技奖励》，2008 年第 9 期，第 74 页。

不可能'，因此我们很难在国家项目中立项。三年来我们工作人员的奖金主要是靠有长远眼光的企业家支持的，安全卡系统的详细具体要求也是由他们提出来的，因而我们还负有为企业家保守技术秘密的义务。"在谈到详细的技术指标时，王守觉介绍："有些企业喜欢用广告宣传语言把技术指标说得很高而又不说全，用以吸引用户，其实对于身份确认功能来说，正确识别率必须同正确拒识率两个指标同时考虑，只提其中一个指标是没有意义的。国际上学术界通常把在正确识别率与正确拒识率相等的条件下来提指标，而且要把光照变动情况加以说明。我们这个安全卡身份确认系统达到的全面指标是：需要特征数据总存储量不超过 37 字节，在照明灯光有变动情况下正确识别率与正确拒识率都不低于 95%。换句话说如果安全卡和密码被歹徒所得，他去取款 20 次中有 19 次被抓住，漏网只有 1 次。"在谈到应用前景时他说："一切要求保证本人使用和要防止造假的出入证、门票、甚至身份证件等都可以使用。比如美国海关入境要求按指印，其实用人脸确认身份比指纹更方便、更可靠。"[1] 目前，在深圳世宝科技有限公司的支持与合作下已开发成功了 HFR（Human Face Recognition）-I 人脸识别专用神经计算机——能认人的银行安全卡系统并成立产业化基地即将投产。此系统把能识别人脸的数据压缩到仅 48 字节嵌入在普通的银行磁卡上。既可防止歹徒盗窃银行卡和密码后冒领储户存款，又可协助公安部门发现和抓获不法歹徒保证社会安全。HFR-II 改进型人脸识别专用神经计算机也已经研制成功，正在进一步测试、推广过程中。

这一结果以及仿生模式识别的基本原理已被国际神经网络联合会创始人之一美籍华裔教授斯华龄（Harold Szu）作为快讯，刊登于国际神经网络杂志（Neural Networks）上[2]。

仿生模式识别还可以应用于连续语音的识别，国际上对连续语音的识别中公认隐马尔可夫模型（HMM）为最佳途径。用仿生识别方法对连续

---

[1] 周娜等：创新科学开出灿烂花朵——访拼搏在科研第一线的资深院士王守觉。《中国科技奖励》，2008 年第 9 期，第 73 页。

[2] 中国科学技术咨询服务中心：《科学技术回顾与展望》。北京：中国科学技术出版社，2004 年。第 1 页。

语音的识别与隐马尔可夫模型作了
多次全面的效果对比，结果当训练
样本较少时，仿生识别远较隐马尔
可夫模型优越，而当训练样本数量
不断上升时，两种效果的差距逐渐
减少，但仿生识别的效果始终优于
隐马尔可夫模型的效果。

　　王守觉于 2002 年发表的"仿
生模式识别"一文，荣获第一届中
国科协期刊优秀学术论文奖，另外
相关研究成果还获得科协第三届优
秀论文奖。

图 8-3　多维空间仿生信息学成果获奖
（来源：王守觉提供）

　　多维空间仿生信息学是一门应
用面宽、实用性强的新学科，也是一项崭新的技术。前人没有做过、也没
有国外的资料，没有现成的东西来证明这项技术是好是坏，只能通过产品
来证明，只能依靠市场来证明。把一项技术变成社会认可的产品是一件很
不容易的事，但在王守觉团队的不懈努力下，它的未来应该会有很大的发
展空间，前景会非常光明。

多维空间仿生信息学的评价与影响

　　王守觉院士的"非划分的仿生模式识别方法""多权值通用神经计算
机""人脸识别专用神经计算机"等已被开发应用。特别是王守觉院士根
据高维空间点分布分析方法应用于模式识别取得的开创性成果，研究出的
"人面仿生模式识别"等 6 项发明成果，居世界仿生模式领域领先地位[1]。

---

① 杨维忠:《东山名彦：苏州东山历代人物传》。苏州：古吴轩出版社，2007 年，第 575 页。

高维空间几何分析方法为信号处理新算法的分析、研究和技术实现提供了一条崭新的途径，其在实物目标模式识别领域的应用，已发展出一种"仿生模式识别"（或称"拓扑模式识别"）的新方法。国际神经网络协会（INNS）创始人之一、美国海军研究所资讯科学研究群主持人、美国乔治华盛顿大学教授、俄罗斯非线性科学院院士斯华龄教授对此有高度的评价，他认为："中科院半导体研究所取得的研究成果——仿生模式识别理论开辟了模式识别与人工神经网络研究的新方向，其未训练新对象的误识率降低为零，这将可彻底避免导弹误伤民用飞机等问题"。因而把仿生模式识别应用于提高全球反恐能力的新方向，将具有十分重要的科学意义。

仿生模式识别理论提出后，在 2002 年 11 月召开的"神经网络与智能计算年会"与 2002 年 12 月召开的"第十二届全国神经计算学术会议"上，得到了国内外学者的广泛关注，仿生模式识别理论的创始人王守觉院士也被邀请到美国在"2003 国际神经网络联合年会"上做引导报告。由于仿生模式识别在实验系统中的优异效果和在理论上的原创性，目前在国内已经有三所高校相继成立梯队和机构，在王守觉院士统一规划下开展了目标识别、人脸识别与语音识别等的研究工作 [1]。

2006 年有 8 个国际会议都邀请王守觉去做报告，这说明国外也已经对高维空间仿生信息学这一研究领域开始感到兴趣了。

对王守觉的系统原创性工作，十三位院士作了如下的评价：

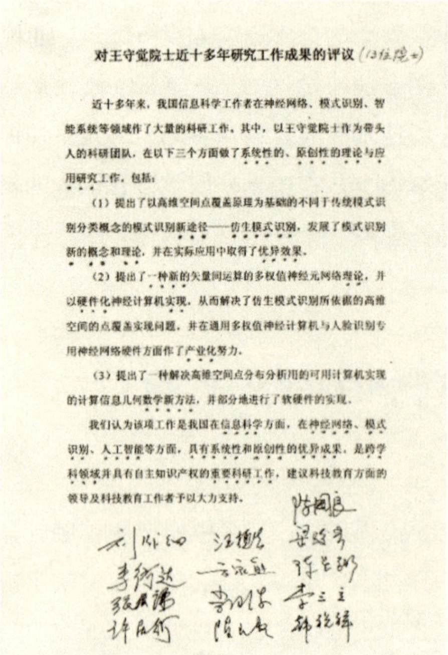

图 8-4　十三位院士评价（王守觉提供）

---

[1]　王守觉提供，中科院"仿生模式识别理论及其高可靠率身份确认实用系统研究"项目申请书，2003 年 11 月 10 日。资料存于采集工程数据库。

近十多年来，我国信息科学工作者在神经网络、模式识别、智能系统等领域作了大量的科研工作。其中，以王守觉院士作为带头人的科研团队，在以下三个方面做了系统性的、原创性的理论与应用研究工作，包括：

1. 提出了以高维空间点覆盖原理为基础的不同于传统模式识别分类概念的模式识别新途径—仿生模式识别，发展了模式识别新的概念和理论，并在实际应用中取得了优异效果。

2. 提出了一种新的矢量间运算的多权值神经元网络理论，并以硬件化神经计算机实现，从而解决了仿生模式识别所依据的高维空间的点覆盖实现问题，并在通用多权值神经计算机与人脸识别专用神经网络硬件方面作了产业化努力。

3. 提出了一种解决高维空间点分布分析用的可用计算机实现的计算信息几何数学新方法，并部分地进行了软硬件的实现。

"我们认为该项工作是我国在信息科学方面，在神经网络、模式识别、人工智能等方面，具有系统性和原创性的优异成果。是跨学科领域并具有自主知识产权的重要科研工作，建议科技教育方面的领导及科技教育工作者予以大力支持。"[1]

同行的肯定、市场的认可是对科技成果的最好评价，王守觉也是一直朝着这个方向，不变初心、坚定不移地前行，并一直走在科研的前沿，坚守自主创新之路。

---

① 走近科学编辑部：《中国学科现状与前瞻》。北京：大众文艺出版社，2007年，第11页。

第九章
研究生培养

因材施教　精心培养

王守觉不仅是一位科学家，也是一位教育者。从国防任务到新学术领域的开拓，在以王守觉为中心的科研创新团队中，他的学生占很大部分。培养学生是王守觉研究工作之外的另一项重要工作。他培养的多位学生日后成为各自领域的骨干人才，业绩斐然，这是他十分得意与欣慰的，而他的学术精神也在这些学生中得以继承和发扬。

"文化大革命"前培养的4名研究生

1956 年，王守觉进入中国科学院应用物理研究所半导体研究室，聘为副研究员。当年 7 月，我国仿效苏联，由高教部批准全国 23 所高校招收学制 4 年的副博士生。虽然我国当时还没有建立学位制度，但导师的研究水平都很高，对研究生精心培养，所以培养出来的研究生都很出色。1960

年王守觉开始指导研究生，"文化大革命"前共培养了 4 名研究生：魏希文、林雨、夏永伟、仇玉林，这 4 名研究生后来均在半导体相关领域从事研究工作。

王守觉的第一个研究生魏希文，是和北京大学黄昆联合培养的[①]。魏希文 1960 年由北大招入，学习半导体专业，师从黄昆，同年来到中科院半导体所，在王守觉的带引下，从事半导体器件方向的研究，1964 年回到北大完成毕业论文。毕业后，魏希文 1964—1972 年曾任辽宁大学物理系半导体教研室教员，后为大连理工大学物理系半导体研究室主任。多年来从事半导体器件、微电子方面的教学和科学研究。1982 年研制的 DH82 型低温变温霍尔测试装置列入《中国技术成果大全》项目[②]。她在中国科学院科学基金的资助下，对半导体器件中的多晶硅薄膜性质与作用进行了比较系统的研究，主编《多晶硅薄膜及其应用》一书。

王守觉的第二个研究生，我国微电子专家林雨，是王守觉慧眼识人挑出的千里马。1962 年，林雨从南京大学物理系毕业，报考了中科院半导体所的研究生。当时林雨的考卷送到王守觉手中时，其成绩并不显著。但王守觉独具慧眼，从这份考卷上的答题中，看到了背后的东西："考分虽然不高，但概念准确，逻辑清晰，条理分明，恰如一块未经雕琢的璞玉。答卷人潜伏着才华"[③]。经过深思熟虑，王守觉收下了林雨。林雨第一次见导师，王守觉就直言不讳地指出林雨的问题："今后，你要克服两个问题，一是不要粗心，计算的时候要像计算机一样，算几千次、几万次不出错；二是不能光凭脑袋瓜灵，要踏实用功。"[④] 王守觉几句话，点出了林雨以后的努力方向。林雨 1983—1994 年曾任中科院半导体所第四研究室主任。他研制成功我国第一台半导体存储器功能测试仪，填补了国内大规模集成电路测试手段的空白，是我国电子仪器史上的一个重大成就。这一成果，经过严格鉴定，工厂正式定型投产，并荣获 1978 年 3 月召开的科学大会奖。

① 宋振华访谈，2014 年 6 月 7 日，北京。资料存于采集工程数据库。

② 刘益群主编：《大连科技精英》。大连：大连出版社，1988 年，第 25 页。

③ 何春藩、宫苏艺：一分勤奋一分才——记微电子专家林雨。见：李晋闽主编：《拓荒者的足迹》。北京：科学出版社，2010 年，第 312-313 页。

④ 同③。

而林雨，因贡献显著，经钱三强、华罗庚等科学泰斗参与的答辩会后，被中国科学院破格提升为副研究员 [1]，补上了林雨因"文化大革命"而缺失的毕业论文答辩。可以说，遇上王守觉，对于林雨来说，是十分幸运的。

"文化大革命"前王守觉培养的 4 位研究生中还有夏永伟和仇玉林。夏永伟 1963 年毕业于南京大学物理系，同年考上中科院半导体研究所研究生，毕业后分配到半导体所，先后从事微电子和光电子方面的工作。后进入《半导体学报》编辑部，先后担任编辑部主任、常务副主编。2004 年，返聘于《物理学报》和《Chinese Physics B》编辑部。仇玉林先后任中科院微电子研究中心副主任（1989—1996 年）、主任（1997—2001 年），研究员，博士生导师，长期从事集成电路及相关器件与工艺研究，专长集成电路设计。他在 MOS 存储器、CMOS 集成电路、BiCMOS 集成电路、功率集成电路及各类专用集成电路的设计研究与开发方面做了一系列工作。

改革开放后招收研究生

"文化大革命"期间中国的研究生教育遭到破坏，1978 年改革开放后，在邓小平的指示下，我国恢复研究生招生。1980 年 2 月 12 日，第五届全国人民代表大会常务委员会第十三次会议通过了学位条例，确定了我国设置学士、硕士、博士三级学位制度。1981 年确定了第一批博士生导师。1983 年 5 月 27 日，研究生招生恢复后，第一批博士学位授予仪式在人民大会堂举行。首批博士学位的授予，作为一个历史性事件，记录着重新建立起来的对知识和人才的尊重与期待。

半导体所是国家首批硕士学位授权单位，从 1978 年起，王守觉开始招收硕士研究生。1981 年，王守觉成为国内第一批博士生导师，1982 年开始招收博士研究生。1986 年，王守觉的第一位博士生石寅毕业。根据中科院

---

① 何春藩、宫苏艺：一分勤奋一分才——记微电子专家林雨。李晋闽主编：《拓荒者的足迹》。北京：科学出版社，2010 年，第 316-317 页。

半导体所校友录 ① 、中科院半导体所机构知识库中指导教师为王守觉的硕、博士学位论文、王守觉同事、学生访谈资料及一些其他相关文献和数据库整理出王守觉在中科院半导体所招收的硕、博士名单（附录）。通过学生专业和论文题目可以看出，王守觉先后在"微电子学"、"半导体物理和半导体器件物理"、"半导体器件和微电子学"、"电路与系统"、"微电子学和固体电子学"五个研究方向招收硕、博士研究生。这些学生中，多数为单独培养，少许是与他人联合培养。和王守觉共同培养学生的人中，一部分是他的前期学生，一部分是与之有过学术来往的同行。王守觉与其 1988 年的博士生鲁华祥一起培养了 2005 年博士生陈旭；王守觉和 G.Papadopoulos（希腊教授）、李志坚、陈治明分别联合培养了 1985 年的博士生李亦奇、1992 年的博士生李炳辉、1997 年的博士生周宝霞。

另外，王守觉在与其他单位进行科学合作的同时，也在合作单位包括同济大学、厦门大学、浙江工业大学招收硕、博士研究生，后来在中国科学院半导体所、中国科学院苏州纳米仿生研究所与合作单位联合培养研究生。学生的专业设置和论文选题，都与王守觉与合作单位进行的科研合作项目相关。王守觉与这些单位之间的联系，也多是通过他的学生。

从 1960 年到 2013 年，在超过半个世纪的时间里，王守觉共招收硕士研究生 62 名，博士研究生 59 名，共 121 人。毕业的学生大多成为国内半导体领域各单位的业务骨干、相关领域的著名学者或学术带头人，其中包括微电子学专家林雨、仇玉林，享受国务院特殊津贴的专家、研究员石寅、王玉富、鲁华祥等。1990年，王守觉被评为中科院优秀研究生导师；2008 年，获得中科院研究生院颁发的"杰出贡献教师"称号；2009 年，因王守觉为北京市学位与研究生教育改革和发展做出突出贡

图 9-1　王守觉在讲课

① 校友录。中国科学院半导体研究所网站：http://www.semi.ac.cn/yjsjy/xyl/，2013 年 12 月 21 日访问。

献而获得北京市教育委员会和北京市学位委员会颁发的荣誉证书。王守觉培养研究生的风格、培养人才的方法，都值得当今研究生教育者学习借鉴。

人才培养经验

王守觉深知教育的重要性，如何培养高层次、高质量的人才对研究所乃至国家都具有重要意义。在几十年的教育与研究中，王守觉从实践中摸索出自己的一套经验。

首先，王守觉善于发现学生的优缺点，能够做到因材施教。他认为要经过研究工作的磨砺才能真正培养出高层次的人才来。林雨在大学里学的是俄语，进入半导体所后，王守觉要求他首先掌握好英语，一年过关。微电子学专业，属于实验物理学科，除了需要比较深的理论基础外，还必须掌握比较好的实验技术。也就是说，既要会动脑，也要会动手。王守觉在指导林雨学习专业理论的同时，注意培养他的实验技能。王守觉规定，林雨每周要用两天时间从事实验活动。从修理仪器，安排实验，直到把实验结果写出报告，任何环节都不容许草率行事。当然，这些琐碎工作的意义，林雨当时并不十分理解。几年以后，在工作实践中他才真正感到老师的苦心所在。

王守觉对学生十分严厉，对学生实行高标准严要求。一次，王守觉真的发火了。他安排林雨在全研究室人员会上作报告，汇报他前段学习、工作的情况。很少上台讲话的林雨，从没经历过这种场面，更经受不住老师连珠炮似的提问。他手足无措，语无伦次，脸憋得绯红，真有些下不了台。王守觉当场站了起来，拍着桌子说："看你这报告像什么样子！"说完，就愤愤地离开了会场。那天晚上，有学生在走廊里听见实验房里传来类似有人讨论的声音，原来是林雨正对着空屋练习演讲[1]，经过一段艰苦

---

[1] 何春藩、宫苏艺：一分勤奋一分才——记微电子专家林雨。李晋闽主编：《拓荒者的足迹》。北京：科学出版社，2010年，第312-313页。

的练习，以后所里学术报告中他再也没有出现过怯场紧张的情况。严师的鞭策，促使林雨发起组成了学术讨论组，每周开组会，一些青年人在一起切磋学问，轮流上台作报告。王守觉文化大革命前招收的另一位研究生夏永伟，在以笔名"金辛"写的一篇纪念文章中记述了学术讨论组的活动：

> "当时，二室的学术讨论气氛很好，夏永伟和他的师兄林雨，同事马佐成、潘国雄、葛璜等刚 20 岁出头的一群年轻人，根据工作和学习情况，经常就一个学术问题，由某人做主要发言，大家讨论和争论，互相切磋，共同促进"①。

同样，王守觉在厦门大学工作期间的助手廖英豪教授也提到："他对学生管得严，都是自己亲自带，培养的都是实干型的学生。学生话不多，发表文章也不多，但在业界获得了普遍的认可"②。王守觉就是这样，对研究生的学术培养既严格要求，又能给予非常积极的肯定与表扬。

其次，注重培养学生爱国意识，以身作则，做出表率。在学生的科研工作中，始终和年轻学生们在一起，带领学生在科研的道路上不断向前。王守觉是一个"性情中人"③，在学生眼中，他既是严师，也是偶像，深得学生的敬重和爱戴。与一般的老师相比，王守觉对学生一些基本素养的关注更多。在求学于战乱中的同济大学时，王守觉身处后方的四川南溪县，但国家与民族生死存亡的使命感让他于 1945 年 1 月参加四川泸州国民政府知识青年志愿军，在该军 203 师通讯营 2 连，任报务员和机务员，直至 1946 年复员。王守觉跟他的学生们强调，作他的学生，第一点就是要爱国。同时，不要迷信国外的科学技术才好，我们自己的就差，我们要通过创新，做出我们国人自己的东西。王守觉自身的科研经历，就令他的学生钦佩不已。"王老师从 60 多岁开始的时候，从原来熟悉的半导体行业

---

① 金辛：愿将此身长报国——记半导体微电子专家夏永伟。见：李晋闽主编：《拓荒者的足迹》。北京：科学出版社，2010 年，第 371 页。

② 廖英豪访谈，2014 年 12 月 24 日，厦门大学。资料存于采集工程数据库。

③ 李新宇，陈旭，安冬，覃鸿、来疆亮等人访谈，2011 年 10 月 1 日，北京。存地同②。

转到了神经网络的新课题，然后王老师告诉我们转到新的课题，第一不要怕，第二不要着急。第一年我们做小学生，跟着别人学，第二年熟悉这个领域，第三年我们就可以成为这个领域的专家，他本身也做出了这样的表率"①，"其实最开始王先生是做微电子，后来他那么大年纪了又开始转方向，转到模式识别方向，现在正在对项目进行产业化，在深圳和一个老板合作，也做得挺好的。这一点特别佩服老师，对于我们也是一个榜样。"②他以身作则，言必行，行必果，行动比言语更能打动人。王守觉还在学术研究上告诉他的学生，面对新的研究领域，不用害怕，"学会了我的方法你做什么都不会害怕"③。

再次，注重学生自信心的培养。他鼓励学生学习、科研、生活都要满怀信心，不畏艰难，相信自己的能力，当学生的工作有了进步，他会给予积极的肯定和表扬，用实际行动和真切的教诲，给予学生不怕困难的勇气。"王老师最让我印象深刻的一点，就是精力充沛，从来没想过自己是不是年纪大了啊，能不能再做这个问题，所以一想到他，我就觉得任何时候开始做都不是问题，因为我经常看见王老师对着那些四五十岁的师兄告诉他们说，你们还很年轻，有很多事情可以做，觉得我每次遇到什么挫折困难我就想王老师这样一个表态和他做事的方法，我就觉得又充满了信心去迎接下一个挑战。"④"老师跟我说不要怕，要有战胜任何困难的勇气，……我觉得这一点是老师对我包括从 2002 年到现在将近 10 年中影响最大的一点，包括我毕业，到了农业这个领域，依靠着老师给我这点不怕任何困难的勇气，才能够一直坚持下来。"⑤他的博士生安东如此说道。王守觉引领学生对科研的信心，也体现在他对"什么是博士"的回答。

博士实际上是一种能力，这种能力是什么呢？当你拿到博士学位

---

① 李新宇，陈旭，安冬，覃鸿、来疆亮等人访谈，2011 年 10 月 1 日，北京。资料存于采集工程数据库。

② 同①。

③ 同①。

④ 同①。

⑤ 安冬访谈，2011 年 10 月 1 日，北京。资料存于采集工程数据库。

的时候，我要你重新进入一个新的领域，第一年、第二年，你可能在这个领域里面处于一个很低级的阶段，你是在学习很多新的东西；第三年、第四年，通过第一年、第二年的学习，你能够掌握它里面一些本质的东西，开始去研究，然后做一些更深的发现；到第五年、第六年的时候，你要成为这个领域里面比较专业的人士，有一定的能力解决一些更深刻的问题，也就是说博士是一种能力，这种能力让你在任何领域中，在一定的时间内，做到这个领域的一流或者准一流[①]。

另外，王守觉淡泊名利，甘为人梯，提携后辈。在王守觉主持的科研任务中，他总把年轻人吸引到自己身边，加以精心指导，以增长他们的才干。带学生做实验时，他喜欢坐在学生旁边看学生做的每一个步骤，如果不对，要求学生重新来。研究中，王守觉往往要求学生马上给他一个结果，或者他就坐在旁边，等实验结果出来[②]。当学生遇到难题时，王守觉会出现在他们身边，为他们答疑解惑，这是他一直以来的坚持。覃鸿1999年大学毕业后来到中科院半导体所，是王守觉2010年毕业的博士。时值"九五攻关"最后半年，"那时候非常紧张，王先生当时安排我画电路图，我因为刚刚参加工作，不熟练，比较生疏，王先生就坐在我旁边指导我一根线一根线地画，当时我很吃惊。王院士当时也是70多岁的高龄了，居然还能坐在一个新参加工作的人身边这么仔仔细细地一起工作，我非常感动"[③]。王守觉鼓励、支持年轻人出成果，写论文。虽然他们的许多论文及科研成果中都饱含着他的智慧与辛劳，但在署名时他总是让年轻人把名字写在前面[④]。

生活中，王守觉十分随和，经常参与学生的各种活动，和学生打成一片。这使他更了解学生的性格、知识基础等，为因材施教奠定基础。对学生的关注，王守觉从不懈怠，即使是在各地教学期间，也通过电话等方式

① 肖泉访谈，2012年10月18日，苏州。资料存于采集工程数据库。
② 孙华访谈，2012年10月19日，苏州。存地同①。
③ 李新宇、陈旭、安冬、覃鸿、来疆亮等人访谈，2011年10月1日，北京。存地同①。
④ 贺云霞、林石华：开创创新之路——记微电子与神经网络科学的开拓者王守觉院士。见：李晋闽主编：《拓荒者的足迹》。北京：科学出版社，2010年，第55页。

及时与学生沟通，讨论学术问题①。王守觉以身作则、身为表率的力量让学生们极为感动，学生们受用终生。他的这种因材施教、精心培养学生的方式和方法，也在弟子中传承。鲁华祥

图 9-2　21 世纪初王守觉与学生在一起

就学习效法王守觉带学生的一些方式方法，并根据实际情况进行调整②，效果还不错。这样，王守觉的学术思想和教育理念通过他的学生得以发扬和传承。

学 术 传 承

王守觉几十年科研生涯中，培养出一批优秀的学生。他们大多已成为我国现今半导体领域及相关领域的中坚力量，他所开拓的各方向研究领域都有了学术接班人，他种下的学术之树枝繁叶茂。

中国科学院半导体研究所高速电路与神经网络实验室有三个课题组，主要研究方向都是王守觉所开拓的，三个课题组的负责人都是王守觉的学生。石寅负责的课题组，主要从事高速电路的研究，是王守觉在集成电路领域研究的继续；鲁华祥负责的课题组，主要研究领域是神经网络；李卫军负责的课题组，主要研究高维形象几何、分析方法以及技术在形象认知计算、高维信息计算处理等领域。

---

① 肖泉访谈，2012 年 10 月 18 日，苏州。资料存于采集工程数据库。
② 鲁华祥访谈，2013 年 8 月 15 日，北京。存地同①。

石寅是王守觉 1981 年的硕士，是最早跟随王守觉从事集成电路研究的学生。20 世纪 70 年代中期，王守觉开始研究高速芯片，研究过程中发现线性逻辑可以开发很多新的应用，是个崭新的研究方向。当石寅 1979 年开始做研究生论文时，他的论文便是围绕线性逻辑的应用展开的。石寅的硕士毕业论文内容是用简单工艺完成的一个八位的超高速 D/A 转换器。石寅的工作获得了王守觉的肯定，在接下来的博士学习阶段，石寅便继续做这方面的研究。1986 年，石寅完成博士论文《连续逻辑 12×12 位超高速码乘法器》，相关内容发表在《半导体学报》上 [1]。1986 年博士毕业后，石寅留所工作，一直与王守觉紧密合作，主要从事高速电路的研究。王守觉开始人工神经网络研究后，为人工神经网络的研究提供高速芯片成为石寅的研究工作之一。2006 年，在石寅的带领下，我国首款完全自主知识产权"WLAN"芯片研发成功，并多次流片成功，使我国"WLAN"在国际前沿芯片关键技术上取得主动权，填补了我国宽带多模无线局域网芯片的空白，标志着我国高端芯片研发自主创新能力和射频、数模混合类高端芯片在国际范围内的核心竞争力的提升，意味着国外无线宽带芯片垄断的结束 [2]。目前，石寅任苏州中科半导体集成技术研发中心有限公司（灵芯集成，SmartChip Integration）总经理。灵芯集成创立于 2006 年 9 月，由中国科学院半导体研究所、苏州市科技局和苏州工业园区科技局三方共建，苏州工业园区中新创业投资有限公司出资支持。近年来，公司主要进行科研成果的转化，是国内目前唯一通过国际联盟认证的，是国家批准的一个集研发、生产、销售芯片的知名单位。

鲁华祥于 1985 年从浙江大学信息与电子工程学系获得学士学位，后考入中国科学院半导体所，师从王守觉。分别于 1988 年、1993 年在中科院半导体所获硕士和博士学位，后留所工作，主要从事人工神经网络研究。1990 年，王守觉意识到人工神经网络的巨大发展空间，开始关注半导体人

---

① 石寅、王守觉、朱荣华：多元逻辑 12×12 位超高速码乘法器.《半导体学报》，1987 年第 5 期，第 466-475 页。

② 我国首款完全自主知识产权 WLAN 芯片研发成功。中国科学院网站：http://www.cas.cn/ky/kyjz/200610/t20061031_1032526.shtml，2014 年 6 月 23 日访问。

工神经网络研究领域，鲁华祥则跟随导师一同在人工神经网络领域探索。1991 年到 1995 年，王守觉带领半导体人工神经网络团队从硬件的角度对人工神经网络进行了研究。1995 年，鲁华祥论述发展半导体神经网络研究的重要性的文章《半导体人工神经网络的研究和发展》发表在《电子学报》上。文章还讨论了半导体神经网络研究的内容和重点发展方向；研究了通用神经网络处理机的性能要求；比较了全模拟量处理，全数字量处理和数字量模拟量混合处理方式实现的优缺点；提出了现阶段我国通用神经网络处理机研究的一些思路[①]。1997 年起，鲁华祥任中国科学院半导体研究所研究员，享受国务院政府特殊津贴。此后，鲁华祥主要从事半导体神经网络技术及其应用研究，先后参与"神经网络的硬件化实现"（1995 年11 月鉴定）、"半导体人工神经网络硬件及其软件"（1996 年 6 月鉴定）、"半导体工业生产优化问题的人工神经网络模型、算法与应用"（1999 年 6 月鉴定）、"高 HOPFIELD 网络神经计算机"（2000 年 12 月鉴定）、"高精度双权值突触神经元计算机 CASSANN-II"（2000 年 12 月鉴定）。2000 年以后，作为项目负责人或骨干研究人员参加了国家自然科学基金重点项目"网络环境下新一代信息利用的理论和方法研究"（2002.1—2004.12）、国家自然科学基金项目"半导体神经网络硬件系统集成设计方法学"（2001.1—2003.12）、国家自然科学基金重大研究计划《半导体集成化芯片系统基础研究》项目："超深亚微米 SOC 电源管理技术研究"（2003.1—2005.12）、中国科学院战略性先导技术专项"物理信息的认知计算方法及计算系统研究"、国家自然科学基金面上项目"基于 AFM 的半导体表面纳米结构形貌测量和自动分析技术"、中国科学院科研装备研制项目"超多变量复杂函数最优化求解的神经计算机"、国家特殊项目等项目的研究[②]。2002 年，鲁华祥当选中国人工智能学会"神经网络与计算智能"专业委员会主任，目前担任中科院半导体研究所高速电路和人工神经网络实验室副主任。发

---

① 鲁华祥：半导体人工神经网络的研究和发展。《电子学报》，1995 年第 10 期，第 129-133 页。

② 鲁华祥。中国科学院半导体研究所网站：http://sourcedb.semi.cas.cn/zw/rczj/yjsds/200907/20090730_2285699.html，2014 年 6 月 21 日访问。

表文章中被 SCI/EI 检索的学术论文 30 余篇，出版专著 1 部，获授权发明专利 8 项[①]。

王守觉后来招收的一些硕、博士也与鲁华祥一起进行人工神经网络的研究，有唐志芳、闫煜、金峰、林楠等人。他们研究神经网络有自己的特点。第一，他们强调用硬件的系统来支持神经网络的算法。这可能与王守觉最开始从硬件的角度开始人工神经网络研究，而且顺利完成"人工神经网络的硬件化"等一系列课题有关。第二，他们的研究工作强调应用，把算法和自己的硬件结合起来处理一些实际问题。他们在这方面做了很好的应用，大致可以分为以下几个方面：一是模式识别，包括语音识别和人脸识别；二是信号处理，比如小信号的检测、电力设备绝缘性的检测；三是国防方面的应用[②]。整体来看，这些都是按照从人工神经网络硬件、人工神经网络新结构、人工神经网络模式识别、高维空间几何分析理论、高维空间仿生信息学这条脉络发展和实现的（图 9-3）。

2000 年后，王守觉的研究从人工神经网络转向高维仿生信息学。作

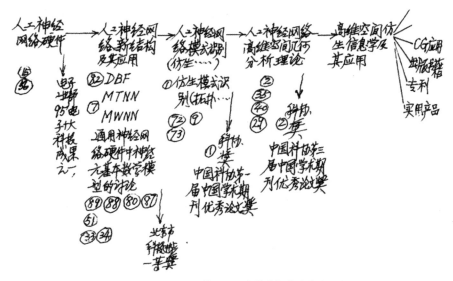

图 9-3　高维空间仿生信息学发展脉络（王守觉手稿）

---

① 专家介绍——鲁华祥。中国人工智能学会网站：http://caai.cn/contents/108/1771.html，2014 年 6 月 21 日访问。

② 鲁华祥访谈，2013 年 8 月 15 日，北京。资料存于采集工程数据库。

为王守觉在高维仿生信息学研究的传人，李卫军目前主要从事高维形象几何、分析方法、高维信息计算处理等研究。李卫军 2004 年毕业于中国科学院半导体研究所，获工学博士学位。承担开发项目"基于仿生模式识别的低数据量人脸识别技术"（2010.10—2015.09）。关于人脸识别的研究，王守觉研究团队与国内其他单位不同，他们采用了形象思维分析、高维形象几何计算的途径实现人脸的识别。目前，李卫军课题组通过研究，可以把人脸的特征表达为 48 字节，较传统的几个 K 甚至是几十个 K，相差上百倍。他们与深圳一家企业合作，将这样的低数值人脸识别技术运用到银行卡系统，目前是全球唯一一家能够把人脸识别技术运用到磁卡，甚至条形码这些低容量、低成本的存储介质当中。此外，他们还将人脸识别技术运用到手机、平板电脑等电子商品的开机认证 [1] 和邮箱的登录认证中。在应用方面，李卫军还带领课题组采用光谱的方法，对种子的真伪进行鉴别（"基于近红外光谱定性分析的玉米品种快速鉴别技术"，2012.10—2013.10，李卫军为项目负责人）。目前他们正在研制样机，用的核心技术是高维的数据处理和建模、模式分析技术。这是之前王守觉组织进行的研究工作的继续 [2]。

李卫军不仅跟随导师走进学术研究领域，还从王守觉身上学到了从事科研的方法与思路。王守觉经常强调科研要有创新，如何创新？就是要思考。李卫军回忆了老师对他和其他年轻科研人员从事研究工作这一"具有指导意义" [3] 的教导：

> 遇到问题先思考，不管有没有解决办法，都要先想：我该怎么做？这样就有两种结果：一个想不出解决方法，不知道该怎么做；一个是自己慢慢地形成一个思路。在有了这两个结果之一时，再去查资料。在不知道解决方法的情况下查阅资料，遇上他人好的解决方法，

---

① 人脸识别手机。"科技生活，创新圆梦"2014 全国科技周暨北京科技周主场官网：http://www.bjkw.gov.cn/n8785584/n8904761/n8904900/n9988859/n9989048/n9990448/9996068.html，2014 年 6 月 27 日访问。

② 李卫军访谈，2013 年 8 月 15 日，北京。资料存于采集工程数据库。

③ 同②。

因为思考过，对他人的解决办法会有一个更深的理解。在自己有了一套解决办法的情况下，再去查看他人的解决方法。如果他人的方法跟自己的一样，说明两者思路是一样的，而这个和你用同样思路的人既然已经将方法公布出来，那他就有更多的实验结果能验证你的思路想法是否正确；如果自己想出的解决方案跟他人已提出的不一样，实际上就说明已经有一些创新的思想在自己的方案中了。之后，再沿着自己的思路跟现有的方案进行比较，查看二者是否存在本质上的差别，或二者之中谁更有优势。如果发现他人的方案更有优势，可以沿着他的路线往前走，如果某些观点考虑的比他人周全，或者考虑到了某些他人没考虑到的观点，说明自己创新的东西产生了。[1]

石寅、鲁华祥、李卫军等学生不断将王守觉所开创的研究领域拓宽。他们坚持王守觉科学成果产业化的研究方向，将学术研究与企业开发联在一起，以实现科研成果为国家经济建设服务。

---

[1] 李卫军访谈，2013 年 8 月 15 日，北京。资料存于采集工程数据库。

第十章
科学合作

　　王守觉一向重视学术交流对学科发展的作用，从 1980 年开始，他到全国多所院校举办讲座、讲学、与学生交流；在部分院校积极筹建科研机构，并兼任主要领导职务。从他的科研合作经历，可以看出杰出科学家在推动科学研究发展中的重要作用和影响力。

　　王守觉在高校的科学合作可分为三类：一类是进行学术报告，有华南理工大学、湖南大学、电子科技大学、西安电子科技大学、杭州电子科技大学、合肥工业大学、安徽大学、深圳大学、西南交通大学、燕山大学、天津大学等，共计十三所；第二类是进行学术报告、开设课程，有浙江大学、苏州大学；第三类是在前两类基础上，在高校建立实验室，培养、指导研究生，组建学术团队进行科学研究，有浙江工业大学、上海同济大学、厦门大学 [①]。王守觉在浙江工业大学、上海同济大学、厦门大学授课时，每月一次来往北京、上海、杭州、厦门，每次上课时间都是整整一天 [②]，王守觉的辛苦工作，促进了这三所高校电子学科的发展。

---

① 王守觉访谈，2014 年 7 月 12 日，苏州。资料存采集工程数据库。
② 于美琦访谈，2014 年 7 月 12 日，苏州。存地同①。

从无到有——创建浙江工业大学智能信息系统研究所

1993 年，原浙江工学院更名为浙江工业大学。浙江工业大学可追溯到 1910 年建立的浙江中等工业学堂，后"几度并合、几度迁址"[1]。直到 20 世纪 90 年代，浙江工业大学抓住国家高校改革的契机，结合实际，制定了第一个十年发展规划，积极开展大学建设。1996 年，学校提出"以工为主、理工结合、文理渗透、经管师法兼容，能主动适应经济建设和社会发展需要的全国一流地方工科院校"的发展目标。

为加快学校发展和学术水平的提升，浙江工业大学强调学科意识，构建学科建设新体系，坚定不移抓学科建设。"自 1993 年以来，学校先后召开了三次学科建设工作会议"；"90 年代初提出'以科研工作为学校发展的突破口'"，将科研工作与教学工作并重。1993 年第一次学科建设工作会议提出"以任务带学科，以学科建设促进学位点建设"的指导思想；1995 年第二次学科建设工作会议上提出"以学科建设为龙头"，"学位点－研究所－学科性公司三位一体"的学科建设模式，并提出学校发展和学科建设要"扬长补短"，即扬工科之长，产学研之长，补基础研究和文理科之短；1999 年第三次学科建设工作会议上提出了"人人进学科，人人有学科归属，构建学科建设新体系"。进入 21 世纪，浙江工业大学依然坚持"以学科建设为龙头，做强、做大、做优学科"的战略任务。浙江工业大学曾于 1997 年组织人员对全国高校改革与发展趋势、人才培养需求和毕业生就业特点进行调查研究，在此基础上，提出"要花大力气争取博士点零的突破；要争取引进（共享）院士以带动学科建设和师资队伍水平的提高"[2]。

为此，浙江工业大学在海内外积极诚邀杰出人才。2000 年的一天，浙

---

① 《浙江工业大学志》编委会：《浙江工业大学志》。杭州：浙江古籍出版社，2003 年，序。

② 《浙江工业大学志》编委会：《浙江工业大学志》。杭州：浙江古籍出版社，2003 年，第 1 页。

江工业大学校长吴添祖[①] 和信息工程学院党总支书记兼计算机应用技术学科负责人肖刚[②] 专程到北京中科院半导体所拜访王守觉。吴添祖校长向王守觉转述了浙江工业大学当前发展的需求：浙江工业大学目前（2000 年）正从一所"教学型大学"向"教学科研型大学"过渡，希望王守觉院士帮助浙江工业大学提高电子信息科学方面的学术水平[③]。

此时正是国家"九五"攻关即将结束的时候，王守觉在"八五"、"九五"攻关中先后承担了"人工神经网络的硬件化实现"、"半导体神经网络技术及其应用"课题。在攻关任务中，王守觉面对"信息科学发展中，尤其是人工神经网络，模式识别领域发展遇到的'瓶颈'状态"[④]，曾历经了一系列的研究和思考。"九五"攻关期间，在分析人工神经网络的发展情况的基础上，王守觉"在学术上创新了一个新的方向"[⑤]——仿生模式识别。他希望能在这个方向上做更深入的拓展，浙江工业大学恰巧为他提供了这个机会。

> 我为了把这个新方向更好地推广，答应了吴校长的邀请，并且答应"如果对我发展这新学科方向有利，则我可以做到每个月去浙工大一次"。就这样在吴校长的支持下，成立了校直属的"浙江工业大学智能信息系统研究所"，由我兼任所长，由当时信息工程学院党总支

---

① 吴添祖（1938-2013）浙江杭州人，教授，技术经济学科与中小企业研究领域专家，主编《技术经济学概论》。曾任温州城市学院院长、浙江工业大学学术委员会主任、浙江省中小企业研究所所长、浙江省人民政府经济建设咨询委员等职。时任浙江工业大学校长。

② 肖刚（1965-）浙江上虞人，教授。1992 年获清华大学工学硕士学位，先后在浙江工业大学信息工程学院任党总支书记兼计算机应用技术学科负责人、学校人事处处长等职，2012 年起为浙江工业大学副校长。主要研究方向为制造业信息化、图形图像处理、智能信息系统、软件工厂生产。

③ 王守觉 2005 年 11 月 17 日写给浙江工业大学学生赵政宁的回信手稿：2-3。资料存于采集工程数据库。

④ 付森：《从多元逻辑电路到多维空间仿生信息学的自主创新之路——王守觉院士"文化大革命"以后的科研活动》。北京：首都师范大学硕士论文，2013 年，第 51 页。

⑤ 王守觉 2005 年 11 月 17 日写给浙江工业大学学生赵政宁的回信手稿：第 2 页。资料存于采集工程数据库。

170

书记冯浩 [①] 同志任常务副所长。[②]

2000 年 4 月，浙江工业大学智能信息系统研究所成立，浙江工业大学总投资 300 万元，并在邵逸夫科技馆划出 500 平方米地方为研究所用，供王守觉领导的智能信息系统研究所和李未领导的软件开发环境重点实验室使用 [③]。与王守觉同批引入的共享院士还有中国工程院院士沈寅初 [④]，中国科学院院士李未 [⑤]、宋玉泉 [⑥]。王守觉在前往浙江工业大学之前，找到他的老下属、老同事——中国半导体研究所退休高级工程师马佐成 [⑦]，提出一起前往浙江工业大学的想法。王守觉的提议，得到了马佐成的认可。马佐成从 2000 年到 2003 年，一直驻守浙江工业大学智能信息系统研究所，是王守觉在智能信息系统研究所的联系人。时任浙江工业大学信息工程学院党总支书记冯浩，作为研究所的常务副所长，负责研究所运转的一切事务，王守觉主要负责学术研究和研究生的学术指导工作。研究所成立之初，有的仅是浙江工业大学提供的 300 万元经费，几个房间，工作人员三人，可以说是白手起家。为营建一个好的实验环境，马佐成和冯浩等人曾先后多次到北京等地购买当时先进的基础实验设备 [⑧]。研究所建立当年，

① 冯浩（1956-）浙江宁波人，教授。1982 年毕业于浙江工业大学自动化专业，1996 年获浙江大学电机与控制专业硕士学位，2003 年在中国科学院半导体研究所获工学博士学位。曾任浙江工业大学智能信息系统研究所常务副所长、中国人工智能学会神经网络与计算智能专业委员会常务副主任。

② 王守觉 2005 年 11 月 17 日手稿。资料存于采集工程数据库。

③《浙江工业大学志》编委会：《浙江工业大学志》。杭州：浙江古籍出版社，2003 年，第514 页。

④ 沈寅初（1937-）浙江省嵊县人，生物化工专家，中国工程院院士。1962 年毕业于复旦大学，先后任浙江工业大学校长、名誉校长。长期从事生物化工和生物农药研究。

⑤ 李未（1943-）北京人，1997 年当选为中国科学院院士。1983 年在在英国爱丁堡大学计算机系获博士学位。2002 -2009 年任北京航空航天大学校长、党委副书记。参与创立、发展和完善结构操作语义方法。

⑥ 宋玉泉（1933-）河北张北人，超塑变形理论专家，1997 年当选为中国科学院院士。1955 年南开大学物理系毕业，现为吉林大学超塑性与塑性研究所所长、吉林大学"材料加工工程"国家重点学科的学术带头人和学科建设负责人。

⑦ 马佐成（1934-），高级工程师。1958 年复旦大学毕业后分配到中国科学院电工所工作，1960 年转到中国科学院半导体研究所。

⑧ 马佐成访谈，2014 年 7 月 8 日，北京。资料存于采集工程数据库。

王守觉开始在浙江工业大学招收硕士研究生。冯浩后来考入中国科学院半导体所成为王守觉的在职博士生。

为了让浙江工业大学的师生对仿生模式识别有所理解，王守觉为浙江工业大学的师生讲授仿生模式识别的理论课程。

王守觉在到浙江工业大学最初的两年间，开展了多次学术讲座并筹办学术会议。据《浙江工业大学志》记录，信息工程学院 2000 年到 2002 年 6 月对外合作与交流学术活动共 12 项，王守觉作为报告人的学术活动有 3 项，分别是 2000 年 5 月的"人工神经网络用于半导体工业生产模型、算法与应用"、2001 年 1 月的"神经网络对多媒体响应的柔性服务机器人的控制的研究"、2002 年 3 月的"高维空间集合与人工神经网络"[1]。2001 年，信息工程学院检测技术与自动化装置学科硕士学位授予点获批，王守觉指导和带领该学科开展基础研究和应用研究，研究内容包括半导体神经网络技术与应用研究、生产过程的工艺参数的优化、神经网络技术在图像处理与模式识别中的应用研究以及 ICCAD 技术应用研究[2]。2002 年，中国人工智能学会与计算智能学会宣布由浙江工业大学、清华大学、中国科学院半导体研究所联合成立。同年，浙江工业大学信息工程学院承办了中国人工智能学会与计算智能学会全国第一次学术交流会。有全国多所高校学者以及海外知名学者参加。会后，王守觉还组织了仿生模式识别的学术交流活动。

浙江工业大学智能信息系统研究所从无到有，王守觉率领合作者，白手起家，将新的学科仿生识别发展了起来。2005 年王守觉总结了他在浙江工业大学的工作：

"这五年来我在新学科方向发表的学术论文总数约为 91 篇，其中

---

① 《浙江工业大学志》编委会：《浙江工业大学志》。杭州：浙江古籍出版社，2003 年，第 517-517 页。

② 《浙江工业大学志》编委会：《浙江工业大学志》。杭州：浙江古籍出版社，2003 年，第 520-521 页。

与浙工大智能信息研究所合作发表的学术论文共 39 篇"[①]

这些学术文章，部分以英文发表，被 SCI 或 EI 收录，部分发表于国内一级学术核心期刊。2005 年，由浙江工业大学智能信息系统研究所承印的《王守觉院士近五年工作中有关论文与成果》这样记叙了该所当时的发展状况：

> 设神经网络实验室、ICCAD 开发室、研讨室和所长室，并挂靠中国人工智能学会神经网络与计算智能专业委员会。
>
> 本所现有中国科学院院士 1 名，教授 3 名，副教授 7 名，已培养研究生 50 余名。
>
> 自王守觉院士任所长以来，科研水平有了显著提高。在神经网络研究与应用、人工智能与模式识别、ICCAD 研究及检测与控制等方向开展了积极的研究。基于高维空间理论，在人工神经网络理论和应用方面取得了一系列重大成果，正向国内外领先行列迈进。共承担和完成国家自然科学基金 5 项，国家 863 高科技项目 3 项，省部级项目 22 项；近三年来发表学术论文 150 余篇，其中核心期刊 100 多篇，三大索引 52 篇（SCI、EI 31 篇），内容涉及控制、图像处理、高维空间理论及相关算法与系统实现。研制了人脸智能识别系统、实物智能识别系统。2002 年 10 月举办"全国神经网络与计算智能"会议，2004 年联合举办了"第十届全国模糊逻辑与计算智能"会议，作为主要研究单位参加的半导体神经网络技术及应用项目，获北京市科技进步一等奖[②]。

2002 年，时任浙江省委书记的习近平同志到浙江工业大学信息工程学

---

① 王守觉 2005 年 11 月 17 日写给浙江工业大学学生赵政宁的回信手稿。资料存于采集工程数据库。

② 浙江工业大学智能信息系统研究所：《王守觉院士近五年工作中有关论文与成果》，2005年，封底。

院视察，王守觉向习近平等人介绍了基于仿生模式识别的多镜头人脸自动识别机器①。

王守觉在智能信息所的十几年间，为浙江工业大学培养了一批研究生。截止 2014 年 5 月，王守觉在浙江工业大学共招收硕士研究生 12 人。2003 年，信息工程学院获得控制理论与控制工程博士学位授予权②，王守觉于 2007 年开始招收博士研究生，共培养博士研究生 5 人。

王守觉为浙江工业大学信息科学学科创建了一个研究机构，带来了一个全新的研究方向，这是王守觉 2002 年在高维形象几何概念的基础上提出仿生模式识别理论和创立高维仿生信息学后的重要工作。以智能信息研究所为平台，王守觉为浙江工业大学培养了一批信息科学人才，发表了多篇高水平学术论文，为浙江工业大学信息学科的发展和提升该校在学术界的影响力做出了贡献。

回报母校——建立同济大学半导体信息与技术研究所

同济大学是王守觉的母校，王守觉在同济大学求学七载，1949 年，王守觉从同济大学电机系毕业。在动荡的岁月里，和母校一起经历了乱世的考验。同所有学子一样，王守觉对同济大学怀着深深的眷恋。王守觉一直关心同济大学的发展，回报母校是他的心愿③。

王守觉在同济大学就读的电机系建于 1939 年，下设"电讯"和"电

---

① 浙江工业大学信息工程学院院史馆. 时任浙江省委书记习近平看望王守觉院士 [EB/OL].（2013-6-27）[2014-7-15]. http://www.xxxy.zjut.edu.cn/ReadClassDetail.jsp? bigclassid=71

② 浙江工业大学信息工程学院. 控制科学与工程重中之重学科·学科概况 [EB/OL].（2010）[2014-7-15].http://www.auto.zjut.edu.cn/WebSite/Tdjs/tdjsShow.aspx? ID=618cc075-8a6d-4c10-a604-28091e5bcfa1。

③ 王守觉院士 90 寿辰座谈会上吴启迪讲话，2013 年 6 月 10 日，苏州。资料存于采集工程数据库。

力"两个专业方向。同济大学电机系成绩斐然，培养了王守武、王守觉、陈星弼等多位信息科学专家。1952 年春，中央人民政府借鉴苏联高等教育模式，在全国范围开始了大规模的院系调整。这一年 7 月至 9 月，中央教育部和华东教育部决定：同济大学数学系、物理系、化学系并入复旦大学；机械系、电机系、造船系并入交通大学；土木系水利组并入华东水利学院 ① 。经过这番调整，同济大学成了一所土木建筑类的专门学府 ② 。

同济大学电子与信息工程学院现有的电气工程系，是同济大学为适应国家社会主义建设的需要和形势的发展，在 1958 年重建的建筑机电及设备系的基础上，于 1979 年成立的 ③ 。1999 年的电气工程系，拥有控制理论与控制工程、系统工程、信号与信息处理、电力电子与电力传动、电路与系统、模式识别与智能系统 6 个硕士学位授予点，控制理论与控制工程与模式识别与智能系统两个博士学位授予点，一个控制科学与工程以及博士后流动站；教研室 4 个：自动控制教研室、拖动及供电教研室、电子信息工程教研室、电工电子教研室；研究室 4 个：机器人控制研究室、智能控制系统研究室、信息工程研究室、电子仪器与测量技术研究室；3 个实验室：自动化实验室、信息工程实验室、电工电子实验室。多年一直广泛地进行国内外学术与人才交流，与国内外企业合作，参加相关学科学术会议。电气工程系已经具备了进一步引入电子信息领域一流科学家、开展国际前沿信息科学研究的基础。

1995 年，吴启迪担任同济大学校长。吴启迪校长的家人中多人从事半导体方面的研究，所以她了解王守觉在半导体及微电子信息界的成就与威望。当上校长后不久，吴启迪来到半导体所拜访王守觉。当时，王守觉问吴启迪的第一句话是"同济大学现在还有电机系吗？" ④ 院校调整对同济

---

① 杨东援主编，《同济大学志》编辑部编：《同济大学志（1907-2000）》。上海：同济大学出版社，2002 年，第 10 页。

② 杨东援主编，《同济大学志》编辑部编：《同济大学志（1907-2000）》。上海：同济大学出版社，2002 年，第 691 页。

③ 杨东援主编，《同济大学志》编辑部编：《同济大学志（1907-2000）》。上海：同济大学出版社，2002 年，第 691-693 页。

④ 王守觉院士 90 寿辰座谈会上吴启迪讲话，2013 年 6 月 10 日，苏州。资料存于采集工程数据库。

大学产生很大的影响，没有了电机系，只有重建的电气工程系。吴启迪向王守觉介绍了这个情况，并邀请王守觉回母校发展同济大学的信息科学，王守觉欣然接受邀请①。在同济大学信息工程学院建立半导体信息与技术研究所，为建设同济大学信息科学添砖加瓦。

2000年6月，同济大学半导体信息与技术研究所正式成立，挂靠在同济大学电子与信息学院，王守觉为所长（兼职），范雪峰任党委书记。研究所主要任务是跟踪国际信息技术的发展趋势，结合国家信息产业的发展需要，开展对半导体材料和器件、灵巧型功率集成电路、模式识别对象空间复杂几何形体覆盖方法等研究，在开展科研的同时为同济大学培养微电子和信息学科的研究生。研究所得到同济大学第一期"振兴行动计划"项目的支持。经过半年筹建，于2001年年初在同济大学科技园2号楼，初步建成半导体与信息材料、灵巧功率集成电路和人工神经网络3个研究室，面积约400平方米②。

在筹建工作中，王守觉主动联系了多位国内信息领域的专家到研究所兼职或直接调入。这其中包括院士两人、教授一人。梁骏吾院士，2000年1月被聘为同济大学兼职教授，负责筹建半导体与信息材料实验室，主要从事半导体材料与物理、固体电子学、半导体行业超纯水与水处理等基础和应用研究工作，主要方向为Si基和GaN基半导体材料的生长、结构与性能以及相关的器件等；陈星弼院士，2000年6月成为同济大学兼职教授，负责灵巧功率集成电路研究室，主要研究方向是陈星弼院士新的横向耐压结构的发明专利应用于自动化控制领域的灵巧型功率集成电路芯片的研发；林争辉教授主要从事集成电路方向的研究。

梁骏吾（1933—）是中国工程院信息与电子工程学部院士，我国著名的半导体材料学家，从事半导体研究40余年，研究成果硕果累累③。

---

① 王守觉院士90寿辰座谈会上吴启迪讲话，2013年6月10日，苏州。资料存于采集工程数据库。

② 同济大学电子与信息工程学院.同济大学半导体与信息科技研究所 [EB/OL]. 2005-12-21）[2014-7-15]. http://see.tongji.edu.cn/Model1024.asp？Id=229

③ 林章豪主编:《百年同济百名院士》编委会编.《百年同济百名院士》.上海：同济大学出版社，2007年，第118-120页。

60 年代起，王守觉与梁骏吾同在中科院半导体所工作，在硅平面晶体管研制期间（1963—1964 年），梁骏吾带领的小组为王守觉的研制团队提供无位错硅单晶[1]。跟随梁骏吾院士来到同济大学的，还有他的夫人闻瑞梅。闻瑞梅本是中科院半导体所研究员，2000 年直接从中科院半导体所调入同济大学梁骏吾院士兼职的半导体与信息材料实验室，主要从事各种水处理，高纯水，气的制备及检测，以及环境污染综合治理及检测等科研、开发工作[2]。

陈星弼（1931—）是我国著名半导体器件物理专家，1999 年当选中国科学院院士，被誉为我国半导体功率器件的领路人[3]。陈星弼也是同济大学电机系校友，王守觉与他在 1955 年就已相识。1955 年，陈星弼到应用物理研究所半导体室进修，经王守武安排，由王守觉领导其工作，与王守觉是同一间实验室的前后桌[4]。在之后的几十年，两人在生活、科研上都有密切的来往。在陈星弼的眼中，王守觉是一位实事求是、动手能力强，极具创新精神的科学家。所以，在王守觉的介绍下，2000 年 6 月陈星弼来到同济大学。作为研究所下设的灵巧功率集成电路研究室主任，在研究所筹建阶段，负责筹建了相应的学科梯队和实验室。先后完成了上海市科委的 AM 重点基金项目"灵巧功率集成电路在自动控制中的应用"，申报国际发明专利 2 个，参与申报成功"微电子学与固体电子学"硕士点，并为研究所的研究生、本科生讲解《半导体集成电路》和《半导体器件》课程[5]。

林争辉（1933—）原为上海交通大学教授，曾任上海交通大学大规模集成电路研究所所长。他在国际上首次提出"电路元件映射论"、"电路理论公理化体系"、"电路故障－激励论"，从而获美国 NSF Award 和日

---

[1]　何春藩、王占国主编：《科学与人生·中国科学院院士传记·林兰英传》。北京：科学出版社，2014 年，第 86-88 页。

[2]　王守觉访谈，2014 年 7 月 12 日，苏州。资料存于采集工程数据库。

[3]　陈星弼教授传略。《电气电子教学学报》，2002 年第 6 期，第 1 页。

[4]　王守觉院士 90 寿辰座谈会上陈星弼院士讲话，2013 年 6 月 10 日，苏州。资料存于采集工程数据库。

[5]　林章豪主编：《百年同济百名院士》编委会编．《百年同济百名院士》。上海：同济大学出版社，2007 年，第 17 页。

本国电子振兴基金奖。在国内率先研制成功"集成电路 CAD 双向系统"、"深亚微米集成电路设计技术"等国家微电子重点科技攻关项目 12 项，获国家科技进步一等奖（1993），国家科技进步二等奖（1991）等。先后获"国家级有突出贡献中青年专家"、"全国高校先进科技工作者"、"优秀博士生导师"称号，并获首批国务院特殊津贴。出版《电路理论》等专著 5 部。发表论文 120 余篇 [①]。在即将退休时，王守觉将他找到同济大学。林争辉来到同济大学后，为同济大学培养"电路与系统"专业硕士生 36 人。

在同济大学，王守觉自己兼任人工神经网络研究室学科带头人。研究团队有同济大学的教师武妍等人，以及王守觉在同济大学招收的研究生。随着科研成果的不断积累，研究所科研队伍也逐渐壮大。到 2005 年，研究所共有教职工 14 人，其中 7 人为兼职人员。14 人中有院士 3 人，教授（研究员）3 人，副教授 4 人，讲师 2 人，助教 2 人 [②]。

王守觉不仅为同济大学组建了实力雄厚的科研队伍，同时，2004 年到 2011 年间他还承担教学任务。每学年的第二学期他给硕士、博士研究生讲授研究生专业选修课程"现代信息与信号处理的理论和方法"，每学期 36 学时 [③]。

鼎力相助——建设厦门大学电子工程系电路与系统技术研究所

本着共同把厦门大学建设成世界知名的高水平研究型大学的良好愿望，在厦门大学信息科学与技术学院郭东辉教授的邀请下，2005 年 11 月起，王守觉任厦门大学信息科学与技术学院教授，兼任电路与系统研究所

---

① 《同济大学教授录》编委会编：《同济大学教授录》。上海：同济大学出版社，2007 年，第 874—875 页。

② 同济大学电子与信息工程学院 . 同济大学半导体与信息科技研究所 [EB/OL]. 2005-12-21）[2014-7-15]. http://see.tongji.edu.cn/Model1024.asp？Id=229

③ 朱君波访谈，2014 年 9 月 20 日，上海。资料存于采集工程数据库。

名誉所长。

厦门大学是我国首批开办了半导体物理专业的高校之一，在半导体与集成电路专业领域有着深厚的研究基础和学科优势，为福建省乃至国内其他地区的半导体与集成电路产业发展做出过不可忽视的贡献。早在 20 世纪 40 年代厦门大学就开办了电机系，在抗战艰苦年代，培养出一批包括谢希德等半导体与集成电路方面优秀毕业生。1956 年我国提出要"向科学进军"，把半导体技术列为国家四大紧急措施之一，同年在北京大学成立了由北京大学、厦门大学、南京大学、复旦大学和吉林大学组成的半导体培训班。厦门大学派出刘士毅、吴伯僖等人参加该培训班，1958 年这几位首届毕业生回校后建立了半导体专业。厦门大学成为全国五所首批开办半导体物理专业高校之一，培养出来了如今一直活跃在集成电路领域的优秀毕业生，如陈星弼院士、许居衍院士等。进入 21 世纪，厦门大学更加重视半导体与集成电路学科领域建设，包括投入了数千万元建立的厦门大学"萨本栋微纳米研究中心"（2002 年）、集成电路工程技术研究中心（2002 年）等。

2005 年，鉴于王守觉的学术地位与影响，时任厦门大学信息科学与技术学院副院长郭东辉教授极力邀请王守觉帮助该学院建设。于是，王守觉受聘于厦门大学校聘院士，帮助推进厦门大学电子科学领域的学科建设，具体工作院系是厦门大学信息科学与技术学院电子工程系。厦门大学为学科建设提供实验室，还从"985"二期"智能化国防安全信息技术"科技创新平台经费中，提供启动经费 150 万元 [1]。

王守觉积极推动电子工程系申请"电子科学与技术"博士点，培养这个方向的学术后备力量、建立起来学术梯队。在被聘为厦门大学院士期间，就高维仿生信息学的理论基础研究和视频与图像识别、生物信息学方面，王守觉与多位教师开展合作研究，合作申请承担了国家自然科学基金主任基金项目；招收电子类工科博士研究生，亲自指导研究生开展科研工作。在厦门大学，王守觉共培养博士研究生 3 人（分别是肖泉、

---

① 郭东辉：发挥学科优势，为地方产业服务。厦门大学物理系编：《自强不息：纪念厦门大学半导体学科建设五十周年》厦门：厦门大学出版社，2007 年，第 272-274 页。

柳培忠、翁祖峰。肖泉与翁祖峰目前在苏州纳米所工作，柳培忠任职于华侨大学工学院）。聘为厦门大学院士期间，合作发表学术论文 20 多篇，申请 10 项发明专利和软件版权，同时鼓励支持毕业的博士生创办企业，为社会和地方产业服务。他还组织举办高水平的学术讲座，2008 年，由厦门大学、贵阳师范大学、香港城市学院主办的 The 2nd International Conference on Anti-counterfeiting, Security, and Identification（2008 ASID）在贵阳举行，王守觉作了题为"一种信息科学新思路"的报告（图 10-1）。

图 10-1　王守觉在 2008 ASID 大会上做报告

从 2006—2010 年，王守觉每月到厦门大学讲学一次，每次两天，一天上午、一天下午，连续三个小时以上给研究生上课。他十分认真地准备 PPT、讲稿，课程内容新颖，讲课声音洪亮，颇受学生欢迎。期末考试也很有特色，王守觉以让学生提问的方式考查学生的学习情况，依据学生与他交流的情况评分。王守觉的夫人曾经回忆那段在合作单位工作忙碌的日子：

> 我们的飞机里程很高，因为一买飞机票都是一打。2010 年生病，若不是王先生的坚持，不会那么严重。当时我们已经到上海了，王先生已经面色发黄了，我说今天我们少讲一个小时，他说不行；早上起来，还不能迟到，说学生在那等着。王先生讲课还不用话筒，大声讲整整两个小时。中午出来的时候，就是累了。上午、下午连着讲，中午还没有吃饭。那是 2010 年的 4 月 10 号，从同济大学出来就马上回

苏州，病了，正式休息。在苏州养好了，回北京，好多人来看望王先生。他觉着自己恢复了，还一三五上班。北京限号，星期五他的车限行，得需要我开车送他去所里。①

当时王守觉已经85岁高龄，依旧这样风尘仆仆奔赴在北京、上海、杭州等地的科研单位，充分体现了他甘于奉献、爱岗敬业的精神。

① 王守觉与夫人于美琦访谈，2014年7月11日，苏州。资料存于采集工程数据库。

第十一章
电子学会工作

王守觉长期参与电子学会工作，1989 年，当选为中国电子学会第四届理事会（1989—1992）副理事长，后连任第五届理事会（1992—1996）、第六届理事会（1996—2002）副理事长。王守觉对中国电子学会学术期刊《电子学报》和英文版期刊《CHINESE JOURNAL OF ELECTRONICS》（简称 CJE）的办刊和发展做出了重要贡献。

《电子学报》三十载

"春天"里起步

文化大革命结束后的 1977 年，成立于 1962 年的中国电子学会开始酝酿恢复各类活动，《电子学报》的复刊便是活动之一。

《电子学报》创刊于 1962 年 7 月，是我国电子领域创刊最早的综合性学术刊物。其办刊宗旨为：促进我国电子科技事业和经济建设的发展，为促进国内外学术交流，为国家发现和培养人才而努力奋斗^①，是中国电子学三大刊物之一^②。

1978 年 4 月，在时任学会副理事长兼秘书长、第四机械工业部副部长孙俊人等人的积极推动下，《电子学报》复刊。中国电子学会成立编辑工作委员会指导《电子学报》的日常工作。《电子学报》第一任主编蔡金涛院士任主任委员，王守觉是编委之一。1979 年王守觉当选中国电子学会第二届理事，从上世纪 70 年代末至 2012 年，王守觉一直参与《电子学报》的工作。

1984 年，《电子学报》第三届编委会在上海召开，时任北京邮电学院副院长蔡长年被选为主编，王守觉为副主编。以后的几年，中国电子学会的发展，受到了政府的高度重视。1985 年 11 月 7 日至 12 日，中国电子学会于上海召开"'中国电子走向 2000 年学术讨论会'暨'中国电子学会第三届第三次会议'"，上海市市长江泽民、电子工业部部长李铁映出席会议并讲话"^③。1994 年，蔡长年因病去世，王守觉接任《电子学报》主编，更好地发展《电子学报》的重任放在了王守觉的肩上。

王守觉带领《电子学报》的所有编委（图 11-1）、专家及工作人员，积极为中国电子领域的学者们提供一个优秀的交流平台。几十年办刊过程中经历了很多困难与波折，其中 90 年代受到的出版冲击最大。

困难中坚持办刊理念

20 世纪 90 年代初、中期，伴随着出版业的高速发展，一些问题随之出现：图书品种增长过快，平均印刷数量下降，社会需求与出版单位的经济效益下降。许多学术期刊都面临同样的问题：期刊发行量少，杂志社收入不足以支付日常开销。一段时间内，学术杂志出版行业中流行一种思潮：

---

① 《电子学报》编辑部：《电子学报》50 年。2011 年，未刊稿。资料存于采集工程数据库。

② 另外 2 个是《电子科学技术》、《电子世界》。

③ 编者：中国电子学会召开《中国电子走向 2000 年学术讨论会》暨《中国电子学会第三届第三次会议》，《电子学报》第三届编委会第一次会议亦同时召开。《电子学报》，1986 年第 2 期，第 39 页。

学术期刊不能赚钱，需要刊载广告等来谋求生存。

就是这个时期，王守觉刚刚接手《电子学报》的管理工作，面对整个图书出版行业的不景气，期刊出版业的学术风气衰退情况。他认为《电子学报》应囊括电子科学技术的各个领域，其整体水平在一定程度上应该反映我国电子科学技术的发展水平。"学术期刊，在国际上都是很被重视的。世界上没有一个国家说是学术期刊都不要了，而是去做广告的，这太不像话"[①]。作为主编，王守觉不负众望，他坚决否定随大流求生存的提议和行业不良之风，维护《电子学报》的学术性，坚持《电子学报》的学术办刊风格。这期间决策直接影响了《电子学报》当时及之后的发展。如今，《电子学报》学风严谨，作风公正，不囿于一家之言，"发扬学术民主，受到国内外电子信息科技工作者的欢迎和好评"[②]。

《电子学报》在王守觉的带领下，取得国内外同领域的认可及众多声誉。先后两次获"全国优秀科技期刊二等奖"，中国科协优秀学术期刊一、二等奖；2000年获首届"国家期刊奖"和国家自然科学基金重点学术期刊专项基金；2001年入选"中国期刊方阵""双高"期刊（高知名度、高学

图 11-1   1990 年《电子学报》编委会成员合影（前排右三王守觉）

① 王守觉访谈，2012 年 10 月 19 日，苏州。资料存于采集工程数据库。
② 中国电子学会：《中国电子学会史》。上海：上海交通大学出版社，2008 年，第 27 页。

术水平）；2003、2005 年获"国家期刊奖提名奖"等。目前《电子学报》已成为中国电子学界最重要的学术刊物，是科技部科技论文统计源期刊、中国科学引文数据库来源期刊。国际上，《电子学报》先后被 Engineering Index[①]（1993—）、Science Citation Index Expanded[②]（2001—）、Chemical Abstracts[③]（2001—）等检索系统收录。2010 年，王守觉卸下主编之职，作为《电子学报》的顾问，一直坚持工作到 2012 年。

让 CJE 走向世界

CHINESE JOURNAL OF ELECTRONICS（简称 CJE）是《电子学报》的姊妹学术期刊，它是中国电子学会为连接国内外电子信息领域而创办的。它的创立和发展与《电子学报》密切相关，王守觉在 CJE 的发展中曾力挽狂澜，做出了积极而重要的贡献，是 CJE 发展的重要见证者。

CJE 的创立有其时代背景。20 世纪 80 年代，中国电子学会为加强与国外同领域研究的交流，从 1986 年开始探索编辑出版英文版的学术期刊。1986 年，中国电子学会与电气和电子工程师学会（IEEE）开始商谈合作办刊事宜。同年，IEEE 索要了《电子学报》1985—1986 年发表文章的英文摘要；1988 年又提出索要《电子学报》英文版试刊样本。1989 年 5 月中国电子学会将《电子学报》英文版试刊样本寄送给 IEEE[④]。一个月之后双方合作中断。1990 年 9 月，中国电子学会与香港科讯交流有限公司（以下简称香港公司）达成协议，从中文版《电子学报》优选出部分文稿译成英

---

① Engineering Index：工程索引，简称 Ei，创刊于 1884 年，由美国工程信息公司（The Engineering Information Inc.）编辑出版，是世界著名的工程技术综合性检索刊物。

② Science Citation Index Expanded：简称 SCI-E，是 SCI 的扩展库。

③ Chemical Abstracts：化学文摘，简称 CA。该文摘报道的化学化工文献量占全世界化学化工文献总量的 98% 左右，是当今世界上最负盛名、收录最全、应用最为广泛的查找化学化工文献大型检索工具。

④ 中国电子学会:《中国电子学会史》。上海：上海交通大学出版社，2008 年，第 27 页。

文，汇编成英文版刊物 *Chinese Journal of Electronics*（CJE）。CJE 的版权归香港公司所有，该公司担负所有的编辑出版费用。CJE 在香港出版，仅向海外发行，并赠送国内部分图书馆以及编委与作者。从 1991 年试刊，1993 年正式出季刊，至 1995 年共出四卷 12 期 [1]，250 余万字，在此期间，被英国 INSPEC（SA）收录 [2]。

CJE 发行初期，中国电子学会给予了 CJE 资金支持，但到 1995 年，中国电子学会在决定停办英文版的《电子学报》之后，不再给予 CJE 资金上的支持，加之香港公司出版 CJE 本身入不敷出，CJE 的生存，面临极大考验。

王守觉深知英文学术期刊对国家科技发展及在国际地位中的重要作用，面对 CJE 的即将停办，他心有不甘。"我们把好的论文、好的工作介绍到国际上去，这起到一种国际影响的作用，中国电子学会让我们停办，我们是不甘心停办的" [3]。于是他牵头主动联系电子信息领域的许多专家，包括李衍达 [4]、李志坚 [5]、王阳元 [6]、杨芙清 [7]、刘盛纲 [8]、保铮 [9] 等电子信息领域的专家们，向他们寻求支持。"王院士在（电子）学术界很有威望的，很多人都愿意相信他" [10]，王守觉与这些专家联系并提出改版的倡议，很快就

---

[1] 中国电子学会：《中国电子学会史》。上海：上海交通大学出版社，2008 年，第 100-101 页。

[2] 《电子学报》编辑部：CJE 的 20 年。2011 年，未刊稿。资料存于采集工程数据库。

[3] 王守觉访谈，2012 年 10 月 19 日，苏州。资料存于采集工程数据库。

[4] 李衍达（1936- ）：广东南海人，清华大学自动化系教授，中国科学院院士，信号处理与智能控制专家。

[5] 李志坚（1928-2011）：浙江宁波人，清华大学微电子所的创建人，中国科学院院士，主编出版了《半导体材料硅》、《MOS 大规模集成技术》、《微电子技术中的 MOS 物理》等书。

[6] 王阳元（1935- ）：浙江宁波人，北京大学教授、博士生导师、中国科学院院士，北京大学微电子学研究院院长，获全国科学大会奖、国家发明奖、国家教委科技进步一等奖、光华科技基金一等奖等荣誉。

[7] 杨芙清（1932- ）：江苏无锡人，计算机软件专家，中国科学院院士，北京大学教授，北京大学软件与微电子学院理事长、名誉院长，国务院学位委员会委员及学科评议组第一召集人。

[8] 刘盛纲（1933- ）：安徽肥东人，中国科学院院士，物理电子学家，美国 MIT 电磁科学院院士；其专著《相对论电子学》是国际上第一部系统论述相对论电子学理论的论著。

[9] 保铮（1927- ）：江苏南通人，电子学家，中国科学院院士，西安电子科技大学教授，长期从事雷达与信号处理方面的理论研究和工程实践。

[10] 刘力访谈，2013 年 12 月 25 日，北京。资料存于采集工程数据库。

得到了上述专家及其单位的赞同与支持。于是，在王守觉和上述学者的倡议下，决定对 CJE 进行改版，将这个杂志继续办下去，成为一个独立的英文期刊，与中文版《电子学报》成为相互支持的姊妹刊物。

1996 年 1 月，第五届《电子学报》常务编委会上通过了如下决议：新的 CJE 版权归中国电子学会所有，由中国电子学会与清华大学、北京大学、中国科学院半导体所、电子科技大学、西安电子科技大学、香港大学和香港科讯交流有限公司联合出版。由香港公司向海外发行。1996 年 3 月 17 日，来自全国内陆各地的 31 人，香港特别行政区的 5 人，美、日、英、法、加拿大等国 9 人，共计 45 人组成新的 CJE 编委会，王守觉任主编，保铮、李衍达、郑耀宗[①]、王阳元、王鼎兴[②]、刘盛刚、吴鸿适[③]等几位院士任副主编。改版后的 CJE 于 1997 年 7 月 1 日正式出刊[④]。新的 CJE 编委会与《电子学报》编委会是并列且独立的，为了节约费用，CJE 编辑出版工作由《电子学报》编辑部兼任，时任《电子学报》编辑部主任的刘力教授具体负责 CJE 资金、来稿、组织编审等工作。改版后的 CJE，不再只是刊登中文文章的英译版，而是接受英文文章，在内容、排版上都有所改进，缩短了与国际学术界的差距，为国内的学术成果走向国际提供了更好的平台。同时，在杂志出版运行的资金需求上，也做到了自给自

图 11-2　2006 年王守觉为李志坚签发的担任 CJE 编委会委员的聘书

---

　　① 郑耀宗（1934- ）：广东中山人，中科院院士、微电子学专家，1996-2000 任香港大学校长，在国际上首先提出了 MOS 反型层载流子表面粗糙度散射理论。
　　② 王鼎兴（1937- ）：江苏吴江人，清华大学教授，长期从事计算机科学的教学、研究工作，对并行、分布处理技术及其应用进行过比较系统的研究。
　　③ 吴鸿适（1922- ）安徽歙县人，电子学专家，中国微波器件设计理论研究的奠基人之一，长期从事微波电子学理论的教学和研究工作，主编《电子管设计手册》，著有《微波电子学原理》。
　　④《电子学报》编辑部：王守觉主编讲话——《电子学报》第六届编委会工作总结（1996.9-1998.6）。1998 年，未刊稿。资料存于采集工程数据库。

足，为以后更好地发展打下了基础。

王守觉和 CJE 编委会务实并坚持不懈地发展 CJE，CJE 已经成为电子学领域重要的学术杂志。为铭记王守觉为 CJE 的发展所作出的努力，CJE 编委会同仁"一致认可 CJE 编委会主编由王守觉担任，这是 CJE 编委会给王守觉院士的一个终身奖"[①]，即从 1991 年起，王守觉院士一直是 CJE 编委会的主编。

积极推进《电子学报》与 CJE 学术交流

《电子学报》与 CJE 作为学术期刊，已经成为国内电子信息领域的学术前沿阵地，这与两个刊物的编委会踏实认真、务实努力的作风分不开。《电子学报》与 CJE 编委会除了办刊外，还积极组织编委、学者进行交流，王守觉积极参与其中。

《电子学报》每两年举办一次编委会全会，这个传统从蔡金涛担任第一届编委会主任时就已开始。在每次的编委会全会上，主编要对过去两年的工作进行总结，提出今后努力的方向。王守觉从 1994 年正式担任《电子学报》的主编以来，一直坚持这项传统。在每次总结报告中，王守觉首先介绍"本届编委会工作会议简况"，就本届编委会期间召开的全委会、在京编委会、常务编委会、正、副主编会议的情况进行详细汇报。汇报的内容包括每一次会议的时间、地点、出席人员、会议内容等，并就当时《电子学报》与 CJE 所获奖励、申请到的资金资助等情况向参会编委汇报。以《电子学报》第六届编委会工作总结（1996.9—1998.6）为例，王守觉汇报如下部分内容：

> 1997 年 5 月 27 日和 8 月 28 日分别召开了第四次和第五次常务编

---

① 刘力访谈，2013 年 12 月 25 日，北京。资料存于采集工程数据库。

委会。会审终审文稿 100 余篇。听取《电子学报》和 CJE 编辑部的工作汇报，以及《电子学报》获奖情况及 Ei 收录情况。1997 年 3 月《电子学报》获全国第二届优秀科技期刊二等奖；1997 年 3 月获第二届中国科协优秀科技期刊二等奖。1996 年 Ei 收录《电子学报》342 条，即 96% 的论文均被收录进 Ei Compendex 数据库。[①]

另外，《电子学报》与 CJE 在召开编委会全会的同时，也同时召开《电子与信息技术的学术报告会》（论坛），组织电子信息科技领域内的专家们作报告，为学者提供高质量的交流平台。

《电子学报》与 CJE 也成为王守觉展示他研究成果的最主要的平台，王守觉在逻辑电路、半导体人工神经网络、高维仿生信息学等方面最新的研究成果大多发表这两个杂志上。如他在《电子学报》1980 年第 1 期上发表了题为《多元逻辑电路 12 位高速进位发生器》（作者王守觉、魏书铭、郑洁）的文章，文章介绍了一种对当时来说是新型结构的多元逻辑高速大规模集成电路 DYL12 位高速进位发生器（DYL12-HSCG），分析了 DYL 的优越性，并证实了 DYL 12 位高速进位发生器具有工作可靠、性能稳定、速度快的特点；1988 年第 1 期《电子学报》刊载的《基于连续逻辑的模糊自动控制系统》（作者夏永伟、孔令坤、张冬萱、王守觉），提出用多元逻辑电路（DYL）直接实现的模糊自动控制系统；王守觉与中国科学院半导体研究所工程师孙华、王守觉学生莫华毅合作，在 2007 年第 2 期《电子学报》上发表的《彩色图像特征空间变换的新算法及其应用》，提出了一种基于高维形象几何与仿生信息学理论的彩色图像特征空间变换算法。王守觉在 CJE 上也发表多篇文章，在此不做赘述。根据对他发表论文的整理与统计，他在《电子学报》与 CJE 发表的学术论文，约占其所有发表的中、英文学术论文的 27.6%。

王守觉不仅以实际行动在投稿上支持《电子学报》与 CJE，而且借编委会会议等契机，及时向专家同行介绍他在神经网络、计算机算法、高维

---

① 《电子学报》编辑部：王守觉主编讲话——《电子学报》第六届编委会工作总结（1996.9-1998.6）。1998 年，未刊稿。资料存于采集工程数据库。

仿生信息学的研究。1998 年 6 月，《电子学报》第六届编委会学术报告会上，王守觉作了"微电子与神经网络"的学术报告；1999 年 11 月，在深圳高新科技园区作学术报告"人工神经网络技术发展与展望"；同年在香港大学召开 CJE 编委会和 21 世纪电子学信息科技发展研讨会上，王守觉作了"神经网络与神经计算机"的学术报告；2001 年，《电子学报》第七届一次编委会（桂林）报告上，王守觉作"关于我国发展高科技策略的商讨"报告；2003 年，《电子学报》第七届二次会议（成都），王守觉作了"数字化时代信息科学技术的发展与展望"；2005 年，第八届第一次编委会会议（西安），王守觉作"从信息产业发展历史说我国经济发展的战略问题——科学技术是第一生产力论点对我国经济发展的指导意义"的报告；2007 年，第八届二次编委会上王守觉作了"信息科学的一个新方向"的学术报告（图 11-3）。会后由香港中文大学邀请到香港共同组织学术论坛，受香港中文大学邀请，王守觉又作了学术报告"从算法上提高计算机的智能——高位仿生信息学"（图 11-4）。王守觉的此类报告均受到当地政府、学者们的欢迎。据刘力教授回忆，"2003 年，《电子学报》第七届二次编委全会在成都电子科技大学召开，王守觉做的报告为'数字化时代信息科学技术的发展与展望'。报告在该校会议中心一个可容纳 500 多人的大厅举行，当时，不但大厅座无虚席，而且会场内外地上还有坐的，有站的，听报告的人挤满会场，有将近千人。"

图 11-3　《电子学报》第八届二次编委会 CJE 工作会议暨"电子与信息科学技术发展论坛"2007 年（右三王守觉）

自 1993 年开始，《电子学报》第 5-8 届（主编王守觉）编委会先后在珠海、乌鲁木齐、宜昌、贵阳、上海、深圳、桂林、成都、西安、香港等地召开编委会议，在进行同专业领域内学术交流的同时，也积极与地方政府、高校、企业等单位合作，利用有较多院士和专家集中在一起的机会，以报告、座谈等形式，为会议所在地开展学术交流报告和咨询活动。

图 11-4　2007 年王守觉在香港中文大学学术论坛

王守觉是这类学术交流与咨询活动的重要参与者。如：1999年 11 月在广州深圳召开《电子学报》编委会全会时，编委会与深圳市科学技术协会和深圳大学合作，共同举办了 21 世纪电子与信息科学技术发展学术研讨会，会后受香港大学之邀，在香港大学举行了同样内容的研讨会。2001 年 7 月在桂林召开的《电子学报》第七届编委会全会时，王守觉除了作主题报告外，还参观了桂林电子工程学院，听取了该校几个重点学科的建设情况，参观了计算机创新园区。7 月 12 日，王守觉还率领与会专家 20 余人前往广西南宁市参观了广西自治区科技发展的"九五"和"十五"规划，并与南宁市政府的领导共同召开了"南宁地区信息技术发展座谈会"，会上针对"关于南宁市信息化建议方案框架"（征求意见稿），王守觉、李衍达、刘盛刚等院士及十几位编委提出了自己的建议和看法。7 月 13 日上午，他们又参观了北海市的海上贸易港口，访问了北海市的支柱产业之一——银河科技股份有限公司，参观了该公司的片电阻生产线，下午参加了北海市政府组织的"北海市信息技术发展座谈会"①。

每次研讨会都聚集了众多电子信息领域的知名学者，借助开编委会的形式做更广泛的学术交流，有力地推动中国电子与信息科学技术的发展，增强不同地区信息技术的学术交流，推进地方信息技术学术与产业化发展。

---

① 《电子学报》编辑部：《电子学报》第七届编委会会议纪要。2001 年，未刊稿。资料存于采集工程数据库。

结　语
探寻学术强国之路

　　王守觉是一位杰出的科学家，学术成果丰硕，影响广泛，他的学术成长经历也有自己的特点。秉承家族的文化传统，得益于父亲王季同的言传身教，经历青少年时期曲折的求学和生活磨练，王守觉自幼深刻地认识到，只有国家强大才能免遭欺辱，逐渐树立起强国的理想，并一直为探索科技强国之路而努力工作。20 世纪上半叶，强国是中华民族的共同愿望，为了改变中国贫弱落后的局面，许多有识之士都做出了积极的探索。父亲王季同主张通过发展工业企业等实业来强国。他投身学术研究，跻身世界数学前沿，研究工业技术，多有发明创新，大胆创办企业，遇挫而不悔。在探索现代化之路的中国知识分子中，王季同是早期的一位佼佼者。王季同希望自己的子女，尤其是几个儿子都能投身工业。他不在意子女是否选择了自己喜爱和擅长的专业，学业成绩如何，只是希望他们能尽早投身于实际工作，能为中国的富强做出贡献。王季同的救国思想对子女产生了深远的影响。他在数学研究和技术方面上的成就，也给了他们勇攀世界科学技术高峰的勇气和信心。王家的孩子个个聪慧，他们大多在中学时期就考入名校离家读书。王守觉的中学学习却被日寇的炮火打断，他和年迈的父母一起背井离乡躲避战火。他对父亲敬畏、崇拜，体会父亲的苦闷，他亲眼目睹父亲在避难昆明时仍不放弃技术研究，努力钻研工厂设备的改进，父亲坚忍不拔的品格，也影响了他的成长。优越的家庭文化和科学技术氛围，使王守觉自幼兴趣广泛，视野开阔，父辈和兄长们是他的榜样，让他志存高远、自信自强。国家遭受外强欺辱，落后挨打的教训，让他和一代有志青年勇于穿越战火，为国求学，担负起强国的责任和使命。王守觉曾说过，不爱国就不可能做出什么创新性的贡献，我们国家是发展中国家，有些方面受控于外国，所以只有自力更生，才能发展自己，才能强大祖国。

行 中 求 新 知

1980 年，王守觉当选中国科学院学部委员（1993 年改称"院士"）。在所有院士中，像王守觉这样没有硕士或博士学位，也没有留学经历的，是不多见的。王守觉大学毕业后先后在工业企业和研究机构工作，他是一位在工作实践中成长起来的杰出科学家。王守觉从小接受父亲"一切靠自己，自学为主"的思想。王季同尊重孩子的自我发展，注意激发他们的兴趣，喜欢让他们从实践中获取知识，增长才干。王守觉自小就面对各种"费脑子"的事情，从中激发起广泛的兴趣。他曾仔细琢磨过五子棋、麻将、股票等等，只是一但弄懂"玩转"便没了兴趣。他一直保持着这种爱琢磨新事物的习惯。由于日本帝国主义全面发动侵华战争，在本该读中学的六年时间里，王守觉只断断续续地在学校读了一年半，后凭自学考上了同济大学工学院。这一经历给王守觉以信心和鼓励，增强了他自我学习、自我培养的意识。自学一直贯穿于王守觉的学术经历，求学时期，他通过自学扩大知识领域，获取新的学术成果；工作期间，不断的学习使他能把握学术发展方向，这对他的学术成长起了重要作用。刚调入科学院时，对于自己没读过研究生，没有留学经历，王守觉一点也不自卑，他那时就自信，别人能解决的问题自己也能解决。在学术生涯中，王守觉一直表现出善于学习、肯于钻研、勤于实践等鲜明特点，在学习和工作过程中培养出很强的研究能力，特别是独立解决实际问题的能力。

王守觉曾对自我培养问题做过系统论述。他说，要弄懂一个科学问题可以有两种方法，一种是通过别人的讲解，使自己较快地跟上讲解人的想法；另一种是自学，通过自己的思路弄懂问题。他认为，这两种方法相比，前者优点是快，后者优点是扎实。自学不仅可以获得更深刻的理解，还能培养刻苦学习的精神。他强调，在学习中要注意记忆和思考并重，不仅要注意知识的积累，更要培养独立思考的能力。他倡导，遇到问题的时候，不要立即去寻找现成的答案，要首先进行思考，尽量用自己所掌握的知识进行分析推理，求解问题。他认为这是锻炼思考、提高工作能力的关键。他还倡导研究人员要正确理解科学技术知识中深和广的关系，不要把自己关心的范围限制得太窄。

贝弗里奇曾指出，建造一幢巍峨的大厦需要有若干杰出的设计师；建立科学的大厦需要有若干杰出的科学家。他把科学家分成两类：浪漫型科学家和古典型科学家，前者善于发散思维，后者长于会聚思维。杰出科学家兼有两者的长处，既是冲锋陷阵的开拓者，又是脚踏实地的耕耘者。王守觉就是这样一位兼具两类科学家特长的杰出学者。他有明确的自我培养意识，超强的学习能力，丰富的动手实践经验，扎实的专业学科背景，强烈的探索愿望，以及解决各种实际问题的才干。

领导者魅力

走上工作岗位后，王守觉很快成为工作团队的领导者。1960年，中科院半导体研究所成立后，他长期担任二室的室主任，20世纪80年代，曾任半导体研究所所长。从领导岗位退下来后，他在新的研究领域创建和发展了多种合作方式的新团队。作为一个成功的学术团队领导者，王守觉有其在学术上和个人性格方面的魅力。王守觉学术眼光敏锐，善于把握研究方向，在研究战略和路线选择上有独到之处；他勇于创新，善于创新，在研究中往往能够解决关键性的问题。他善于组建学术团队，能调动和发挥每个研究人员的特长，分工合作，集体攻关。

在个人性格方面，王守觉为人开朗热情，善于与人交往合作。他努力营造自由民主的学术氛围，用自己的激情感染和鼓舞团队成员，激发研究热情。他的合作者和学生都乐意与他交往，学生说他有一颗年轻的心，能够理解年轻人的思想变化，能够和他们"玩"到一起，干到一起。王守觉为人乐观豁达。他的经历并非一帆风顺，也有坎坷磨难，甚至不公正待遇，但他能以一种变通的思想去看待。回忆文革的经历时，他曾说："许多科学家都受到过不公平的待遇，这很遗憾，但对我来说，文化大革命期间我被打倒的三年，对我也是有好处的。那段时间，我看了很多哲学方面的书籍，马克思、毛泽东的哲学著作读了不少。这些书开阔了我的眼界，让我大有收获，认识了很多问题，认识了社会。科学技术是社会的一个方面，你对社会一无所知，你反过来就不认识科学技术。"王守觉多年的研究工作都与国防有关，他领导的科研团队为"两弹一星"的研制作出过重要贡献。由于工作的保密性，他们的相关成果难有发表，一些当时已达到国际先进水平的成果也不曾发表。王守觉对此毫无怨言。

图结 –1　王守觉 2007 年在学术会议上

王守觉善于交流沟通，语言诙谐风趣，能用很生动的语言阐述深刻的道理。改革开放初期，国内曾对引进国外的先进科学技术成果十分热衷，一度忽视了自主创新研发。在中国电子学会的一次年会上，王守觉针砭这一时弊，他说："古有四大发明，今乏技术创新，追根究底求其因，尚欠科学精神；近效实非独俏，积累创新更要，莫待百年儿孙笑，只传引进一招。"（图结 –1）

图结 –2　王守觉手迹〔来源：王守觉提供〕

　　王守觉科学信念坚定，不计较个人得失。他说："科学探索就是追求真理，与世俗名利观是相违背的。科学家哥白尼、伽利略、玻尔兹曼等都曾经历过受人谴责的不公正待遇。不计个人得失坚持追求真理是科技工作者的必备素质。"（图结－2）

学术独立之路

　　走出一条中国人自己的科技发展道路，是王守觉的理想，为此他躬行践履，领导科研团队付出多年的努力。1980年代前后，王守觉开始寻找新的研究方向，他不固守自己擅长的学术领域，也不是在国际学术热点领域选题，不满足于追随世界学术潮流做中国第一，而是要引领学术方向，做世界首创。王守觉认为，源头上的创新关键是思维方法上创新。他说，中西方在思维方式上有着明显的差别，古代中国文人擅长形象思维，重总体观念；而欧洲人讲究逻辑思维，重微观分析。这是导致我们创新能力薄弱的主要原因，近代以来，中国通过学习西方逐渐进步，缩短了与西方的差距。但只是学习，就只能跟在人家的后面。中国正处于学习为主到独创为主的转折期，一定要独创，才能超越他人。1984年，王守觉入选中美两国科学院杰出学者互访计划（Distinguished Scholar Exchange Programme），到美国讲学3个月，曾在美国南加州大学、斯坦福大学、西西那提大学等多所大学作学术报告，获得好评。

　　王守觉曾用"田忌赛马"的例子来说明他是如何选择新研究方向的，即从国际上研究不足的重要问题入手。只有选择西方不强的项目去研究，才能迎头赶上，

图结－3　王守觉手迹（来源：王守觉提供）

超越他们。1990 年代初，国内外人工神经网络研究从"热"到"冷"，王守觉以战略的眼光对已有理论进行分析，提出了突破神经网络发展障碍的新路线。他将只重视"区别"的神经网络模式识别，改变为强调"认识"的神经网络模式识别。他提出了"仿生拓扑模式识别理论"，为神经网络模式识别研究开辟了一条崭新的途径。经过十几年探索和研究，他站到了这个领域的前沿。

王守觉重视边缘交叉学科的发展，他说，"边缘科学往往是科学发展长河中心的生长点，它为具有跨学科渊博知识的人们敞开了创新的大门。"

转变研究方向需要科学家多方面的综合素质，要有把握方向的直觉，要有勤奋钻研的态度，能尽快获得新领域的知识储备，能对新领域问题做出敏锐的判断，要有克服困难的勇气、信心和能力。王守觉多次对自己的学生说，转到新的课题，第一不要怕，第二不要着急。第一年我们做小学生，跟着别人学，第二年熟悉这个领域，第三年我们就可以成为这个领域的专家。一年外行，两年内行，三年专家，五年我们就能有所成就。求学和投身科学研究工作的经历，让王守觉有这样的信心。他曾风趣地鼓励研究人员说，你们看，我转了这么多次，还没有搞砸过一次吧。2006 年一年内就有 8 个国际会议邀请王守觉去做报告，说明国外学者开始关注他开创的高维空间仿生信息学研究成果。

王守觉多次指出，崇洋媚外思想阻碍科技创新发展。他说："我们中国人并不是一直都崇洋媚外的，过去我们国家强大时，并没有这种思想。崇洋媚外束缚了中国人的思想，要打破对外国人的盲目崇拜。""科学是从外国传来的，我们现在读的书中，找不出

图结 −4　王守觉 77 岁登泰山

我们中国人的工作。我们要做外国人还没有做好的事情，走出一条我们中国人自己的科学道路。再经过一百年，我们能不能有我们自己的学派，说我们自己想说的话，读我们自己写的书。"就如他 77 岁登顶泰山一样（图结 -4），王守觉也是勇攀科学高峰的人，他希望他的学术经历能鼓舞越来越多的人，开拓出中国学术独立之路。

王守觉已是九十高龄的耄耋老人，但他科研脚步不停，学术成果不断。经过多年的发展，王守觉近三十年来的工作逐渐得到了学术界的认可。他领导的团队取得的成果，被认为"是我国在信息科学方面、在神经网络、模式识别、人工智能等多方面，具有系统性和原创性的优异成果，是跨学科领域中具有自主知识产权的重要科研工作。"他们的研究也开始在工业企业中结出硕果，不断有新的研发产品问世。在谈到创新人才的培养时，王守觉认为，学校、特别是大学不应当把就业作为教育的主要目的。教育要培养独立思考的精神，培养勇于探索和创新的勇气，特别是要培养通过创新解决实际问题的能力。更进一步才能涌现出高水平的创新人才，成为学术带头人，能够判断学术发展方向，拓展研究领域。王守觉认为："我国的科技人员很早就有自己的梦想，但过去很难实现。我们能盖起高楼大厦，发展工厂，发展经济，成为经济大国，但是我们念的书，物理也好、数学也好都是外国传过来的。我们聪明智慧的中华民族，为什么在科学上总是在学外国的东西？我的梦想就是什么时候能翻这个身？什么时候能让外国中小学生念中国人写的书？我觉得到这个时候，中国的科学就可以和发达国家平起平坐了。"王守觉不断砥砺前行，用他的实际行动来铸就我们国家的科技梦，实现他的强国梦。

附录一 王守觉年表

1925 年

6 月 27 日，出生在上海虹口天通庵，原名王守平，1942 年后改现名王守觉。父亲王季同，母亲管尚孝。

王季同（1875—1948 年），又名季锴，字孟晋，号小徐，为王颂蔚和谢长达夫妇次子。

王季同先娶元和县贡生管申季长女管尚德为妻，1906 年管尚德因难产去世，续娶管申季六女管尚孝（1887—1969），他们共生有子女 12 人，未成年夭折和因病早逝五人，长成者七人。

1927 年

王季同受聘中央研究院筹备委员。

1928 年

王季同任中央研究院工程研究所专任研究员。

1930 年

入上海巨鹿路采福里小学就读。

1934 年

王季同从中央研究院工程研究所退休。

随父母由上海迁回苏州十全街。

转入苏州相王弄彭氏小学读四年级，后在这里完成了比较完整的小学教育。

岁末，祖母王谢长达逝世。

1936 年

进入苏州东吴大学附中读初中。

1937 年

在东吴大学附中读完初一。

7 月，日本侵华战争全面爆发。

11 月，战火直逼苏州，随年迈的双亲及小哥哥王守元一起开始逃难。

1938 年

王家经长沙到湘潭暂住约 3 个月，后经广州到香港，又转道越南海防等地于年中到达昆明。

1939 年

年初，进入昆明天南中学读初三下学期。

初中毕业，升入高中。

因病住院，辍学。

1940 年

休学，干过许多工作：在昆明郊区自家建的茅屋旁边养猪；修理旧钟表；手工制作门锁出售；在修建机场的工地做测量员。

自学高中课程。

1941 年

入昆明裕庆建筑公司当练习生。

1942 年

考取西南联合大学、国立西康技艺专科学校（西昌农业高等专科学校前身）和同济大学。

10 月，入西南联大电讯专业专修科学习。

11 月，离开西南联大，到四川南溪县李庄，改名为王守觉。入同济大学工学院电机系弱电专业学习。

1945 年

1 月，入伍，在四川泸县青年军 203 师受训，后分配到通讯营当报务员及机务员。

1946 年

回到已迁回上海的同济大学继续学业。

1947 年

到中央广播事业管理处上海广播电台实习。

1948 年

在同济大学获得国民政府教育部颁发的中正奖学金。

7 月 2 日与吴棣炜结婚。

年底，经姐夫陆学善介绍，进入当时在上海的北平研究院镭学研究所实习。该所结晶学及 X 光部分当时刚改组为北平研究院物理研究所结晶学研究室（但当时人们还习惯地称为镭学研究所）。

父亲王季同逝世。

1949 年

1 月 21 日，长子王义菽出生。

5 月，上海解放。

7 月，同济大学毕业，作为应届毕业生入北平研究院物理研究所结晶学研究室，作助理员。

从事氧化亚铜整流器应用研究。

1950 年

应聘上海新成电器厂任工程师。

5 月 15 日，长女王巽军出生。

1952 年

4 月 21 日，次子王义平出生。

在上海新成电器厂承接的衡阳火车站信号系统改造工程中，负责设计并指导建成了其自动闭塞系统。

1953 年

调入第一机械部第二设计分局动力科做描图员。

1954 年

在第一机械部第二设计分局动力科电讯组任主任设计师。

1955 年

在第一机械部第二设计分局动力科电讯组任组长。

开始在《电世界》杂志发表介绍新型电气设备的文章，包括："木工加工中的几种动手工具"、"高频链形电锯"、"电刨"、"高频感应加热设备"、"电磁探伤器"、"X 光及其设备"、"电钟常识"、"交流电钟"、"直流电钟的原理及构造"等。

3 月，被上海市人民委员会、上海市工会联合会评为 "上海市一九五五年工业建筑业交通运输业商业劳动模范"。

4 月，获得中华人民共和国第一、三机械工业部、中国第一机械工会全国委员会颁发的奖状："奖给王守觉，积极学习政治文化技术，为建设祖国现代化的机械工业而奋斗"。

4 月 30 日至 5 月 10 日作为代表参加在北京举行的全国先进生产者代表会议。

调入中科院应用物理研究所，定高级工程师职称。

1957 年

10 月，被派往苏联科学院，在列宁格勒列别捷夫研究所等机构学习和参加研究工作。

1958 年

3 月，从苏联回国。

9 月，主持研制成功了截止频率超过 200 兆赫的我国第一只锗合金扩散高频晶体管，其截止频率比当时国内研制的锗合结晶体管提高了一百倍以上。该型晶体管小批量试制后，用于我国第一台晶体管化高速计算机——109 乙型计算机。

1959 年

1 月 18 日，三子王义申出生。

领导技术人员在 109 厂指导锗合金扩散高频晶体管生产。

12 月，109 厂完成 109 乙型计算机所需器件生产任务，共提供了 12 个品种 14 万 5 千余只锗晶体管。

1960 年

年初，研制出我国第一支硅平面型低反向电流二极管。

9 月 6 日，经国家科委批准，中国科学院半导体研究所在物理所半导体研究室和 109 厂的基础上正式成立。

1961 年

4 月，任命为中科院半导体所二室即器件研究室主任。

终止硅台面管的研制工作，集中研究室力量开展对硅平面工艺的探索。

承担国防部门亟需的五种硅平面器件的研制任务。

11—12 月，随中国对外文化联络委员会副主任楚图南为团长的中国文化代表团访问日本，代表团成员中的科技界代表还有国家科委副主任张有萱。

1962 年

4 月，在《物理学报》上发表"关于晶体管最高振荡频率有关因素的测量分析"。

以第二作者身份 Ban-Шoy-цзюe（王守觉）在苏联科学院学术月刊 *Радиотéхника и электрóника*（《无线电技术和电子学》）发表论文"N 型负阻三极管"（*Триоды с N-образной характеристикой*），这是他在苏联时的研究工作。

1963 年

11 月 29 日—12 月 4 日，中国电子学会半导体器件专业委员会召开"第一次全国半导体器件专业学术会议"，王守觉和二室的主要科研人员在会上发表了他们在硅平面工艺和硅平面型晶体管研制方面的研究成果。该次会议论文集中收录了他们的五篇论文。

年底，硅平面晶体管转入生产。当时，我国正在自行设计研制第一台晶体管大型通用数字电子计算机——109 丙机，该机由中科院计算技术研究所设计，半导体研究所下属的 109 厂承担了该机用各种晶体管的生产任务，王守觉领导的科研人员为 109 厂的生产提供技术支持。

1964 年

4 月，五种硅平面器件通过了鉴定验收，并在国家科委、国家计委、国家经委、国防科委、国防工办联合组织的全国新产品展览会上，被评为全国工业新产品一等奖。

6 月，在《物理学报》上发表"关于晶体管饱和区直流特性的研究"一文。

7 月，开始固体电路——后来统称为集成电路的研究工作。

11 月，研制成功我国第一块硅固体电路，这是第三代电子计算机普遍采用的一种称为阻容耦合门电路，它是制作在硅片上的有 6 个晶体管、7 个电阻和 6 个电容共 19 个元件组成的电子线路，电路封装到比西瓜子还小的管壳里。

参加由第四机械工业部（1982 年后改为电子工业部）组织的中国电子代表团访问日本一个月。

1965 年

年初，研制出三种性能基本符合使用要求的超小型固体电路第一批样品。

3 月 29 日，硅高速开关管、硅高灵敏开关器件、硅高频晶体管和硅放大用晶体管通过院级鉴定。

4 月 8 日，四种器件的鉴定会举行。另有一种硅高频功率管上交样管，开始试用。

首先提出了用拼图发生方式来直接发生复杂图形的掩膜版主张，并同他的助手杨柳林一起用一台大型工具显微镜改装成可以把图形库里的多个基本图形直接用传感光拼合方法产生复杂图形的图形拼合产生设备。

五种硅平面器件研制以"微小型扩散平面管制造工艺"的名称，获国家科委首次颁发的创造发明一等奖。

固体电路的研究成果受到国家科委高度重视，拨款100万人民币在半导体所内盖起了实验楼（后称"固体楼"）。遗憾的是，国家对固体电路技术的投入只持续了1年，1966年文化大革命开始后被迫中断。

实验室蒸馏苯时发生火灾，救火被烧伤，住院。

1966 年

年初，成功试作了一块小规模集成电路的掩膜版。

"文化大革命"爆发，很快成为半导体研究所的第三号被打倒对象，停职劳动。

固体电路和图形发生器研究被迫中断，研究设备被拆除。

1967 年

7 月，109 厂完成了 109 丙计算机研制所有硅晶体管的生产任务。

109 丙计算机通过国家鉴定，在二机部有关单位中使用至 1980 年代初。

1969 年

停职劳动结束，停职期间曾打扫卫生、烧锅炉、搬运等。

被安排在制版组作具体工艺工作。

看到国外首篇有关图形发生器的论文，当即要求军管领导恢复此项研究工作。

母亲管尚孝去世。

1970 年

国外同行发表有关用拼图的方法产生版图的图形发生器的论文，证实他们 1966 年初见成效的制版途径的正确性，提出重新开展图形发生器和自动制版技术研究的建议，得到军管人员的支持。主持组成研究小组，原助手杨柳林、庄文君等人调入。

1971 年

改造成功了第一台能自动制版的积木式图形发生器。

1973 年

研制成功自动制版的积木式图形发生器。

领导全组人员投入了计算机硬件和自动制版软件的研制工作。

作为第四机械工业部组织的代表团成员，到法国参加巴黎博览会。

1974 年

研制成功了大规模集成电路自动制版技术，并提出了从总体分析进行布线的计算机损益分析的新颖计算方法。

8 月，在两次制版交流会和常州自动制版专业会议上作了介绍。并为清华大学制作了 1024 位移位寄存器作为国内第一套自动制版的大规模集成电路版，并以此制作出了电路。

1975 年

在《物理学报》上发表论文"积木式图形发生器及其图形发生方式"。

1977 年

多元逻辑"与"、"或"门在实验室内试制成功，每级门的延迟时间小于 1 纳秒，比在当时工艺条件下最高速度的门电路速度高 3 倍以上，在此基础上研制了全多元逻辑电路的实验计算机（其中使用了中、大规模集成的多元逻辑电路），证明了多元逻辑电路的实用性。

1978 年

3 月，提职为研究员。

为表彰我国科学技术工作中做出重大贡献者，全国科学大会授予中国科学院半导体研究所 8 项奖项，其中《大规模集成电路自动制版技术（二室、金工厂）》获得科学大会奖。

在国际上最先发表了《一种新的高速集成逻辑电路——多元逻辑电路（DYL）》一文。这是在国际上最早提出并实现的逻辑电子连续变化的集成电路，它的逻辑功能与国外在 80 年代发表的模糊逻辑电路相同，比日本最早发表的集成模糊逻辑电路论文早两年。

参与研制的"晶体管－晶体管逻辑集成电路"获得中国科学院的重大科技成果奖。

作为由第四机械工业部组织的中国电子代表团成员到美国访问近一个月。期间，大哥王守竞专程从波士顿到华盛顿，他们在中国驻美联络处会面。

1979 年

为了进一步验证这种新结构电路的先进性与实用性，发展了一套中、大规模集成的多元逻辑电路。

12 月 17—20 日"多元逻辑电路"通过鉴定并获"中国科学院重大科技成果"一等奖。该电路的研制成功，为我国高速双极型中大规模集成电路的发展开辟了一条可能的新途径。

当选为北京电子学会第二届理事会副理事长，后连任第三、四、五届理事会副理事长。

1980 年

年初，合作在《电子学报》上发表"多元逻辑电路 12 位高速进位发生器"一文。

4 月，主持项目《一种新的高速集成逻辑电路——多元逻辑电路（DYL）》获得中国科学院科技成果一等奖。

11 月，当选为中国科学院技术科学部学部委员（院士）。

当选为北京市科协第二届常务委员，后当选三、四、五届常务委员。

先后三次到法国，执行中国科学院微电子中心引进集成电路制作软件合同。

1981 年

作为中国科学院代表团副团长赴巴基斯坦参加国际物理学夏季讲习班。

1982 年

与桂林市电子工业公司合作，应用 DYL 电路研制成功了我国第一台全部应用国产集成电路的大型电子智能游艺机。当时生产了四台，受到用户欢迎，对我国大型电子游艺机工业的起步起到了奠基作用。

4 月 1 日，北京日报刊发《王守觉等研制成三用电话和电子智能游戏机》一文，报道了他与助手们研制成功的一种三用电话，同时研制成功一台全部用国产元件装配的大型电子智能游戏机。

1983 年

5 月，合作在《电子学报》上发表论文"极高速多元逻辑电路（DYL）线性'与或'门的研究"。

主持项目《多元逻辑 DYL 电路时代分式小型三用电话系统》获 1983 年中国科学院重大科技成果二等奖，授奖项目编号 148 号。

12 月，任中国科学院半导体研究所所长。

1984 年

春天，随国务院副总理方毅任团长的中国代表团访问日本，该代表团中有科技界代表三人，另外两人是金属学及材料科学家师昌绪和生物化学家曹天钦。回国后，方毅副总理题写条幅"明月松间照 清泉石上流"。

入选中美两国科学院杰出学者互访计划（Distinguished Scholar Exchange Programme），到美国讲学 3 个月，曾在美国南加州大学、斯坦福大学、西西那提大学等多所大学作学术报告。

11 月，作为中科院半导体所大洋电子新技术开发公司代表与吉林碳素厂签署"石墨化炉高温检测控制技术研制"项目协议。

当选为《电子学报》副主编，1994 年后接任《电子学报》主编。

1985 年

11 月，任中科院半导体研究所所长到届。

1986 年

1 月，合作在《电子学报》上发表论文"一种无隔离区的 DYL MOS 混合集成新电路"。发表了"连续逻辑为电子线路与系统提供的新手段"等一系列理论研究结果。

1 月，到解放军通讯工程学院讲授连续逻辑器件原理及应用。

11 月，《多元电路万能函数发生器》获中国科学院科学技术进步三等奖。

11 月 29 日，取得《一种简便的全封闭式流体抽唧机构》发明专利，专利号为 CN86209575.1。

12 月 30 日，取得两项发明专利：《一种单线并联的简易选通装置》，专利号为 CN86210657.5;《利用电视公共天线线路的呼话装置》，专利号为 CN86210656.7。

1987 年

5 月，合作在《电子学报》上发表论文"多元逻辑 12 位 ×12 位超高速乘法器"。

合作在《传感器技术》上发表论文"新型半导体传感器和材料的发展趋势"。

5 月 15 日同济大学校友总会理事会及各校友分会负责人联席会议讨论通过，增补为同济大学校友会理事。

6 月 30 日，取得《一种多值与准模拟信息动态存储器》发明专利，专利号为 CN87104416.1。

11 月，取得《一种新的机械手传动机构》发明专利，专利号为 CN87205305.9。

1988 年

1 月，合作在《半导体情报》上发表论文"集成电路的昨天、今天和明天——纪念晶体管发明四十周年"。

4 月，"大规模集成电路自动布图设计系统"获得中华人民共和国国家科学技术委员会颁发的国家科学成果奖。

1989 年

当选为中国电子学会第四届理事会（1989—1992）副理事长，后连任其第五届理事会（1992—1996）、第六届理事会（1996—2002）副理事长，担任公共关系部主任。

1990 年

1 月，主持 DYL 高速乘法器鉴定会。

用 5 微米的落后工艺制备的、以中规模集成电路连接成的 DYLl2×12 位高速数码乘法器，其乘法运算时间不到 11 纳秒，比 1990 年国际最高水平的 12×12 位乘法器产品的速度（21ns）高出近一倍。

作为我国大型电子智能游艺机的奠基人而受到中国游艺机游乐园协会的表彰。

关注人工神经网络研究领域，开始半导体人工神经网络研究。

1991 年

提出倡议，并得到国防科工委有关主管部门的支持，在该部门的组织与管理下，中科院半导体所与电子部第 47 所共同承担起了预研任务。半导体所以王守觉为首的预研组，负责全部线路与版图的研究和设计，47 所承担电路芯片的工程研制。DYL 高速线性门被作为基本单元用于线路与版图设计之中。

承担了"八五"科技攻关课题"人工神经网络的硬件化实现"。其代表性成果是一台小型神经计算机——"预言神一号"，1995 年研制成功。

9 月，受聘杭州大学兼职教授。

10 月，"多元逻辑高速数码乘法器电路"获得机械电子工业部颁发的"七五"科技攻关重大成果奖。

1992 年

10 月，主持项目《多元逻辑高速数码乘法器电路》获得中国科学院科学技术进步二等奖。

出版专著《微电子技术》，上海科学技术出版社出版。

11 月，前往深圳、珠海参加学术活动。

1993 年

主持"七五"国家重点科技攻关项目 66-5-17 专题子项目多元逻辑高速数码乘法器电路鉴定会。

10 月，参加第八届中国电子学会学术年会。

1994 年

4 月，作为专家组成员，参加电子工业部"211"工程预审，为西安电子科技大学作预审。

12 月，参加在成都举行的砷化镓重点实验室评估会。

参加神经网络与计算智能全国学术会议。

1995 年

3 月 13 日，在中国科学院军工办公室和电子部军工预研局联合主持下，召开了由中国科学院半导体研究所和电子部 47 所共同承担的"八五"国防科技预研"DYL 多元逻辑 8 位高速视频 D/A 转换器"项目鉴定会。

4 月 10 日，《人民日报》刊登了一篇题为"一个新构想的命运"的文章，报道王守觉的事迹。

5 月，在《电子学报》上发表论文"一种通用神经网络处理机设计及其 VLSI 集成化讨论"。

11 月,《计算机世界》报刊登《预言神出世——我国第一台神经计算机研制成功》一文。

1996 年

1 月,《解放日报》刊登《神经计算机:电脑 + 人脑》,访王守觉院士。

2 月,在《中国科学报》上发表文章《神经计算机——真正的"电脑"》。

4 月,主持的《数模混合小型神经计算机》被电子工业部科技与质量监督司、中国电子学会评为"95'电子十大科技成果'"。

10 月,主持的"神经网络的硬件化实现——数模混合小型神经计算机预言神一号"获国家计划委员会、科学技术委员会、财政部颁发的"国家'八五'科技攻关重大成果奖",为以后成功研制神经计算机系列奠定了基础。

10 月,评为国家"八五"科技攻关先进个人。

11 月,项目《DYL 多元逻辑八位高速视频 D/A 转换器》获中国科学院科学技术进步二等奖。

12 月,"一种电路新结构新原理——多远逻辑(DYL)及其实用化"获得由国家科学技术委员会颁发的"国家技术发明奖"三等奖,证书号为01-3-001-01。在"八五"国防科技预研项目中被成功应用。通过电子部有关单位密切配合,使我国 8 位高速 D/A 转换器的速度提高 2 倍。在我国当时实际生产工艺条件下,使原有产品 80 纳秒的转换时间缩短至 4 纳秒,各个参数都达到并部分超过当时国际先进产品的水平。

12 月,中科院半导体所"神经网络的硬件化实现"获得电子工业部的电子行业国家"八五"科技攻关重大成果奖。

1997 年

3 月,承担国家重点(攻关)计划项目"0.1-0.35 微米集成电路关键技术研究",负责其中"半导体神经网络技术及其应用研究"课题,起止时间为:1997.03—2000.12。

提出了模式识别用的神经网络的新模型，比原来的网络提高了两个数量级。

1998 年

先后提出通用前馈网络（GFFN，General Feed-Forward Networks）、优先度排序神经元网络（PONN，Priority Ordered Neural Networks）及前向掩蔽模型（SLAM，Sequential learning ahead masking model）并应用于模式识别。

3 月，石寅，李世祖，朱荣华，王守觉取得《一种高速模拟开关》专利，专利号为 CN98100485.7。

4 月，石寅，李世祖，朱荣华，王守觉取得《一种高速、高精度模／数（A/D）转换器》专利，专利号为 CN98101537.9。

1999 年

6 月，主持完成国家自然科学基金重点项目《半导体工业生产优化问题的人工神经网络模型、算法与应用》。发表论文《通用神经网络硬件中神经元基本数学模型的讨论》，提出了通用神经网络硬件中神经元的基本数学模型。

11 月 23—12 月 2 日，赴香港参加学术研讨会。

2000 年

4 月，受聘浙江工业大学，该校投入了 300 万元经费，成立了浙江工业大学软件开发环境重点实验室和浙江工业大学智能信息系统研究所，受聘担任信息工程学院智能信息系统研究所所长。

12 月 27 日，中国科学院主持召开了国家"九五"科技攻关"半导体神经网络技术及其应用"专题"高精度双权值突触神经元计算机 CASSANN-II""高速二值 Hopfield 网络神经计算机"成果鉴定会，对研究成果给予高度肯定。

主持国家自然科学基金项目"半导体神经网络硬件系统集成化设计方法学研究",项目起止时间:2001.01—2003.12。

项目《半导体神经网络技术及其应用》获得由北京市人民政府颁发的2001 年北京市科技进步一等奖,同时被评为"九五"国家重点科技攻关计划优秀科技成果奖。被评为"九五"国家重点科技攻关计划先进个人奖。

获得何梁何利科技奖。

6 月,王守觉,石寅,鲁华祥,王志海取得《模式识别中的非超球面几何形体覆盖方法》发明专利,专利号为 CN02124837.0。

6 月 18 日,王守觉,石寅,鲁华祥,王志海取得《多权值突触的神经元构造方法》发明专利,专利号为 CN02122638.5。

10 月 6 日,以第一发明人取得《非划分的仿生模式识别方法》发明专利,专利号为 ZL02145891.X。

10 月 29 日,参加杭州浙江工业大学举办的"中国人工智能学会神经网络与计算智能专业委员会"会议,任指导委员会主任。

提出一种新的模式识别理论——仿生模式识别,是仿生信息学发展的重要一步。发表了仿生模式识别第一篇论文,荣获第一届中国科协期刊优秀学术论文奖,在获奖论文中电子学方面只有这一篇。还获得科协第三届优秀论文奖。

获得台湾潘文渊文教基金杰出科研奖。

7 月,参加 2003 年国际神经网络联席会议(2003 International Joint Conference on Neural Networks)。

7 月 18 日,《*China Daily*》刊登文章"Breathtaking discovery on artificial intelligence"介绍模式识别系统的研究。

7月25日，在《科技日报》刊登文章"王守觉：发展信息科学的一个新方向"，介绍高维空间点分布方法首先应用于模式识别问题。

10月，论文《仿生模式识别（拓扑模式识别）——一种模式识别新模型的理论与应用》，荣获第一届科协期刊优秀学术论文奖，中国科学技术协会颁发获奖证书。

10月，被中国科学院半导体研究所聘为半导体所知识创新试点"半导体人工神经网络及模糊逻辑高速数模混合电路的研究"重大项目负责人，同时聘任的项目负责人还有石寅，起止时间为：2003.10—2005.12。

11月，在广州举行"中国人工智能学会2003学术大会"暨"可拓学创立20年庆祝大会"，做特邀报告"仿生模式识别"。

12月，参加中国电子协会第十三届全国半导体集成电路硅材料学术会议。

2004 年

2月，被中国计算机学会聘为《计算机辅助设计与图形学学报》顾问，任期2年。

2月，被聘为北京城市学院人工智能研究所学术委员会名誉主任。

3月，受总参谋部聘请参加军队院校"百名院士讲坛活动"讲演。

5月17日，以第一发明人取得《模式识别专用神经网络计算机系统》发明专利，专利号为 ZL200410037965.4。

7月，合作在《电子学报》上发表论文"基于仿生模式识别与传统模式识别的人脸识别效果比较研究"。

主持中国科学院半导体研究所知识创新工程资助项目"神经网络与形象思维的研究"，起止时间为：2004.07—2005.06。

11月，合作在《电子学报》上发表论文"单节拍浮点运算神经元的组合逻辑设计"。

12月，杨国为、王守觉取得《分式线性神经网络模型》发明专利，专利号为 CN200410098994.1。

杨国为、涂序彦、王守觉取得《基于虚拟信源和神经网络的无损数据压缩方法》发明专利，专利号为 CN200410098954.7。

2005 年

主持国家自然科学基金面上项目"神经计算机与神经计算方法在生物信息学中的应用"，起止时间为：2005.01—2007.12。

1 月 11 日，以独立人身份取得三项专利：《一种多摄像头实现宽动态范围图像采集的简易方法》，专利号为 CN200510001909.X；《一种高效的生物特征认证系统》，专利号为 CN200510001908.5；《一种安全保密的计算机登录方法及其系统》，专利号为 CN200510001907.0。

4 月，被聘为《半导体科学与技术丛书》名誉顾问。

6 月，中国科学院半导体研究所和神经网络与形象思维实验室联合出版了《王守觉院士近十年在信息科学领域发表的论文集（1995—2005）》。

6 月 16—18 日，参加深圳举行的"2005 年中国模糊逻辑与计算智能联合学术会议（FLCI2005）暨中国计算机学会多值逻辑与模糊逻辑专业委员会第 10 届学术年会、中国人工智能学会神经网络与计算智能专业委员会第 2 届学术年会"，担任大会名誉主席。

7 月，路甬祥给王守觉写信，对王守觉十年创新工作给予了肯定。

8 月 18 日，以第一发明人取得《一种汽车防撞预警方法及其装置》发明专利，专利号为 ZL2005100906401.7。

9 月，中国科学院半导体研究所出版《王守觉院士与仿生模式识别及计算信息几何学方法论文选集》。

9 月 28 日，十三位院士汇聚上海同济大学迎宾馆对以王守觉为带头人的科研团队近十多年来的科研工作成果进行了评价。意见认为："该项工作是我国在信息科学方面，在神经网络、模式识别、人工智能等多方面，具有系统性和原创性的优异成果"。院士们指出，这是跨学科领域具有自主知识产权的重要科研工作，建议领导及科技工作者予以关注。这十三位院士是：刘盛纲、李衍达、陈星弼、陈国良、韩祯祥、张履谦、李立三、许居衍、李同保、方家熊、梁骏吾、陈亮惠、汪槱生。

10 月，合作在《电子学报》上发表论文"一种基于高维空间覆盖动态搜索方法的非特定人连续数字语音识别的研究"。

10 月，合作在《电子学报》上发表论文 "为连续语音识别用的单词音节神经网络建模的研究"。

由浙江工业大学智能信息研究所编，《王守觉院士近五年工作中有关论文与成果》出版，对其 2000—2005 年工作成果进行了总汇。

11 月 30 日，王守觉，曹瑜，黄翼取得《一种基于高维空间点分布分析法的图像复原方法》发明专利，专利号为 CN200510126239.4。

12 月，被中国电子学会续聘为《电子学报》主编。

受厦门大学聘请，担任厦门大学信息科学与技术学院教授，并兼任厦门大学电路与系统研究所名誉所长，聘期 3 年。

2006 年

1 月 16 日，取得《一种特定语音触发的报警系统及方法》发明专利，专利号为 CN200610000957.1。

1 月 18 日，取得《基于仿生模式识别原理的说话人识别方法》发明专利，专利号为 CN200610011223.3。

1 月，聘为西南交通大学一百一十周年校庆纪念活动筹备委员会委员。

2 月，王守觉、王柏南的合作论文 "人工神经网络的多维空间几何分析及其理论" 被评为第三届中国科协期刊优秀学术论文，中国科学技术协会颁发获奖证书。

5 月，第三届神经网络国际会议在成都召开，王守觉作为 ISNN2006 顾问委员会委员参加。

6 月 29 日，赵顾良，孙华，鲁华祥，王守觉取得《一种智能监控系统》发明专利，专利号为 CN200610090143.1。

12 月，取得《彩色图像处理方法》发明专利，专利号为 CN200610164898.1。

年内，有 8 个国际会议邀请王守觉去作报告，说明国外学者开始关注高维空间仿生信息学研究领域。

清华大学、北京大学、中国科学院半导体研究所联合出版英文论文集《CHINESE JOURNAL OF ELECTRONICS》。

2 月，合作在《电子学报》上发表论文"彩色图像特征空间变换的新算法及其应用"。

6 月 6 日，取得《一种生物病毒的计算机自动分类方法》发明专利，专利号为 CN200710100246.6。

7 月 13 日，杨国为，高绪慧，王守觉取得《基于神经网络与 SVM 的图像编码方法》发明专利，专利号为 CN200710016832.2。

8 月，王守觉等人完成的模式识别专用神经网络计算机系统获得国家知识产权局颁发的专利证书。

11 月 14 日，杨国为，王守觉取得《可拓模式识别方法》发明专利，专利号为 CN200710186794.5。

国防工业出版社出版《多维空间仿生信息学入门》一书。

3 月 12 日，陈阳，王守觉取得《基因组水平转移基因预测方法》发明专利，专利号为 CN200810101786.0。

3 月 19 日，吴丽丽，王守觉取得《一种基于仿生模式识别的声纹识别方法》发明专利，专利号为 CN200810102199.3。

3 月 26 日，殷维栋，王守觉取得《一种主方向神经网络系统》发明专利，专利号为 CN200810102802.8。

7 月 21—25 日，参加"全国第 15 届计算机辅助设计与图形学学术会议"（CADCG2008），作大会报告"人工与自然结合，全面拓宽智能化思路"。

12 月 24 日，王守觉，戴雷，李卫军取得《一种无约束手掌图像采集装置》发明专利，专利号为 CN200810240939.X。

12 月，被中国计算机学会聘为中国计算机学会学术顾问。

12 月 13—17 日，参加在苏州举行的 2008 年人工智能与安全国际会议（2008 International conference on computational intelligence and security CIS）.

研制成功的 CASSANN-IV 频率达 300MHz。

6 月 17 日，王守觉、孙华取得三项发明专利：《一种防止大型车转弯刮蹭的告警装置》，专利号为 CN200910148382.1；《镜面反射狭缝光栅立体画制作方法》，专利号为 CN200910148381.7；《一种实用的银行卡附加数据绑定卡号的加密方法》，专利号为 CN200910148383.6。

带领研究团队进入中国科学院苏州纳米技术与纳米仿生研究所（简称中科院苏州纳米所），创建高维仿生信息学及其应用实验室，致力于基于高维仿生信息学理论在图像处理、图像生成及模式识别等应用领域的有自主知识产权的高性能算法和技术。

参加福建省"院士专家海西行"活动。

2010 年

1 月 28 日，参加在成都举行的陈星弼院士八十寿辰庆贺活动暨"庆祝陈星弼院士从教 57 周年暨 80 寿辰院士学术报告会"，作大会报告。

5 月，合作在《电子学报》上发表论文"基于仿生形象思维方法的图像检索算法"。

12 月 21 日，梁先扬，王守觉取得《综合利用正面与侧面图像的人脸识别的方法》发明专利，专利号为 CN201010598999.6。

2011 年

5 月 10 日，孙华、王守觉、蒋寓文取得《生成脸部虚拟图像的方法与装置》发明专利，专利号为 CN201110119786.5。

5 月 20 日，取得《一种可防复制的磁卡技术》发明专利，专利号为 CN201110131005.4。

8 月，合作在《计算机辅助设计与图形学学报》上发表论文"图像变形计算方法及其应用"。

《仿生模式识别与多权值神经元》一书出版，王守觉，刘扬阳，来疆亮，刘星星著，国防工业出版社出版。

11 月 27 日，吴丽丽、王守觉取得《一种有序序列相似性对比方法的声纹识别应用》发明专利，专利号为 CN201110443922.6。

2012 年

4 月，获得中国电子学会 50 周年荣誉奖。

2013 年

6 月 9 日，中国科学院半导体所、中国科学院微电子研究所、中国科学院苏州纳米与仿生技术研究所、江苏省纳米产业技术创新战略联盟、西安电子科技大学等单位在苏州联合举办"王守觉院士创新学术思想座谈研讨会暨九十大寿庆典活动"。

9 月，搬家到苏州东山镇居住。受聘东山莫厘中学校外辅导员，并在莫厘中学设立王守觉希望奖学金。

10 月，参加浙江工业大学六十年校庆活动。

2015 年

4 月 13 日，捐赠给苏州市吴中区档案局一批珍贵档案资料。

附录二　王守觉主要论著目录

论文

[1] 王守觉. 关于晶体管最高振荡频率有关因素的测量分析 [J]. 物理学报, 1962 (4).

[2] Стафеев В.И., Ван-Шоу-цзюе (王守觉), Филина JI.B.Триодыс N-образной характеристикой [J].Радиотéхника и электрóника, 1962, 7 (8): 1404-1408.

[3] 王守觉. 关于晶体管饱和区直流特性的研究 [J]. 物理学报, 1964, (6).

[4] 王守觉, 孙祥义, 王润梅. 一种新的高速集成逻辑电路——多元逻辑电路 (DYL) [J]. 电子学报, 1978 (2).

[5] 王守觉, 魏书铭, 郑洁. 多元逻辑电路 12 位高速进位发生器 [J]. 电子学报, 1980 (1).

[6] 王守觉, 李致洁, 刘训春, 朱荣华, 卢希尧. 极高速多元逻辑电路 (DYL) 线性 "与或" 门的研究 [J]. 电子学报, 1983, 11 (5): 9-16.

[7] 庄文君, 王守觉. 平面上布线的一种总体分析方法 [J]. 电子学报, 1985 (2).

[8] 王守觉, 夏永伟, 孔令坤, 李远镜, 何乃明. 一种无隔离区的

DYLMOS 混合集成新电路［J］. 电子学报，1986（1）.

［9］ 王守觉. 连续逻辑为电子线路与系统提供的新手段［J］. 电子学报，1986（5）.

［10］王守觉，石寅，朱荣华. 多元逻辑 12 位 ×12 位超高速乘法器［J］. 半导体学报，1987，8（5）.

［11］夏永伟，孔令坤，张冬萱，王守觉. 基于连续逻辑的模糊自动控制系统［J］. 电子学报，1988（1）.

［12］石寅，王守觉. DYL 确定零点失调模拟开关 D/A 转换器［J］. 电子学报，1988（5）.

［13］王玉富，王守觉. 连续逻辑"max""min"门的线性度［J］. 电子学报，1989（2）.

［14］冯宏娟，王守觉. 直接修改控制规则的自调整模糊控制器［J］. 电子学报，1992（2）.

［15］冯宏娟，王守觉. 自寻优模糊集的模糊控制器算法［J］. 电子学报，1993（2）.

［16］冯宏娟，王守觉. 自寻优模糊集的自调整模糊控制器及通用模糊控制器的硬件实现［J］. 电子学报，1993（8）.

［17］王守觉，吴训威，石寅，金瓯. 基于线性"与或"门的新型超高速数字电路［J］. 电子科学学刊，1995（4）：337–344.

［18］魏允，王守觉，王丽艳，鲁华祥. 一种通用神经网络处理机设计及其 VLSI 集成化讨论［J］. 电子学报，1995（5）：7–11.

［19］Wang Shoujue, Wu Xunwei, Feng Hongjuan. The high speed ternary logic gates based on the multiple β transistors［C］//Proceedings 25th International Symposium on Multiple–Valued Logic，1995：178–181.

［20］Wang Shoujue, Wang Liyan, Chen Yongmei, Lu Huaxiang. A Study on Artificial Neurons with Multi–Threshold Transfer Functions［J］. CHINESE JOURNAL OF ELECTRONICS，1995，4（2）：83–85.

［21］王守觉，石寅，吴训威，金瓯. THE NEW SUPER–HIGH–SPEED DIGITAL CIRCUIT BASED ON LINEAR AND–OR GATES［J］.

电子科学学刊（英文版），1995，12（4）：289-297.

［22］周宝霞，陈治明，王守觉. 适合于 PSPICE 的一种精确的功率 MOSFET 等效电路［J］. 半导体学报，1996（4）.

［23］王守觉. 多值和多阈值神经元及其网络组合与应用［J］. 电子学报，1996（5）：1-6.

［24］王守觉，鲁华祥，陈向东，曾玉娟. 人工神经网络硬件化途径与神经计算机研究［J］. 深圳大学学报（理工版），1997（1）.

［25］周宝霞，陈治明，王守觉. 功率 MOSFET 反向特性的分析模拟［J］. 半导体学报，1997（1）.

［26］陈志超，薄建国，马佐成，庄文君，王守觉. 超平面概略布线算法的研究［J］. 半导体学报，1997（2）.

［27］王守觉，陈向东，曾玉娟，王向东，王成靖. 通用前馈网络及排序学习前向掩蔽模型在模式识别中的应用［J］. 电子学报，1998（8）.

［28］Li S Z（Li Shizu），Shi Y（Shi Yin），Zhu R H（Zhu Ronghua），Wang S J（Wang Shoujue）. The design of cascaded resistors in a new analog switch two-step ADC architecture［C］//Proceedings5th International Conference on Solid-State and Integrated Circuit Technology，1998：397-400.

［29］Shi Y（Shi Yin），Li S Z（Li Shizu），Zhu R H（Zhu Ronghua），Wang S J（WangShoujue）. A new half-flash architecture for high speed video ADC［C］. //Proceedings 5th International Conference on Solid-State and Integrated Circuit Technology，1998：377-380.

［30］Zeng Y J（Zeng Yujuan），Wang X D（Wang Xiangdong），Wang S J（Wang Shoujue）. An improved BP algorithm for pattern recognition［C］. //Proceedings Fourth International Conference on Signal Processing，1998（2）：1327-1330.

［31］Wang Shoujne，Chen Xiangdong，Zeng Yujuan，Wang Xiangdong，Wang Shujing. General Feed-Forward Network and Sequential Learning Ahead Masking Model for Pattern Classification［J］. Acta Electronica

Sinica，1998（8）.

［32］王守觉. 人工神经网络与神经计算机及其实用化［J］. 测控技术，1999，18（8）：1.

［33］史静朴，陈际，陈向东，陈川，王守觉. 用神经计算机的说话人确认系统及其应用［J］. 电子学报，1999，27（10）.

［34］Shoujue Wang. Priority ordered neural networks with better similarity to human representation［J］. CHINESE JOURNAL OF ELECTRONICS，1999.

［35］Wang Shoujue，Lu Huaxiang，Chen Xiangdong，Li Yujian. Priority ordered Architecture of Neural Networks［C］// Proceedings the IEEE-INNS-ENNS International Joint Conference on Neural Networks（Volume：2），1999：808-811.

［36］Wang Shoujue，Shi Jingpu，Chen Chuan，Li Yujian . Direction-basis-function neural networks［C］// Proceedings the IEEE-INNS-ENNS International Joint Conference on Neural Networks（Volume：3），1999：1251-1254.

［37］Luo Yujin，Wang Shoujue. The real time emulation of artificial neural network control system［C］// Proceedings the IEEE-INNS-ENNS International Joint Conference on Neural Networks（Volume：3），1999：2168-2171.

［38］Chen Yongmei，Wang Xiangdong，Wang Shoujue ，Shi Linchu. A feedforward neural networks（FNN）used for semiconductor wafer fabrication parameters optimization［C］// Proceedings the IEEE-INNS-ENNS International Joint Conference on Neural Networks（Volume：6），1999：3922-3926.

［39］Wang SJ，Chen YM，Wang XD，Li ZZ，Shi LC . Modeling and optimization of semiconductor manufacturing process with neural networks［J］. CHINESE JOURNAL OF ELECTRONICS，2000，9（1）：1-5.

［40］王向东，陈咏梅，王守觉，石林初. 基于神经网络方法的半导体生

产工艺优化［J］. 半导体学报，2000（2）：192-196.

［41］王守觉，李兆洲，王柏南，邓浩江. 用前馈神经网络进行带噪声信号的去噪声建模［J］. 电路与系统学报，2000（4）：21-26.

［42］石林初，王向东，陈咏梅，王守觉. 基于人工神经网络方法的 LSI 工艺优化实践［J］. 微电子技术，2000（5）：39-44.

［43］吴高巍，王守觉. 提高电子系统设计自动化的一种方法［J］. 电子技术应用，2000（10）：27-30.

［44］王守觉，李兆洲，陈向东，王柏南. 通用神经网络硬件中神经元基本数学模型的讨论［J］. 电子学报，2001（5）：577-580.

［45］李倩，邓浩江，王守觉. 一种可识别样本中共同抽象特征的神经网络［J］. 电子学报，2001.

［46］王向东，陈咏梅，王守觉，石林初. 基于神经网络的集成电路生产过程建模与优化［J］. 自动化学报，2001（8）：1028-1031.

［47］罗予晋，邢藏菊，王守觉. 人工神经网络控制的实时仿真系统［J］. 电子学报，2001（8）：1061-1063.

［48］邓浩江，王守觉，邢藏菊，李倩. 基于聚类统计与文本无关的说话人识别研究［J］. 电路与系统学报，2001（3）：77-80.

［49］邢藏菊，王守觉，邓浩江，罗予晋. 一种基于极值中值的新型滤波算法［J］. 中国图象图形学报，2001（6）：533-536.

［50］Yingang Wang, Zuocheng Ma , Huaxiang Lu , Shoujue Wang . Discussion on the methodology of neural network hardware design and implementation［C］//Proceedings6th International Conference on（Volume：1），2001：113-116.

［51］王守觉，王柏南. 人工神经网络的多维空间几何分析及其理论［J］. 电子学报，2002（1）：1-4.

［52］邢藏菊，曲延锋，王守觉. 静态灰度图像中的人脸快速检测［J］. 计算机辅助设计与图形学学报，2002（5）：401-403.

［53］曲延锋，国伟华，王守觉. 一种基于 Padé 逼近对短时序列频率和品质因数的估计方法［J］. 电子与信息学报，2002（8）：1054-1059.

［54］王守觉. 仿生模式识别（拓扑模式识别）———一种模式识别新模型的理论与应用［J］. 电子学报，2002，30（10）：1417−1420.

［55］邢藏菊，曲延锋，徐健，王守觉. 一种用于抑制椒盐噪声的多窗口中值滤波器［J］. 电子与信息学报，2002（12）：1912−1916.

［56］Cao W M（Cao Wengming），Feng H（Feng hao），Zhang DM（Zhang Dongmei），Wang S J（Wang shoujue）. An adaptive controller for a class of nonlinear system using direction basis function［J］. CHINESE JOURNAL OF ELECTRONICS，2002，11（3）：303−306.

［57］Cao Wenming，Feng Hao ，Wang Shoujue. The implement and application of DBF neural networks［C］//2002 6th International Conference on Signal Processing Proceedings（Volume：1 ），2002：66−69.

［58］Deng Haojiang，Du Limin，Wang Shoujue. Priority ordered BP neural network and the application for speaker identification［C］// TENCON'02. Proceedings. Proceedings. 2002 IEEE Region 10 Conference on Computers，Communications，Control and Power Engineering（Volume：1），2002：671−674.

［59］Hao Feng，Yu Shiming ，Wang Xingang ，Shoujue Wang. System identification method with denoising and disturbance−rejecting capability［C］. TENCON '02. Proceedings. Proceedings 2002 IEEE Region 10 Conference on Computers，Communications，Control and Power Engineering（Volume：3），2002：1269−1272.

［60］Cao Wenming；Fenghao，Wang Shoujue. Approximation with direction basis function neural networks［C］// TENCON'02. Proceedings. Proceedings. 2002 IEEE Region 10 Conference on Computers，Communications，Control and Power Engineering（Volume: 3），2002：1290−1293.

［61］王守觉，徐健，王宪保，覃鸿. 基于仿生模式识别的多镜头人脸身份确认系统研究［J］. 电子学报，2003（1）：1−3.

［62］余世明，冯浩，王守觉．基于小波和最小绝对误差的去噪抗扰动辨识方法［J］．电子学报，2003（2）：192-195.

［63］李玉鉴，王守觉．方向基函数神经网络及其逼近能力［J］．北京工业大学学报，2003（3）：372-376.

［64］朱君波，高瑞华，王守觉．一种基于能量对称度参数的实时基音检测方法［J］．声学与电子工程，2003（4）：9-10.

［65］高瑞华，朱君波，王守觉．一种基于能频积实现连续语音端点检测的方法［J］．计算技术与自动化，2003（4）：71-77.

［66］Harold H. Szu，Charles C. Hsu，Clifford Szu，Shoujue Wang. Live Biometric Authenticity Check［C］//Proc. SPIE 5102, Independent Component Analyses, Wavelets, and Neural Networks, 2003.

［67］曲延锋，徐健，李卫军，王守觉．有效去除图像中脉冲噪声的新型滤波算法［J］．计算机辅助设计与图形学学报，2003（4）：397-401.

［68］邓浩江，王守觉，杜利民．优先度排序 RBF 神经网络在与文本无关说话人确认中的应用［J］．电子与信息学报，2003（9）：1153-1159.

［69］Cao Wenming，Feng Hao，Wang Shoujue. The application of direction-basis-function neural networks for a stable recursive nonlinear identification technique［C］// Proceedings of the 2003 International Conference on Neural Networks and Signal Processing, (Volume：1), 2003：160-163.

［70］Cao Wenming，Lu Fei Feng Hao，Wang Shoujue. Online adaptive fuzzy neural identification based on direction basis function［C］// Proceedings of the fifth International Conference on Computational Intelligence and Multimedia Applications, 2003：342-349.

［71］Cao Wenming，Lu Fei Feng Hao，Wang Shoujue. Fuzzy adaptive DBF neural identification and application for MIMO nonlinear system ［C］// 2003 International Conference on Machine Learning and Cybernetics（Volume：4），2003：2355-2359.

［72］Wang shoujue. A New Development on ANN in China — Biomimetic

Pattern Recognition and Multi Weight Vector Neurons ［C］//Rough Sets, Fuzzy Sets, Data Mining, and Granular Computing; 9th International Conference, RSFDGrC 2003Proceedings, 2003：35-43.

［73］Xu J（Xu Jian）, Li W J（Li Weijun）, Qu Y F（Qu Yanfeng）, Qin H（Qin Hong）, Wang S J（Wang Shoujue）. Architecture research and hardware implementation on simplified neural computing system for face identification ［C］// Proceedings of the 2003 International Joint Conference on Neural Networks（Volume：2）, 2003：948-952.

［74］Wang Z H（Wang Zhi-hai）, Mo H Y（MO Hua-yi）, Lu H X（Lu Hua-xiang）, Wang S J（Wang Shou-jue）. A method of Biomimetic Pattern Recognition for face recognition ［C］// Proceedings of the 2003 International Joint Conference on Neural Networks（Volume：3）, 2003：2216-2221.

［75］Wang Shoujue; Chen Xu. Biomimetic（topological）pattern recognition - A new model of pattern recognition theory and its application ［C］// Proceedings of the 2003 International Joint Conference on Neural Networks（Volume：3）, 2003：2258-2262.

［76］武研, 王守觉. 通过网络反转提高前向神经网络泛化能力的新算法 ［A］// 王守觉院士近十年在信息科学领域发表的论文集, 2004.

［77］曹文明, 陆飞, 彭宏, 谷秧波, 王守觉. 基于方向基函数神经网络的主元分析人脸图像识别的研究 ［A］// 王守觉院士近十年在信息科学领域发表的论文集, 2004.

［78］王志海, 赵占强, 王守觉. 仿生模式识别在单镜头人脸识别中的应用 ［J］. 模式识别与人工智能, 2004, 17（1）：98-103.

［79］曲延锋, 李卫军, 徐健, 王守觉. 复杂背景下多姿态人脸快速检测算法 ［J］. 计算机辅助设计与图形学学报, 2004, 16（1）：45-50.

［80］王守觉, 曲延锋, 李卫军, 覃鸿. 基于仿生模式识别与传统模式识别的人脸识别效果比较研究 ［J］. 电子学报, 2004（7）：1057-1061.

［81］武妍, 王守觉. 一种新的快速收敛的反向传播算法 ［J］. 同济大学学

附录二 王守觉主要论著目录 | *229*

Pattern Recognition and Multi Weight Vector Neurons ［C］//Rough Sets, Fuzzy Sets, Data Mining, and Granular Computing; 9th International Conference, RSFDGrC 2003Proceedings, 2003：35-43.

报（自然科学版），2004（8）．

［82］武妍，王守觉．一种通过反馈提高神经网络学习性能的新算法［J］．计算机研究与发展，2004（9）：1488-1492.

［83］安冬，王守觉．基于仿生模式识别的 DOA 估计方法［J］．电子与信息学报，2004（9）：1468-1473.

［84］安冬，王守觉．基于仿生模式识别和 PCA/ICA 的 DOA 估计方法［J］．电子学报，2004，32（9）：1448-1451.

［85］王守觉，李卫军，陈旭．单节拍浮点运算神经元的组合逻辑设计［J］．半导体学报，2004（11）：1505-1509.

［86］唐方坤，王守觉．模糊化在人脸识别中的作用研究［J］．计算机工程与应用，2004（26）：56-58.

［87］郭继云，王守觉，苑海涛．一种基于频能比的端点检测算法［J］．计算机工程与应用，200440（31）：49-51.

［88］武妍，王守觉．权值初始化与激励函数调整相结合的学习算法［J］．计算机工程与应用，2004（30）：23-25.

［89］王守觉．仿生模式识别与机器形象思维［J］．电脑应用技术，2004（60）：5-19.

［90］Wenming Cao; Wanfang Chai , Fei Lu , Hong Peng , Shoujue Wang. Adaptive equalizers based on two weighted neural networks［C］//Proceedings. ICSP '04. 2004 7th International Conference on Signal Processing（Volume：2），2004：1739-1742.

［91］Li Weijun Xu Jian , Wang Shoujue. A fast eye location algorithm based on geometric complexity［C］//WCICA 2004. Fifth World Congress on Intelligent Control and Automation（Volume：5），2004：4105-4107.

［92］Wenming Cao; Shoujue Wang. Study of adaptive equalizers based on two weighted neural networks［C］//CIT '04. The Fourth International Conference on Computer and Information Technology，2004：612-615.

［93］Hu M D（Hu Mengdi），Feng H（Feng Hao），Cao W M（Cao Wenming），Wang S J（Wang Shoujue）. Determining of the delay time for a heating ventilating and air-conditioning plant using multi-weights neurons approach [C] // The International Federation for Information Processing (Volume 187), 2005: 633-641.

[94] Wang SJ, Zhao XT. Biomimetic pattern recognition theory and its applications [J]. CHINESE JOURNAL OF ELECTRONICS, 2004, 13 (3): 373-377.

[95] Cao Wenming, Hao Feng, Wang Shoujue. The application of DBF neural networks for object recognition [J]. Information Sciences, 2004, 160 (1-4): 153-160.

[96] 曹文明，叶虹，王守觉. 基于多权值神经网络的问候语语音识别算法 [A]. 王守觉院士近五年工作中有关论文与成果，2005.

[97] 王宪保，王辛刚，冯浩，王守觉基于面部器官的人脸特征提取方法 [A]. 王守觉院士近五年工作中有关论文与成果，2005.

[98] 徐兆涵，王辛刚，冯浩，王守觉. 一种人脸识别中寻找图象结构对称性到快速算法 [A]. 王守觉院士近五年工作中有关论文与成果，2005.

[99] 武妍，王守觉. 基于模糊化输入和反转提高神经网络分类性能的方法 [J]. 红外与毫米波学报，2005，25 (1): 15-17.

[100] 武妍，王守觉. 线性与非线性输出单元相结合的神经网络 [J]. 同济大学学报（自然科学版），2005，33 (4).

[101] 覃鸿，王守觉. 多权值神经元网络仿生模式识别方法在低训练样本数量非特定人语音识别中与 HMM 及 DTW 的比较研究 [J]. 电子学报，2005，33 (5): 957-960.

[102] 唐志芳，时海涛，鲁华祥，王守觉. 系统级动态电源管理算法的研究 [J]. 计算机工程与应用，2005，41 (6): 190-193.

[103] 王守觉，潘晓霞，徐春燕，陈旭，安冬，曹文明. 一种基于高维空间覆盖动态搜索方法的非特定人连续数字语音识别的研究 [J]. 电子学报，2005，33 (10): 1790-1793.

[104] 王守觉，徐春燕，潘晓霞，安冬，陈旭，曹文明. 为连续语音识别

用的单词音节神经网络建模的研究［J］. 电子学报，2005，33（10）：1883−1885.

［105］ 武妍，王守觉. 一种新的双权值前向神经网络学习算法［J］. 计算机工程与应用，2005，41（13）.

［106］ 郭继云，王守觉，刘学刚. 一种改进的基于频能比的端点检测算法［J］. 计算机工程与应用，2005，41（29）：91−93.

［107］ Wang S J，Chen X，Qin H，Li W J，Bian Y. Double synaptic weight neuron theory and its application［C］// ADVANCES IN NATURAL COMPUTATION. Lecture Notes in Computer ScienceSeries，Volume3610. Changsha，China：2005.

［108］ Cao W M（Wenming Cao），Pan X X（Xiaoxia Pan），］Wang S J（Shoujue Wang），Hu J（Jing Hu）. Digits speech recognition based on geometrical learning［C］// ADVANCED DATA MINING AND APPLICATIONS. Lecture Notes in Computer ScienceSeries，Volume 3584. Wuhan，China：2005.

［109］ Shoujue Wang，Jiangliang Lai. Geometrical learning，descriptive geometry，andbiomimetic pattern recognition［J］. Neurocomputing，2005，3（69）.

［110］ Cao W M（Wenming Cao），Hu J H（Jianhui Hu），Xiao G（Gang Xiao），Wang S J（Shoujue Wang）. Iris recognition algorithm based on point covering of high−dimensional space and neural network［C］// MACHINE LEARNING AND DATA MINING IN PATTERN RECOGNITION. Lecture Notes in Computer ScienceSeries，Volume 3587. Leipzig，Germany：2005.

［111］ Wang S J（Wang Shoujue），Liu Y Y（Liu YangYang）. Differences and commonalities between connectionism and symbolism［C］// ADVANCES IN NEURAL NETWORKS − ISNN 2005. Lecture Notes in Computer ScienceSeries，Volume 3496. Chongqing，China：2005.

[112] Cao W M (Wenming Cao), Hu J H (Jianhui Hu), Xiao G (Gang Xiao), Wang S J (Shoujue Wang). Application of multi-weighted neuron for iris recognition [C] // ADVANCES IN NEURAL NETWORKS - ISNN 2005. Lecture Notes in Computer ScienceSeries, Volume 3497. Chongqing, China: 2005.

[113] Wang S J, Chen X, Li W J. Object-recognition with oblique observation directions based on biomimetic pattern recognition [C] // Proceedings of the 2005 International Conference on Neural Networks and Brain. Beijing: 2005.

[114] Shoujue Wang. Computational information geometry and its applications [C] //Proceedings of the 2005 International Conference on Neural Networks and Brain. Beijing: 2005.

[115] Shoujue WANG, Yangyang LIU. The structure and function of neurons with variable nonlinear transfer function [C] //Proceedings of the 2005 International Conference on Neural Networks and Brain. Beijing: 2005.

[116] Wang Shoujue, Cao Yu, Huang Yi. A novel image restoration approach based on point location in high-dimensional space geometry [C] //Proceedings of the 2005 International Conference on Neural Networks and Brain: 2005.

[117] Hong Qin, Shoujue Wang and Hua Sun. Biomimetic pattern recognition for speaker-independent speech recognition [C] // Proceedings of the 2005 International Conference on Neural Networks and Brain. Beijing: 2005.

[118] Shoujue Wang, Hua Sun. A face detection algorithm based on high dimensional space geometry [C] // Proceedings of the 2005 International Conference on Neural Networks and Brain. Beijing: 2005.

[119] Wang S J (Shoujue Wang), Lai J L (Jiangliang Lai). A more complex neuron in biomimetic pattern recognition [C] //Proceedings

of the 2005 International Conference on Neural Networks and Brain. Beijing: 2005.

[120] Wang Shoujue, Li Weijun , Chen Xu. A DSWN-based specific-purpose neural computing system [C] // Proceedings of the 2005 International Conference on Neural Networks and Brain, Beijing: 2005.

[121] Wang Shoujue, Liu Xingxing, Cao Wenming. Face recognition based on PCA and multi-degree of freedom neurons [C] //Proceedings of the 2005 International Conference on Neural Networks and Brain. Beijing: 2005.

[122] Wang Shoujue, Zhao Guliang. An algorithm of analysis tools on point's distribution in high dimension space: The distance of a point and an infinite sub-space [C] //Proceedings of the 2005 International Conference on Neural Networks and Brain. Beijing: 2005.

[123] Zhao Guliang, Wang Shoujue. Hypersausage neural networks and its application in face recognition [C] // Proceedings of the 2005 International Conference on Neural Networks and Brain. Beijing: 2005.

[124] Wenming Cao, Jianqing Li, Shoujue Wang . Continuous speech research based on HyperSausage Neuron [C] // COMPUTATIONAL INTELLIGENCE AND SECURITY. Lecture Notes in Computer ScienceSeries, Volume 3802. Xi'an, China: 2005.

[125] Wenming Cao, Xiaoxia Pan, Shoujue Wang . Continuous Speech Research Based on Two-Weight Neural Network [C] // Computational Intelligence and Security. Lecture Notes in Computer ScienceSeries, Volume3497, Chongqing, China: 2005.

[126] Wuhong Yan, Bo Wang, Mingxi Jin, Shoujue Wang. Speech Recognition of Finite Words Based on Multi-weight Neural Network [C] //Advances in Neural Networks – ISNN 2005. Lecture Notes in Computer ScienceSeries, Volume 3497, Chongqing, China: 2005.

［127］Cao Wenming, Lu Fei. Face Recognition Using Topological Manifolds Learning［C］//Pattern Recognition and Machine Intelligence. Lecture Notes in Computer Science Series, Volume 3776, and Kolkata, India: 2005.

［128］Cao Wenming, Feng Hao, Wang Shoujue. Error Bounds for Function Approximation Based on Direction Basis Function Neural Networks［A］. 王守觉院士近五年工作中有关论文与成果, 2005.

［129］Wenming Cao, Shoujue Wang. Similarity Index for Clustering DNA Microarray Data Based on Multi-weighted Neuron［C］//Rough Sets, Fuzzy Sets, Data Mining, and Granular Computing. Lecture Notes in Computer Science Series, Volume 3642, Regina, Canada: 2005.

［130］王守觉, 谢美芬, 曹文明. 图像恢复的一种新方法［C］//2006 年中国控制与决策学术年会会议论文集, 2006.

［131］王建华, 曹文明, 王守觉. 无宿主神经计算机系统的软硬件设计［C］//2006 中国控制与决策学术年会会议论文集, 2006.

［132］王守觉, 曹文明. 半导体神经计算机的硬件实现及其在连续语音识别中的应用［J］. 电子学报, 2006, 34（2）: 267-271.

［133］来疆亮, 王守觉. 最小球覆盖几何算法及其在模式识别中的应用［J］. 模式识别与人工智能, 2006, 19（2）: 271-276.

［134］安冬, 王库, 王守觉. 高维空间点覆盖方法在物种计算机自动分类中的应用［J］. 电子学报, 2006, 34（2）: 277-281.

［135］杨国为, 涂序彦, 王守觉. 时变容错域的感知联想记忆模型及其实现算法［J］. 计算机学报, 2006, 29（3）: 431-440.

［136］武妍, 王守觉. 一种并联抑制神经网络结构及学习算法［J］. 电子科技大学学报, 2006, 35（3）: 399-402.

［137］唐志芳, 时海涛, 鲁华祥, 王守觉. 基于 BP 神经网络的系统级电源管理算法［J］. 计算机工程, 2006, 32（4）: 214-216.

［138］朱君波, 朱夏君, 王守觉. PCA 在语音检测中的应用研究［J］. 模式识别与人工智能, 2006, 19（5）: 629-633.

［139］武妍, 王守觉. 基于多层感知机和 RBF 转换函数的混合神经网络

［J］. 计算机工程，2006，32（6）.

［140］杨国为，王守觉. 模式可拓识别及其神经网络模型［J］. 哈尔滨工业大学学报，2006，38（7）：1129-1132.

［141］谷秧波，武妍，王守觉，朱君波. 原点无关最近特征分类器及在人脸识别的应用［J］. 同济大学学报（自然科学版），2006，（10）：1398-1402.

［142］武妍，金明曦，王守觉. 基于仿生模式识别理论的高阶神经网络说话人识别方法［J］. 计算机工程，2006 32（12）：184-186.

［143］王守觉，孙华. 一种基于矢量关系运算的人脸检测算法［J］. 微计算机信息杂志，2006，22（28）.

［144］王守觉，沈孙园，曹文明. 基于仿生模式识别的小词汇量连续型语音识别的研究［J］. 哈尔滨工程大学学报，2006，27（z1）.

［145］Yang G W（Yang Guowei），Lai Y X（Lai Yixin），Wang S J（Wang Shoujue），Gao X H（Gao Xuhui）. The design algorithm of an associative memory neural network［J］. DYNAMICS OF CONTINUOUS DISCRETE AND IMPULSIVE SYSTEMS-SERIES A-MATHEMATICAL ANALYSIS，2006：561-564.

［146］Yang G W（Yang Guowei），Lai Y X（Lai Yixin），Wang S J（Wang Shoujue），Gao X H（Gao Xuhui）. The design algorithm of an associative memory neural network［J］. DYNAMICS OF CONTINUOUS DISCRETE AND IMPULSIVE SYSTEMS-SERIES A-MATHEMATICAL ANALYSIS，2006：561-564.

［147］Gao X H（Gao Xuhui），Yang G W（Yang Guowei），Wang S J（Wang Shoujue）Hu J（Hu Jin）. The image coding scheme based on neural network and SVM［J］. DYNAMICS OF CONTINUOUS DISCRETE AND IMPULSIVE SYSTEMS-SERIES A-MATHEMATICAL ANALYSIS，2006：613-616.

［148］Hu J（Hu Jin），Yang G W（Yang Guowei），Wang S J（Wang Shoujue），Gao X H（Gao Xuhui）. Lossless data compression scheme based on neural network and SVM [J]. DYNAMICS OF CONTINUOUS DISCRETE AND IMPULSIVE SYSTEMS–SERIES A–MATHEMATICAL ANALYSIS, 2006: 638–641.

[149] Lu H X (Lu Huaxiang), Lu Y (Lu Yan), Tang Z F (Tang Zhifang), Wang S J (Wang Shoujue). SOC dynamic power management using artificial neural network [C] //ISDA 2006 Sixth International Conference on Intelligent Systems Design and Applications, 2006, Vol 1: 133–137.

[150] Wang S J (Wang Shoujue), Huang Y (Huang Yi), Cao Y (Cao Yu). Study on text–dependent speaker recognition based on Biomimetic Pattern Recognition [C] //LECTURE NOTES IN COMPUTER SCIENCE, 2006: 158–164.

[151] Wang S J (Wang Shoujue), Cao Y (Cao Yu), Huang Y (Huang Yi). High–Dimensional Space Geometrical Informatics and its applications to image restoration [J]. ADVANCES IN NEURAL NETWORKS – ISNN 2006, 2006: 569–574.

[152] Feng H (Feng Hao), Cao W M (Cao Wenming), Wang S J (Wang Shoujue). Continuous speech recognition based on ICA and geometrical learning [C] //ADVANCES IN MACHINE LEARNING AND CYBERNETICS, 2006: 974–983

[153] Wang S J (Wang Shoujue), Liu S S (Liu Singsing), Cao W M (Cao Wenming). Research on multi–degree–of–freedom neurons with weighted graphs [C] // ADVANCES IN NEURAL NETWORKS – ISNN 2006, 2006: 669–675.

[154] Wenming Cao, Meifen Xie, Shoujue Wang. A novel image restoration algorithm based on high–dimensional space geometry [C] //CISP' 09. 2nd International Congress onImage and Signal Processing, 2006: 1–5.

[155] Wang S J (Wang Shoujue). Special issue on biomimetic pattern recognition – Preface [J]. CHINESE JOURNAL OF

ELECTRONICS, 2006.

[156] Wang S J (Wang Shoujue), Lai J L (Lai Jiangliang). High dimensional imagery geometry and it's applications [J]. CHINESE JOURNAL OF ELECTRONICS, 2006.

[157] Wang S J (Wang Shoujue), Lai J L (Lai Jiangliang). Information geometry theory of high−dimension space and application for speaker independent continuous digit speech recognition [J]. CHINESE JOURNAL OF ELECTRONICS, 2006.

[158] Wang S J (Wang Shoujue), Liu Y Y (Liu Yangyang). An algorithm for removing facial makeup disturbances based on high dimensional imaginal geometry [J]. CHINESE JOURNAL OF ELECTRONICS, 2006.

[159] Wang S J(Wang Shoujue), Shen SY(Shen Sunyuan), Cao W M(Cao Wenming). Research on continuous speech recognition with small vocabulary based on biomimetic pattern recognition [J]. CHINESE JOURNAL OF ELECTRONICS, 2006.

[160] Cao W M (Cao Wenming), Li N (Li Ning), Liu S S (Liu Singsing), Wang S J (Wang Shoujue). Geometry property of multi−degree of freedom neurons [J]. CHINESE JOURNAL OF ELECTRONICS, 2006.

[161] Wang S J (Wang Shoujue), Liu S S (Liu Singsing), Cao W M (Cao Wenming), Xiao X A (Xiao Xiao). Cognitive models in biomimetic pattern cognition [J]. CHINESE JOURNAL OF ELECTRONICS, 2006.

[162] Wang S J (Wang Shoujue), Zhao G L (Zhao Guliang), Fei L (Fei Lu). A novel face recognition method based on hypersausage neural networks[J]. CHINESE JOURNAL OF ELECTRONICS, 2006.

[163] Wu Y (Wu Yan), Shi N (Shi Ning), Wang S J (Wang Shoujue). Keyword spotting system based on biomimetic pattern recognition [J]. CHINESE JOURNAL OF ELECTRONICS, 2006.

[164] Wang S J (Wang Shoujue), Mo R (Mo Rui), Cao W M

（Cao Wenming）. Phylogeny of SARS−CoV based on high−dimensional information geometry［J］. CHINESE JOURNAL OF ELECTRONICS，2006.

［165］Wang S J（Wang Shoujue），Chen X（Chen Xu），Li W J（Li Weijun）. Discussion on the basic mathematical models of neurons − Double synaptic weight neuron in general−purpose neurocomputer，theory and application［J］. CHINESE JOURNAL OF ELECTRONICS，2006.

［166］Wang S J（Wang Shoujue），Qin H（Qin Hong）. A speaker−independent continuous speech recognition system using biomimetic pattern recognition［J］. CHINESE JOURNAL OF ELECTRONICS，2006.

［167］Yang Guowei，Tu Xuyan，Wang Shoujue. Block and parallel modelling of broad domain nonlinear continuous mapping based on NN ［J］. Journal of Systems Engineering and Electronics，2006.

［168］Xiuzhen Sun，Shouju Li，Yingxi Liu，Jizhe Wang，Ying Wang. Computational Simulation of Gas Transport of Human Respiratory System Using Fractal Networks［J］. Bowlers Journal International . 2006.

［169］王守觉，孙华，莫华毅. 彩色图像特征空间变换的新算法及其应用［J］. 电子学报，2007，35（2）：193−196.

［170］杨国为，王守觉，闫庆旭. 分式线性神经网络及其非线性逼近能力研究［J］. 计算机学报，2007，30（2）：189−199.

［171］朱世交，杨磊，王守觉. 前馈优先排序神经网络的构造算法及分析［J］. 计算机科学，2007，35（4）.

［172］朱世交，张南华，王守觉. 优先排序覆盖神经网络原理及分析［J］. 计算机工程与应用，2007，43（14）.

［173］魏莱，王守觉，徐菲菲. 一种对奇异值不敏感的ISOMAP［J］. 计算机应用，2007（8）.

［174］王宪保，周德龙，王守觉. 基于仿生模式识别的构造型神经网络分类方法［J］. 计算机学报，2007（12）：2109−2114.

［175］Cao W M，Liu S S，Wang S J. Structure approximate based

on double weighted neural network [J]. DYNAMICS OF CONTINUOUS DISCRETE AND IMPULSIVE SYSTEMS-SERIES B-APPLICATIONS & ALGORITHMS, 2007.

[176] Lu H X, Lu Y, Tang Z F, Wang S J. Dynamic power management approaches based on neural network [J]. DYNAMICS OF CONTINUOUS DISCRETE AND IMPULSIVE SYSTEMS-SERIES B-APPLICATIONS & ALGORITHMS, 2007.

[177] Wang S J, Zhou L F. Cancer classification based on direction-basis-function neural networks [J]. DYNAMICS OF CONTINUOUS DISCRETE AND IMPULSIVE SYSTEMS-SERIES B-APPLICATIONS & ALGORITHMS, 2007.

[178] Cao W M (Cao Wenming), Wang S J (Wang Shoujue). Manifold covering theory in biomimetic pattern recognition [J]. CHINESE JOURNAL OF ELECTRONICS, 2007.

[179] Wang S J (Wang Shoujue), Cao Y (Cao Yu), Huang Y (Huang Yi). Blind image restoration based on the theory of high-dimensional space geometry [J]. CHINESE JOURNAL OF ELECTRONICS, 2007.

[180] 魏莱, 王守觉, 徐菲菲. 基于带权多维尺度变换的奇异值挖掘 [J]. 计算机科学, 2008, 35 (1).

[181] 武妍, 姚潇, 王守觉. 基于重叠空间相对划分的仿生模式识别方法 [J]. 模式识别与人工智能, 2008, 21 (3).

[182] 魏莱, 王守觉, 徐菲菲. 一种自适应邻域选择算法 [J]. 模式识别与人工智能, 2008, 21 (3).

[183] 谷秧波, 武妍, 朱世交, 王守觉. 基于知识规则的构造性优先排序神经网络算法 [J]. 计算机应用, 2008, 28 (7)

[184] 姚潇, 武妍, 王守觉. 一种基于并行覆盖前馈优先神经网络的说话人识别方法 [J]. 计算机科学, 2008, 35 (8): 125-128.

[185] 陈阳, 王守觉. 仿生模式识别在细菌基因组水平转移基因预测中的应用 [J]. 现代生物医学进展, 2008, 8 (8).

［186］王守觉，周凌飞. 基因表达数据分析中的特征基因提取［J］. 微计算机信息，2008，24（9）：193-194.

［187］王守觉，丁兴号，廖英豪，郭东辉. 一种新的仿生彩色图像增强方法［J］. 电子学报，2008（10）：1970-1973.

［188］杨国为，王守觉，刘扬阳. 仿生模式识别的两个关键技术问题研究［J］. 电子学报，2008，36（12）：2490-2492.

［189］谭乐怡，王守觉. 一种基于高维形象几何理论的彩色图像增强算法［J］. 计算机科学，2008，35（12）：214-215.

［190］WANG ShoujHe，LIU Xingxing. Mathematical symbols and computing methods in high dimensional biomimetic informatics and their applications［J］. CHINESE JOURNAL OF ELECTRONICS，2008.

［191］金骥，鲁华祥，王守觉. 双权值网络在电源管理中的应用研究［J］. 微计算机信息杂志，2009（1）：197-199.

［192］杨国为，王守觉. 判定一点是否属于高维复杂形体的算法及其应用［J］. 青岛大学学报（工程技术版），2009，24（1）.

［193］杨国为，王守觉，李卫军. 具有期望容错域的前向掩蔽联想记忆模型的设计方法［J］. 计算机学报，2009，32（1）：124-131.

［194］丁兴号，王鑫芯，肖泉，廖英豪，郭东辉，王守觉. 一种新的基于彩色双边滤波的彩色图像增强方法［J］. 中国体视学与图像分析，2009，14（2）.

［195］魏莱，王守觉，徐菲菲，王睿智. 近邻边界 Fisher 判别分析［J］. 电子与信息学报，2009，31（3）：509-513.

［196］孙树亮，王守觉. 一种基于改进的极值中值滤波算法［J］. 计算机科学，2009，36（6）：165-166

［197］谭乐怡，王守觉. 一种按基因重要度收敛的进化算法［J］. 小型微型计算机系统，2009，30（9）：1796-1799.

［198］郭婷婷，邬文锦，苏谦，王守觉，安冬. 近红外玉米品种鉴别系统预处理和波长选择方法［J］. 农业机械学报，2009（9）：90-92.

［199］肖泉，丁兴号，王守觉，郭东辉，廖英豪. 基于自适应超完备

稀疏表示的图像去噪方法 [J]. 仪器仪表学报, 2009, 30 (9): 1886-1890.

[200] SU Qian, AN Dong, ZHAI Yafeng, WANG Ku, WANG Shoujue. A Cancer Recognition Method Based on DNA Microarray [J]. CHINESE JOURNAL OF ELECTRONICS, 2009.

[201] WU Lili, WANG Shoujue. Study on Closed-set Speaker Identification Based on Biomimetic Pattern Recognition [J]. CHINESE JOURNAL OF ELECTRONICS, 2009.

[202] SU Qian, AN Dong, WANG Ku, WANG Shoujue.An Automatic Classification Method of Metabolic Cycle Based on Biomimetic Pattern Recognition [J]. CHINESE JOURNAL OF ELECTRONICS, 2009.

[203] Qin H (Qin Hong), Wang S J (Wang Shoujue), Lu H X (Lu Huaxiang), Chen X L (Chen Xinliang). Human-Inspired Order-based Block Feature in the HSI Color Space for Image Retrieval [A] // 2009 IEEE INTERNATIONAL CONFERENCE ON ROBOTICS AND BIOMIMETICS (ROBIO 2009), 2009: 1978-1982.

[204] 魏莱, 王守觉. 基于流形距离的半监督判别分析 [J]. 软件学报, 2010 (2): 2445-2453.

[205] 金小贤, 李卫军, 陈旭, 王守觉. 一种基于视觉特性的仿生图像增强算法 [J]. 计算机辅助设计与图形学学报, 2010 (3): 534-537.

[206] 柳培忠, 王守觉. 适用于视觉媒体检索的视频镜头分割算法 [J]. 计算机应用研究, 2010 (5): 1935-1937.

[207] 王守觉, 孙华, 柳培忠, 廖英豪, 丁兴号, 郭东辉. 基于仿生形象思维方法的图像检索算法 [J]. 电子学报, 2010 (5): 993-997.

[208] 邬文锦, 王红武, 陈绍江, 郭婷婷, 王守觉, 苏谦, 孙明, 安冬. 基于近红外光谱的商品玉米品种快速鉴别方法 [J]. 光谱学与光谱分析, 2010 (5): 1248-1251.

[209] 朱君波, 王守觉, 冯浩. 基于矢量运算的图像光照处理算法 [J]. 计算机应用, 2010 (6): 1581-1583.

［210］肖泉，丁兴号，王守觉，廖英豪，郭东辉. 有效消除光晕现象和颜色保持的彩色图像增强算法［J］. 计算机辅助设计与图形学学报，2010（8）：1246-1252.

［211］郭婷婷，王守觉，王红武，胡海晓，安冬，邬文锦，夏维，翟亚锋. 实用化商品玉米籽粒的近红外光谱品种判别方法研究［J］. 光谱学与光谱分析，2010（9）：2372-2376.

［212］肖泉，丁兴号，王守觉，廖英豪，郭东辉. 有效保持细节特征的图像椒盐噪声滤除方法［J］. 电子学报，2010（10）：2273-2278.

［213］曾文蓉，王守觉. 投票式 EM 算法的计算机辅助乳腺癌诊断研究［J］. 计算机应用研究，2010.

［214］Chen Y（Chen Yang），Wang S J（Wang Shoujue）. Comparing the Performance of Biomimetic Pattern Recognition with W8 and SVM on Prediction of Horizontal Gene Transfers in Bacteria Genomes［J］. CHINESE JOURNAL OF ELECTRONICS，2010.

［215］Xuena Jiang，Yangyang Liu，Shoujue Wang. A Novel Geometric Algorithm for Blind Image Restoration Based on High-Dimensional Space［C］// 2nd International Congress on Image and Signal Processing，2010：1-5.

［216］陈旭，李卫军，王守觉. 硬限幅多阈值神经元在组合逻辑设计中的应用［J］. 电路与系统学报，2011（1）：121-124.

［217］柳培忠，王守觉. 利用多维空间同源连续性的图像检索［J］. 应用科学学报，2011（2）：153-158.

［218］李新宇，刘扬阳，蒋雪娜，王守觉. 基于高维空间几何信息学的遥感图像去薄云算法［J］. 电子学报，2011（5）：1002-1006.

［219］王守觉，梁先扬. 图像变形计算方法及其应用［J］. 计算机辅助设计与图形学学报，2011（8）：1304-1310.

［220］王宪保，陆飞，陈勇，方路平，王守觉. 仿生模式识别的算法实现与应用［J］. 浙江工业大学学报，2011，39（1）.

［221］肖潇，王宪保，庄德文，王守觉. 基于均匀区域分割的图像检索研

究［J］. 计算机科学，2012，39（6）：255-292.

［222］魏莱，徐菲菲，王守觉. 一种多权值神经元覆盖网络的构造方法
　　　　［J］. 计算机学报，2012，35（5）：1031-1037.

［223］肖潇，王宪保，王守觉. 多自由度神经元模型的人脸识别算法研究
　　　　［J］. 小型微型计算机系统，2012，33（12）：2693-2695.

［224］肖潇，王宪保，王守觉. 一种边缘点特征图像配准算法［J］. 小型
　　　　微型计算机系统，2012，33（11）：2535-2537.

［225］Xiao Xiao, Xianbao Wang, Sunyuan Shen, Shoujue Wang. A
　　　　cognitive model in biomimetic pattern recognition and its applications
　　　　［C］//Proceedings of the CICA 2011. Lecture Notes in Electrical
　　　　EngineeringSeries. Volume107，2012：953-960.

著作

［226］王守觉.《微电子技术》［M］. 上海：上海科学技术出版社，1994.

［227］王守觉.《王守觉院士与仿生模式识别及计算信息几何学方法论文
　　　　选集》［M］. 北京：中国科学院半导体研究所，2005.

［228］王守觉.《王守觉院士近十年在信息科学领域发表的论文集》［M］.
　　　　北京：中国科学院半导体研究所，2005.

［229］王守觉.《王守觉院士近五年工作中有关论文与成果》［M］. 杭州：
　　　　浙江工业大学，2005.

［230］王守觉.《多维空间仿生信息学入门》［M］. 北京：国防工业出版
　　　　社，2008.

［231］王守觉，刘扬阳，来疆亮，刘星星.《仿生模式识别与多权值神经
　　　　元》［M］. 北京：国防工业出版社，2012.

附录三　王守觉培养研究生名单

表 1　王守觉在中国科学院研究生名单

姓名	专业	导师	毕业时间	毕业论文题目	学位（备注）
魏希文	半导体	黄昆、王守觉	1964		研究生
林雨	微电子学	王守觉	未答辩	无	研究生
夏永伟	微电子学	王守觉	1967		研究生
仇玉林	微电子学	王守觉	1967		研究生
石寅	微电子学	王守觉	1981	多元逻辑电路线性与或门 D/A 转换器	硕士
王玉富		王守觉	1981		硕士
骆家贤		王守觉	1981		硕士
吴克之		王守觉	1981		硕士
吴锦中		王守觉	1982		硕士
李亦奇		王守觉 G.Papadopoulos			入学一年后赴希腊求学
周亦农		王守觉	1985	AFT− 实现信号实时傅里叶变换的一种新的方法和电路	硕士
石寅	微电子学	王守觉	1986	连续逻辑 12x12 位超高速码乘法器	博士
王玉富	微电子学	王守觉	1986	连续逻辑方法实现离散付立叶变换的初步研究	博士
张学鹏		王守觉	1988	模拟量动态存储初探	硕士

续表

姓　名	专　业	导　师	毕业时间	毕业论文题目	学位（备注）
鲁华祥	微电子学	王守觉	1988		硕士
任赛玉		王守觉	1988	DYL 电路输出电压一致性分析及其有关基础工艺研究	硕士
冯宏娟		王守觉	1989	自寻优模糊集的自调整模糊控制器及其硬件实现的研究	博士
韦方兴		王守觉	1990	连续逻辑在时分式三用电话中的应用	硕士
李炳辉	半导体物理与半导体器件物理	王守觉、李志坚	1992	GaAs/Si 材料性质与器件性能的关系和 Si-VLSI 芯片光互连用发光器件的设计考虑	博士
李亦奇	半导体物理与半导体器件物理	王守觉 G.Papadopoulos	1992	时延估计研究及其在 SKIDS 项目中的应用	博士
翁思游	半导体物理与半导体器件物理	王守觉	1993	DYL 和 CMOS 电路兼容集成研究	硕士
鲁华祥	半导体物理与半导体器件物理	王守觉	1993	通道损益分析法三层通道区布线算法研究	博士
刘宇杰	半导体器件与微电子学	王守觉	1994	电磁屏蔽空间中控制手段的研究	硕士
陈志超	半导体器件与微电子学	王守觉	1994	超平面布线算法的研究	博士
蔡元明	半导体器件与微电子学	王守觉	1995	神经网络识别手写体数字预处理后样本空间凸集性研究	硕士
张晓刚	半导体器件与微电子学	王守觉	1995	前向神经网络研究及面向股市应用的多模混合模糊神经网络系统	硕士
陈咏梅	半导体器件与微电子学	王守觉	1995	前馈网络模式识别预处理方法评价及其在手写体数字识别中的应用	博士
傅（付）鹏	半导体器件与微电子学	王守觉	1995	前向神经网络研究及面向股市应用的多模混合模糊神经网络系统	博士
陈起辉	半导体器件与微电子学	王守觉	1996	人工神经网络语音识别处理硬件化实现的研究	硕士
王丽艳	半导体器件与微电子学	王守觉	1996	一种高灵活性的通用的神经计算机结构及其神经计算方法	博士
陈向东	半导体器件与微电子学	王守觉	1997	人工神经网络在掩膜 ROM 测试方面的应用	硕士
周宝霞	半导体器件与微电子学	王守觉；陈治明	1997	功率 MOS 与 MOS 控制晶闸管的研究	博士

姓 名	专 业	导 师	毕业时间	毕业论文题目	学位（备注）
王成婧	半导体器件与微电子学	王守觉	1998	神经计算机实现电子虚拟任意波形发生器的研究	硕士
曾玉娟	半导体器件与微电子学	王守觉	1998	神经网络在模式识别应用中的模型与算法研究	博士
徐海峰	半导体器件与微电子学	王守觉	1999	神经计算机应用于语言操作软件的研究	硕士
梅冰峰	电路与系统	王守觉	1999	连接数字语音识别研究	硕士
王向东	半导体器件与微电子学	王守觉	1999	基于神经网络的集成电路芯片生产过程建模与优化	博士
陈川	半导体器件与微电子学	王守觉	1999	方向基函数神经网络模型与算法及其在模式识别中的应用	博士
李玉鉴	半导体器件与微电子学	王守觉	1999	方向基函数神经网络的结构、算法及其应用	博士
吴高巍	电路与系统	王守觉	2000	提高电子设计自动化程度的研究	硕士
王柏楠	电路与系统	王守觉	2000	人工神经网络的几何分析法与高维空间几何学的研究	硕士
李兆洲	微电子学与固体电子学	王守觉	2000	人工神经网络用于信号处理和系统建模的算法研究	博士
陈向东	微电子学与固体电子学	王守觉	2000	通用高阶神经元网络模型的构造及其应用研究	博士
邢藏菊	微电子学与固体电子学	王守觉	2001	人脸自动检测方法研究	博士
李倩	微电子学与固体电子学	王守觉	2001	多变量控制系统优化的人工神经网络方法研究	博士
罗予晋	微电子学与固体电子学	王守觉	2001	人工神经网络用于实时控制的研究	博士
邓浩江	微电子学与固体电子学	王守觉	2001	人工神经网络在与文本无关说话人识别中的应用研究	博士
曹宇	电路与系统	王守觉	2002	双权值人工神经网络用于数据拟合的研究	硕士
曲延峰	微电子学与固体电子学	王守觉	2003	复杂背景下人脸检测与仿生模式人脸识别的神经网络方法研究	硕士
莫华毅	电路与系统	王守觉	2003	彩色图象中人脸检测方法的研究	硕士
徐建	微电子学与固体电子学	王守觉	2003	基于仿生模式识别的独立运转神经计算机软硬件设计及其应用研究	博士
冯浩	微电子学与固体电子学	王守觉	2003	多权值神经网络理论与应用	博士
唐志芳		王守觉	2004	系统级电源管理的神经网络方法研究	硕士

续表

姓　名	专　业	导　师	毕业时间	毕业论文题目	学位（备注）
郭继云		王守觉	2004	噪音环境中语音信号的端点检测和基于仿生模式识别的语音识别方法研究	硕士
王志海	电路与系统	王守觉	2004	仿生模式识别在人脸识别中的应用	硕士
李卫军	微电子学与固体电子学	王守觉	2004	基于仿生模式识别的实物识别专用神经计算机系统研究与设计	博士
赵星涛	微电子学与固体电子学	王守觉	2004	人工神经网络仿生模式识别的研究	博士
陈旭	微电子学与固体电子学	王守觉、鲁华祥	2005	斜视全方位实物识别硬件系统的研究	博士
安冬	微电子学与固体电子学	王守觉	2005	高维空间点覆盖方法的理论及应用	博士
来疆亮	微电子学与固体电子学	王守觉	2005	模式识别中高维空间点分布几何分析方法的研究	博士
覃鸿	电路与系统	王守觉	2006		同等学历硕士
李新宇	微电子学与固体电子学	王守觉	2006	仿生模式识别概念下基于元音发音特征的语音非语音检测研究	博士
杨国为		王守觉	2006	人工脑的信息处理新神经网络模型研究	博士后
周凌飞		王守觉	2007	基因表达数据分析方法及其应用研究	硕士
林楠		王守觉	2007	带 AGC 的 CCD 成像系统研究	硕士
貊睿	微电子学与固体电子学	王守觉	2007	基于高维仿生信息学的生物序列分析方法研究	博士
赵顾良	微电子学与固体电子学	王守觉	2007	仿生模式识别在掌形识别中的应用研究	博士
黄翼	微电子学与固体电子学	王守觉	2007	基于仿生模式识别的说话人识别研究	博士
曹瑜	微电子学与固体电子学	王守觉	2007	基于高维仿生信息学的图像清晰化研究	博士
金骥	电路与系统	王守觉	2008	核独立分量分析研究及在电能质量监测中的应用	硕士
莫华毅	微电子学与固体电子学	王守觉	2008	基于仿生学的人脸检测方法研究	博士
殷维栋	电路与系统	王守觉	2009	局部推进的机器学习理论与算法研究	硕士
吴丽丽	微电子学与固体电子学	王守觉	2009	基于高维仿生信息学的说话人识别研究	博士
戴雷	微电子学与固体电子学	王守觉	2009	基于仿生模式识别的手掌特征识别研究	博士

姓　名	专业	导师	毕业时间	毕业论文题目	学位（备注）
曾文蓉	电路与系统	王守觉	2009	乳腺癌细针穿刺诊断的无监督学习框架研究	硕士
李阳鹏	电路与系统	王守觉	2010	基于仿生模式识别的玉米种子近红外光谱特征分析方法	硕士
蒋雪娜	电路与系统	王守觉	2010	基于高维形象几何仿生信息学的遥感图像复原研究	硕士
郭婷婷	微电子学与固体电子学	王守觉	2010	基于仿生模式识别的玉米种子品种真实性近红外光谱鉴定方法研究	博士
覃鸿	微电子学与固体电子学	王守觉	2010	基于高维仿生信息学的图像处理技术与应用研究	博士
陈阳	微电子学与固体电子学	王守觉	2010	高维仿生信息处理技术及其应用研究	博士
王徽蓉	微电子学与固体电子学	王守觉	2010	仿生模式识别算法研究及玉米品种鉴别应用	博士
金小贤	微电子学与固体电子学	王守觉	2010	仿生人脸图像处理技术研究	博士
陈新亮	微电子学与固体电子学	王守觉	2010	基于高维形象几何分析的模式识别方法与应用研究	博士
梁先扬	微电子学与固体电子学	王守觉	2011	CG动画自动化中关键科学问题研究——基于高维仿生信息学的人脸动画与角色动画	博士
孙华	微电子学与固体电子学	王守觉	2012	仿生人脸识别的图像去光照与检索系统模型研究	博士（在职）
张众维	微电子学与固体电子学	王守觉	2013	人体姿态与运动的新坐标系算法的研究	博士（在职）

表2　王守觉在浙江工业大学研究生名单

姓名	专业	导师	毕业时间	毕业论文题目	学位（备注）
徐兆涵	控制理论和控制工程	王守觉	2003	人脸识别中寻找人脸结构对称性的方法	硕士
朱夏君	控制理论与控制工程	王守觉	2003	人脸识别的研究及眼睛定位算法	硕士
王宪保	控制理论与控制工程	王守觉	2003	基于仿生模式识别的人脸身份确认研究	硕士
高端华	控制理论与控制工程	王守觉、曹文明	2004	多种预处理方法在语音检测中应用效果的比较研究	硕士

续表

姓 名	专 业	导 师	毕业时间	毕业论文题目	学位（备注）
朱君波	控制理论与控制工程	王守觉、曹文明	2004	PCA 在语音检测中的应用研究	硕士
潘晓霞	检测技术与自动化装置	王守觉、曹文明	2005	基于高维空间覆盖方法的非特定人连续数字语音识别的研究	硕士
徐春燕	检测技术与自动化装置	王守觉、曹文明	2005	非特定人连续语音识别的理论、分析和实验	硕士
王建华	检测技术与自动化装置	王守觉、曹文明	2006	脱机工作可训练的模式识别专用神经网络的软硬件设计	硕士
万以华	检测技术与自动化装置	王守觉、曹文明	2006	半导体神经计算机硬件实现研究及在全方位实物识别中的应用	硕士
肖潇	控制理论与控制工程	王守觉	2007	高维空间几何复杂体理论的研究及其在人脸识别中的应用	硕士
沈孙园	控制理论与控制工程	王守觉	2007	基于仿生模式识别的连续语音关键词识别的研究	硕士
谢美芬	控制理论与控制工程	王守觉	2007	仿生模式识别中的高维空间几何点分布理论与应用的研究	硕士
庄德文	控制理论与控制工程	王守觉	2010	高维仿生信息几何理论与应用研究	博士
王宪保	控制理论与控制工程	王守觉	2010		博士
肖潇	控制理论与控制工程	王守觉	2012	高维仿生信息几何学研究及其在模式识别中的应用	博士
徐春燕	控制理论与控制工程	王守觉			博士（在读）
陆飞	控制理论与控制工程	王守觉			博士（在读）

表 3　王守觉在同济大学研究生名单

姓名	专 业	导 师	毕业时间	毕业论文题目	学位（备注）
叶伊松	模式识别与智能系统	王守觉	2005	人脸识别中特征提取与识别方法的研究	硕士
宋金晶	模式识别与智能系统	王守觉、武研	2006	基于子空间几何特征分析的人脸识别方法研究	硕士
项恩宁	模式识别与智能系统	王守觉	2007	人脸表情识别中特征提取与识别方法的研究	硕士

姓名	专业	导师	毕业时间	毕业论文题目	学位（备注）
李儒云	模式识别与智能系统	王守觉	2008	掌纹识别技术的研究与应用	硕士
冯钊	模式识别与智能系统	王守觉	2008	基于仿生模式识别的语种识别相关技术的研究	硕士
徐莉	模式识别与智能系统	王守觉	2008	人脸识别中化妆影响小区技术的研究	硕士
谷秧波	模式识别与智能系统	王守觉	2008	仿生模式识别高维空间点分布覆盖方法及其在人脸识别中的应用研究	博士
朱世交	模式识别与智能系统	王守觉	2008	优先排序神经网络理论及其应用研究	博士
魏莱	模式识别与智能系统	王守觉	2009	高维仿生信息几何学研究及其在人脸识别中的应用	博士
孙荣宗	模式识别与智能系统	王守觉	2010	文本层次化分类方法中若干关键技术的研究	硕士
董敏	模式识别与智能系统	王守觉	2010	基于生物仿生的图像内容检索系统	硕士
徐凯	模式识别与智能系统	王守觉	2011	运动想象脑电信号特征提取与识别算法的研究	硕士
葛彦斌	模式识别与智能系统	王守觉	2012	基于运动想象脑电信号的脑机接口系统的研究	硕士
任远芳	模式识别与智能系统	王守觉	2013	脑电信号分析及在脑－机接口中的应用	硕士
谭乐怡	模式识别与智能系统	王守觉	2014	高维仿生信息几何学理论及基于图论的图像分割算法研究	博士
赵锐	模式识别与智能系统	王守觉	2014	复杂背景下目标实时跟踪技术研究	博士

表 4　王守觉在厦门大学研究生名单

姓名	专业	导师	毕业时间	毕业论文题目	学位（备注）
肖泉	电路与系统	王守觉	2011	基于高维仿生信息学理论的彩色图像增强处理研究	博士
柳培忠	电路与系统	王守觉	2011	基于内容的视觉媒体检索关键技术研究	博士
翁祖峰	电路与系统	王守觉			博士

参考文献①

著作

［1］《青年江泽民在上海》编委会编.《青年江泽民在上海》［C］，上海人民出版社，2010.

［2］陈广存主编. 铁路信号概论［M］. 北京：中国铁道出版社. 1995.

［3］楚泽涵等编. 楚图南——跨世纪的探索［C］. 北京：北京师范大学出版社，1996：74.

［4］岱峻著. 发现李庄［M］. 成都：四川文艺出版社，2009.

［5］戴念祖主编. 20 世纪上半叶中国物理学论文集萃［C］. 长沙：湖南教育出版社，1993.

［6］复旦大学微电子教研组编. 集成电路设计原理［M］. 北京：人民教育出版社.

［7］郭传杰主编. 科技创新案例［M］. 北京：学苑出版社，2003.

［8］韩力群著. 人工神经网络理论、设计及应用（第二版）［M］. 北京：化学工业出版社，2007.

［9］李晋闽主编. 拓荒者的足迹［C］. 北京：科学出版社，2010.

---

① 本书的写作中参考了王守觉院士本人的大量论文和著作，这些文献可见附录"王守觉院士主要论著目录"，在参考文献中未列入。

［10］李文祺著. 回忆往事——李文祺科技新闻作品集［M］. 上海科学普及出版社，2006.

［11］李艳平，康静，尹晓冬. 硅芯铸梦——王守武传［M］. 北京：中国科学技术出版社，2015.

［12］李兆华. 近代数学教育史稿［M］. 济南：山东教育出版社，2005.

［13］《百年同济百名院士》编委会编. 百年同济百名院士［C］. 上海：同济大学出版社，2007.

［14］刘晓. 卷舒开合任天真——何泽慧传［M］，中国科学技术出版社，2013.

［15］马新生. 梁敬魁［M］. 北京：金城出版社，2011.

［16］祁明主编. 同舟济世百年同济校友大讲坛第1辑［C］. 上海：百家出版社. 2008.

［17］钱文藻，何仁甫主编. 两院院士 中国科学院院士［M］. 北京：人民日报出版社，2002.

［18］清华大学校史研究室编，清华人物志第4辑（校友中院士专辑）［M］. 北京：清华大学出版社，1996：238.

［19］腾讯新闻频道主编. 中国硬实力［M］，长沙：湖南人民出版社，2010.

［20］吴锡九. 回归［M］. 上海：辞书出版社，2012.

［21］王季同. 佛法与科学之比较［M］. 上海：世界新闻社，1932.

［22］王守泰等口述，张柏春整理. 民国时期机电技术［M］. 长沙：湖南教育出版社，2009.

［23］王扬宗，曹效业主编. 中国科学院院属单位简史（第一卷下册）［M］，北京：科学出版社，2009.

［24］翁智远，屠听泉主编. 同济大学史（第一卷）［M］. 上海：同济大学出版社. 2007.

［25］吴大猷述，黄伟彦，叶铭汉，戴念祖整理. 柳怀祖编. 早期中国物理学发展之回忆［M］. 上海：上海科学技术出版社. 2006.

［26］熊月之主编. 上海名人名事名物大观［M］. 上海：上海人民出版社，2005.

［27］杨维忠，金本福. 东山教授［M］. 扬州：广陵书社，2010.

［28］杨维忠编著. 东山名彦：苏州东山历代人物传［M］. 苏州：古吴轩出版社，2007.

［29］叶传满主编. 院士风采录［M］. 上海：同济大学出版社，1997.

[30] 于广明主编. 教育部教育管理信息中心编. 科教兴国（上卷）[M]. 中国画报出版社，2005.

[31] 余少川. 中国机械工业的拓荒者王守竞 [M]. 昆明：云南大学出版社，1999.

[32] 袁卫星主编. 窗外的声音 新教育实验学校报告选 [C]. 福州：福建教育出版社，2007.

[33] 中国电子学会资深会员工作委员会三届四次全委扩大会暨第一次学术研究讨论会会义文集 [C]，1997.

[34] 中国科学技术协会. 中国科学技术专家传略（工程技术编）电子、通信、计算机卷1 [M]. 北京：电子工业出版社，1998.

[35] 中国科学技术咨询服务中心编. 科学技术回顾与展望 [M]. 北京：中国科学技术出版社，2004.

[36] 中国科学院学部联合办公室编. 中国科学院院士自述 [M]. 上海：上海教育出版社. 1996.

[37] 钟德涛等. 中国当代知名学者辞典（第2辑）[D]. 武汉：武汉测绘科技大学出版社，1997.

[38] 周向群主编. 院士风采录 [M]. 苏州：古吴轩出版社. 1998.

[39] 自然杂志编辑部编. 自然杂志年鉴1979 专论1 [C]. 上海：上海科学技术出版社，1980.

[40] 走近科学编辑部编. 中国学科现状与前瞻 [M]. 北京：大众文艺出版社，2007.

论文

[41] 顾迈南. 新电路的发明者——王守觉 [J]. 半月谈. 1980,（10）：24-26.

[42] 郭金海. 华尔和胡德关于螺旋弹簧新公式的研究及王季同回应 [J]. 自然科学史研究. 2005，24（4）：330-344.

[43] 郭金海. 王季同的电网络分析新方法及其学术影响 [J]. 中国科技史料. 2003，24（4）：312-319.

[44] 郭桐兴等著，为空间添活力，为世界创奇迹——王守觉院士访谈录 [J]. 高科技与产业化，2010,（7）46-48.

［45］江沛，张丹. 战时知识青年从军运动述评［J］. 抗日战争研究. 2004,（1）：61-95.

［46］李艳平，王士平，戴念祖. 20世纪40年代在中央研究院和北平研究院流产的原子科学研究［J］. 自然科学史研究. 2003（3）：193-204.

［47］林兰英. 四十年峥嵘岁月［J］. 物理. 2003,（2）：820-822.

［48］鲁华祥. 半导体人工神经网络研究与进展［J］. 电子学报. 1995，23（10）：129-133.

［49］陆学善. 半导体［J］. 物理通报. 1951年,（4）,（5）,（6）：190- 196.

［50］陆学善. 前北京研究院上海结晶学研究室最近动态［J］. 科学通报. 1950,（2）：72.

［51］沈玲、马莉. 我的院士之路——著名半导体信息技术专家王守觉自述［J］. 苏南科技开发. 2005,（2）：55-56.

［52］田小琴. 院士王守觉和他的人工神经网络计算机［J］. 人物杂志. 2000,（2）：20.

［53］王冰. 物理学家陆学善先生传略［J］. 中国科技史料. 1983,（3）：76-85.

［54］王明贞. 转瞬九十载［J］. 物理. 2006，35（3）：174-182.

［55］佚名. 大规模超大规模集成技术学术座谈会发言摘要选登［J］. 电子科学技术，1978,（9）：6-7.

［56］张逢，胡化凯. 北平研究院镭学研究所的研究工作［J］. 中国科技史杂志. 2006. 27（4）：318-329.

［57］赵凡. 开创多维空间仿生信息学——中国科学院院士王守觉［J］. 科技成果管理与研究. 2012，65（3）：3-5.

［58］周娜等. 创新科学开出灿烂花朵——访拼搏在科研第一线的资深院士王守觉［J］. 中国科技奖励，2008（9）：73-74.

［59］庄文君. 通道区布线的通道损益分析法［J］. 计算机学报，1984,（3）：217-227.

档案

［60］半导体研究所档案。

［61］清华大学档案馆档案。

［62］上海档案馆档案档案。

［63］同济大学档案馆档案。

［64］中国第二历史档案馆档案。

［65］中国科学院档案馆存半导体研究所档案。

［66］中国科学院档案馆存物理研究所档案。

其他

［67］《中华民国法规辑要》（第 4 册）.

［68］半导体所所庆纪念册编委会. 物穷其理 宏微交替——中国科学院半导体研究所 50 周年（1960—2010）. 2010（内部资料）.

［69］国立北平研究院总办事处编. 国立北平研究院概况. 国立北平研究院总办事处. 1948.

［70］刘扬阳，高维形象几何与仿生信息学的发展［D］，博士后出站报告 2006.

［71］中国科学院半导体研究所建所四十周年纪念文集编委会编. 中国科学院半导体研究所建所四十周年纪念文集. 2000.（内部资料）.

［72］中科院半导体研究所三十年所庆筹委会. 奋进的三十年，1991.（内部资料）.

后 记

2011 年下半年以来，我们小组一直围绕着王守觉院士学术成长经历开展采集工作和资料整理。此项研究缘于我们 2010 年开始的王守武院士学术成长经历采集项目，我们对王守武的同在中国科学院半导体所的弟弟王守觉充满了兴趣，于是 2011 年暑假我们去苏州拜访王守觉院士，基于对王守武院士研究的基础，加之我们的学科背景，王守觉院士欣然同意我们来写他的传记。在半导体所，所里人亲切地称王守武为"大王先生"，王守觉为"小王先生"，两位院士都十分平易近人。几年来，我们在搜集这两位院士兄弟学术成长的资料中，深深地感受到他们实事求是，追求真理，善于实践，敢于创新，为国家为集体甘于奉献、务实奋斗的精神。

于我们而言，非常庆幸能够有机会进行这个研究。我们最初知道王家的是王院士的大哥王守竞——中国最早在量子力学取得成就的物理学家，对王家这个英才辈出的大家族充满了崇敬，而亲自能研究其家族的人员，亲耳去聆听王家的历史与现在，使我们对这个家族的感受不再停留在文献上，这是个让我发自内心喜爱的选题。在数十次的接触中，这位耄耋老人的自信、睿智、豁达和他对人生的态度、感悟，是此课题给我们的另一笔财富。

首都师范大学参加采集工作的有尹晓冬、李艳平、付森多位老师，还有季莹、蒋茜、康静、段士玉等研究生同学。季莹同学参加了项目的全过程，她工作耐心细致、承担了大量繁琐的访谈录音整理、资料数字化及整理、编目等工作。在项目研究过程中，付森完成了硕士论文"从多元逻辑电路到多维空间仿生信息学的自主创新之路 ——王守觉院士文化大革命以后的科研活动"（2013 年，导师李艳平），季莹完成了硕士论文"王守觉院士 1942—1978 年的学术经历"（2014 年，导师尹晓冬），蒋茜完成硕士论文"王守觉院士学术传播工作研究"（2015 年，导师李艳平）。2014 年 7 月，尹晓冬、付森、季莹、李艳平执笔完成了课题研究报告。

　　本书主要由尹晓冬、李艳平、付森执笔完成。尹晓冬负责第五章、第九章、第十章、第十一章、王守觉主要论著目录；李艳平负责导言、第二章、第三章、第四章、结语、参考文献；付森负责第一章、第六章、第七章、第八章；王守觉培养研究生名单由蒋茜整理完成；尹晓冬负责全书的统稿。

　　在本书完成之时，我们并未感到轻松，王守觉院士经历丰富、科研成果丰硕，我们虽然努力全面回顾、梳理、总结王守觉院士的科研工作，但水平有限，尤其涉及到学术部分，难免疏漏，有未尽之处，恳请读者批评指正。

尹晓冬

2015 年 3 月于首都师范大学

老科学家学术成长资料采集工程丛书

已出版（50 种）

《卷舒开合任天真：何泽慧传》　　　　《此生情怀寄树草：张宏达传》

《从红壤到黄土：朱显谟传》　　　　　《梦里麦田是金黄：庄巧生传》

《山水人生：陈梦熊传》　　　　　　　《大音希声：应崇福传》

《做一辈子研究生：林为干传》　　　　《寻找地层深处的光：田在艺传》

《剑指苍穹：陈士橹传》　　　　　　　《举重若重：徐光宪传》

《情系山河：张光斗传》　　　　　　　《魂牵心系原子梦：钱三强传》

《金霉素·牛棚·生物固氮：沈善炯传》　《往事皆烟：朱尊权传》

《胸怀大气：陶诗言传》　　　　　　　《智者乐水：林秉南传》

《本然化成：谢毓元传》　　　　　　　《远望情怀：许学彦传》

《一个共产党员的数学人生：谷超豪传》《没有盲区的天空：王越传》

《含章可贞：秦含章传》　　　　　　　《行有则　知无涯：罗沛霖传》

《精业济群：彭司勋传》　　　　　　　《为了孩子的明天：张金哲传》

《肝胆相照：吴孟超传》　　　　　　　《梦想成真：张树政传》

《新青胜蓝惟所盼：陆婉珍传》　　　　《情系梁菽：卢良恕传》

《核动力道路上的垦荒牛：彭士禄传》　《笺草释木六十年：王文采传》

《探赜索隐　止于至善：蔡启瑞传》　　《妙手生花：张涤生传》

《碧空丹心：李敏华传》　　　　　　　《硅芯筑梦：王守武传》

《仁术宏愿：盛志勇传》　　　　　　　《云卷云舒：黄士松传》

《踏遍青山矿业新：裴荣富传》　　　　《让核技术接地气：陈子元传》

《求索军事医学之路：程天民传》　　　《论文写在大地上：徐锦堂传》

《一心向学：陈清如传》　　　　　　　《铃记：张兴铃传》

《许身为国最难忘：陈能宽》　　　　　《寻找沃土：赵其国传》

《钢锁苍龙　霸贯九州：方秦汉传》　　《虚怀若谷：黄维垣传》

《一丝一世界：郁铭芳传》　　　　　　《乐在图书山水间：常印佛传》

《宏才大略：严东生传》　　　　　　　《碧水丹心：刘建康传》